合同起草 和 审查 实务指南

第2版

麻增伟◎著

中国铁道出版社有限公司

CHINA RAILWAY PUBLISHING HOUSE CO., LTD.

图书在版编目(CIP)数据

合同起草和审查实务指南/麻增伟著. —2 版. —北京：
中国铁道出版社有限公司,2024.7
ISBN 978-7-113-31162-9

Ⅰ.①合…　Ⅱ.①麻…　Ⅲ.①合同-研究-中国
Ⅳ.①D923.64

中国国家版本馆 CIP 数据核字(2024)第 076198 号

书　　名:合同起草和审查实务指南
　　　　　HETONG QICAO HE SHENCHA SHIWU ZHINAN
作　　者:麻增伟

责任编辑:荆然子　马慧君　　电　　话:(010)51873005　　投稿邮箱:jingzhizhi@126.com
封面设计:宿　萌
责任校对:刘　畅
责任印制:赵星辰

出版发行:中国铁道出版社有限公司(100054,北京市西城区右安门西街 8 号)
网　　址:http://www.tdpress.com
印　　刷:天津嘉恒印务有限公司
版　　次:2021 年 8 月第 1 版　2024 年 7 月第 2 版　2024 年 7 月第 1 次印刷
开　　本:710 mm×1 000 mm 1/16　印张:23.75　字数:336 千
书　　号:ISBN 978-7-113-31162-9
定　　价:78.00 元

《合同起草和审查实务指南》一书出版以来，我收到了很多读者的正面反馈，非常高兴。这本书能对从事合同起草和审查工作的律师、法务或其他人有所帮助，我也甚感欣慰。

我写这本书的初衷是希望从纯实务的角度，使这本书成为实用的合同起草和审查手册。所以这本书的内容既有对合同常见法律问题及合同疑难法律问题的分析和相关法律规定，方便读者直接从书中查找解决办法；也有以最高人民法院案例为主的相关权威案例，方便读者通过具体案例更深刻地理解相关法律问题，并以所配案例作为参考指导合同起草和审查的实际工作；还有合同通用条款、常见条款的详细示范和合同示范文本，方便读者直接使用；本书最后给读者提供了一份审查和起草合同的清单对照使用，以免挂一漏万。这样，当读者遇到合同起草和审查相关法律问题时，无须再查找相关的法条和案例，无须再对法条适用进行解读和分析，也无须再自己构思相关条款，可以直接在这本书中找到答案。从这本书出版后读者的反馈情况来看，我写这本书的初衷已经完全实现了，这给我很大的鼓舞。

《合同起草和审查实务指南》第1版于2021年8月首次印刷，之后又重印了几次。《中华人民共和国民法典》于2020年5月28日通过，自2021年1月1日起施行。这本书完全是根据《中华人民共和国民法典》总则与合同编的内容、体例和结构撰写的，保证了内容的权威性、新颖性和时效性。2023年12月4日，最高人民法院发布了《最高人民法院关于适用〈中华人民共和国民法典〉合同编通则若干问题的解释》（以下简称合同编司法解释），并于次日开始施行。合同编司法解释对民法典合同编相关法条的理解和适用，以及对实务中合同方面的争议问题和疑难问题作出了明确的规定。因此，很有必要对本书进行修订，将这些内容增补到书中，以保证内容的新颖性和权威性。这次修订，主要以合同编司法解释为依据，将合同编司法解释的条款及对条款的理解和适用增补到本书对应的章节中，并增添和更新了相关案例，确保内容的全面性和案例的新颖性。同时，根据《市场准入负面清单（2022 年版）》的内容，修订了与合同有关的不同行业对资格、资质或许可要求这一部分的内容。

希望再版后的《合同起草和审查实务指南》能给从事合同起草和审查工作的读者带来更大的帮助，让读者能够对合同起草和审查工作更加游刃有余。

麻增伟

2024 年 3 月于北京

合同起草和审查是律师最基本的业务，无论是诉讼律师，还是非诉律师，在执业过程中，都会涉及合同起草和审查业务。这也是公司内部法务部门的核心业务，公司内部法务部门日常的主要工作就是合同的起草和审查。掌握合同起草和审查的原则及技巧，能够起草和审查一份完美的合同，无论对律师，还是法务人员来说，都是一项最基本的职业技能。

在我的律师执业过程中，由于给公司、企业做法律顾问，不可避免地涉及诸多合同起草和审查业务。在起草和审查合同的过程中，我一直在琢磨，如何才能起草一份完美的合同，如何才能保证审查的合同达到完美的标准。而作为诉讼律师，在日常的工作中，我又会遇到很多与合同纠纷有关的诉讼案件，又不得不以诉讼的视角来审视别人起草和审查的合同可能存在的不完善、不完美之处，逐条仔细研究合同的条款，尽可能找出合同的缺陷和漏洞，为委托人争取最好的结果。起草和审查合同的过程，以及在诉讼中审视他人所起草和审查的合同过程，为我提供了丰富的实践合同起草和审查理论、原则的机会，也使我积累了许多关于合同起草和审查方面的技巧、经验和教训。

我一直希望能将这些合同起草和审查方面的技巧、经验和教训出版成书，能对读者有所帮助，但各种原因，一直未能付诸实施。此次以新颁布实施的《中华人民共和国民法典》为依据出版成书，既完成了我的一个心愿，也保证了本书内容的新颖性和时效性。

在合同起草和审查工作中，法律专业知识是基础，逻辑是规律，方法是手段，技巧和经验是催化剂。如果没有扎实的法律专业基础知识，无论再怎么掌握逻辑、方法、技巧和手段，可能都无法起草和审查出一份完美的合同。本书合同法律风险来源部分详细阐述了合同订立和履行过程中的主要法律风险，并援引最高人民法院的指导案例或其他经典案例、权威案例作为参考，使读者能够对这些合同法律风险具有更直观、更具体的认识和理解，为合同起草和审查打下坚实的法律基础，避免合同起草和审查成为无本之木、无源之水。因为这部分内容有法律依据、有观点、有案例，读者实际上可以将其作为查找合同法律风险的手册来用。合同起草部分详细介绍了合同起草的逻辑、方法和具体步骤，分析了合同起草的规律和手段，使读者能够按照介绍的方法和步骤独立起草一份合同。合同主要条款起草要点部分由示范条款、条款功能和起草条款的实务和建议组成，并分享了起草合同具体条款的经验和技巧。

合同起草与审查在技术上具有不可分性，有关合同起草的内容同样适用于合同审查，如果能够起草一份完美的合同，当然也能使审查的合同更加完美。因此，本书有关合同审查部分的内容并未采用合同起草部分体例进行详细阐述，读者在合同审查工作中可以参照合同起草部分的内容。在合同审查部分，本书重点介绍了 checklist（清单）法，这是我在美国就读法学院撰写毕业论文时接触到的一种检查方法，我觉得这种方法特别适用于合同审查工作，因此，在这一部分重点介绍。这种方法可以使合同审查工作更全面，避免挂一漏万，遗漏重要法律风险。通过这种方法制作的常用合同审查清单，甚至可以成为常用合同审查的标准化手册，合同审查人员对照审查清单审查合同时，不仅可以提高合同审查的效率，还可以保证合同审查的全面性。希望这部分内容对读者能有所启发和帮助。

在本书写作的过程中，我以"实战"原则为指导，尽可能涉及与合同起草和审查紧密相关的实务内容，比如，合同疑难、争议法律问题的司法观点和参考案例，合同条款的示范和具体起草的实务问题等内容，摒弃合同起草和审查的纯理论内容，使本书完全以"干货"的形式呈现，希望本书能够成为起草和

段，技巧和经验是催化剂。

审查合同的具体操作手册。

　　尽管我为写作本书已倾注全部精力，竭尽所能，但由于水平和能力所限，本书难免存在错漏、不当之处，恳请读者朋友不吝赐教，如发现问题，请及时联系，邮箱地址：lawyermzw@foxmail.com。

麻增伟

2021 年 4 月于北京

第二编　合同的法律风险来源

第三编 合同起草

— 第四编 合同审查 —

第一编

与合同起草和审查有关的基本知识

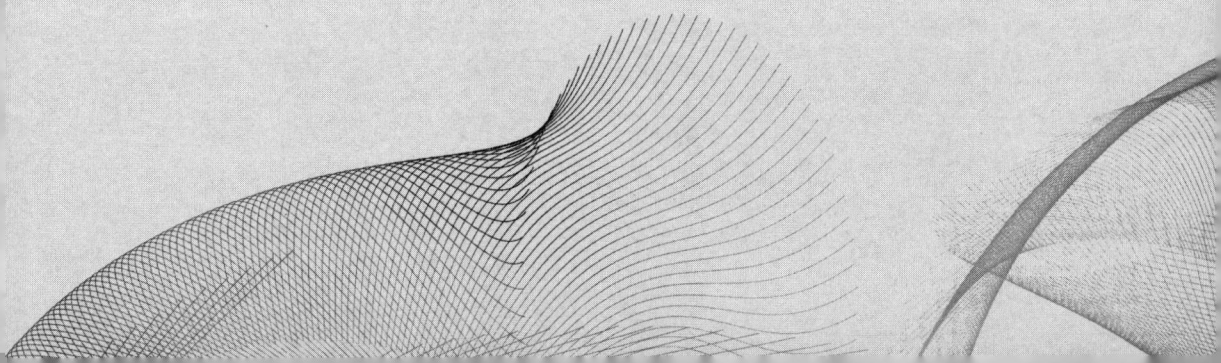

在起草和审查合同过程中，当事人之间就交易内容所达成的文件有时称合同，有时称协议。因此，有人认为合同和协议是同义词，可以互换。那么，合同究竟是什么？合同的功能是什么？合同与协议是否可以互换？在起草和审查合同的时候，应当遵循什么样的原则，才能既保证起草和审查合同的合法性、有效性，又能保证风险控制，促成和保障交易合同功能的实现。一份完美合同的判断标准是什么？当合同出现歧义或纠纷时，如何对合同进行解释？与合同起草和审查相关的不同效力级别的法律规范有哪些？其对合同的效力有何影响？

在本编都能找到答案。

第一章

合同起草和审查基础

工欲善其事，必先利其器。本章将主要介绍与合同起草和审查有关的基本知识，使读者对合同起草和审查工作有一个全面了解，为做好合同起草和审查工作打下坚实的基础。

第一节　合同的定义和功能

定义是对于一种事物的本质特征或一个概念的内涵和外延确切而简要的说明。功能是事物或方法所发挥的有利作用。因此，合同的定义和功能主要讨论合同是什么，合同对合同当事人的价值和作用。

一、合同的定义

在正式谈论如何起草和审查合同之前，有必要首先了解究竟什么是合同。

《中华人民共和国民法典》第四百六十四条规定："合同是民事主体之间设立、变更、终止民事法律关系的协议。婚姻、收养、监护等有关身份关系的协议，适用有关该身份关系的法律规定；没有规定的，可以根据其性质参照适用本编（合同编）规定。"

由此可见，合同属于协议的一种，而协议是经过双方共同协商或谈判后取得的一致意见。因此，合同是合同当事人经过共同协商或谈判后就与双方交易有关的内容所达成的一致意见，所形成的合意。

需要注意合同与协议的区别。

虽然合同是协议的一种，但并非所有协议都是合同法意义上的合同，比如，涉及婚姻、收养、监护等有关身份关系的协议，虽然此类协议也是双方当事人之间达成的一致意见，但由于身份关系的特殊性，此类协议应适用有关身份关系的特殊法律规定，只有在没有特殊法律规定的情况下，才可以根据性质参照《中华人民共和国民法典》合同编的有关规定。

二、合同的功能

合同的作用是在民事主体之间设立、变更、终止民事法律关系，而民事法律关系实际上是一种权利义务关系。因此，合同的功能具体来说，就是为合同当事人双方的权利义务关系设定具体的条件和内容，并充分体现合同当事人双方经过协商或谈判后就规范双方交易行为的规则所达成的合意，使合同当事人对交易的进行具有可预期性、防范法律风险，保障交易的顺利进行。

设定的条件和内容具体包括：交易双方是谁（主体），交易的内容是什么（做什么），实现交易内容的方式和程序是什么（如何做），以及在交易过程中出现了问题如何解决（做不到怎么办），比如，补救措施、违约责任和争议解决等内容。

除以上功能之外，合同还具有证据功能，在合同纠纷诉讼中，合同本身也是一种重要的证据，可以作为确定合同当事人双方权利义务的依据。

第二节　合同起草和审查的基本原则

原则，是言行所依据的准则。合同起草和审查的基本原则，是合同起草和审查时所必须遵循的基本准则。只有坚持合同起草和审查的基本原则，才能保证合同起草和审查工作功能的实现，才能不偏离合同起草和审查工作的基本方向。

一、合法有效性原则

无论是起草合同还是审查合同，合法有效是最基本的原则。起草和审查合同首先要保证合同的合法性和有效性，在保证合同合法有效的前提下，才会涉及合同内容是否具体明确，权利义务是否清晰等内容。否则，如果起草和审查的合同本身是一个无效或存在效力瑕疵的合同，那么条款设定得再完美，权利义务规定再具体、再清晰也毫无意义。

在起草和审查合同中，为保证合同的合法有效，除了要注意可能导致合同直接无效的法律和行政法规的强制性规定外，还要注意相关的部门规章、地方政府规章、地方性法规、自治条例、单行条例或其他规范性文件所体现的公序良俗对合同效力产生的影响。

二、公平和诚实信用原则

公平和诚实信用原则是《中华人民共和国民法典》总则中所规定的所有民事活动应遵循的基本原则。合同作为民事活动的一种，当然也应该遵守公平和诚实信用原则。

在市场经济中，签订合同的双方可能会在市场地位、谈判能力和资源方面存在较大差距，进而导致双方在合同谈判或签订过程中的地位不完全对等，虽然这种地位的不完全对等是一种正常的市场现象，但处于优势地位的合同一方也要把握合理的度。所谓过犹不及，如果处于优势地位的合同一方在合同谈判或签订过程中，完全无视另一方的合理诉求，设定一些过分不合理的合同条款，可能最终导致合同或合同条款因显失公平而被撤销。

如果合同的一方当事人不遵循诚实信用原则，与第三方恶意串通，通过签订合同损害另一方当事人的合法利益，也将导致合同无效。

因此，在起草和审查合同过程中，要充分了解双方利益的平衡点，把握合理的度，要遵循基本的公平和诚实信用原则，合理地通过利用优势地位获取更大的商业利益，不要设定导致利益过于失衡的合同条款。

三、风险控制和促成交易兼顾原则

风险控制是起草和审查合同的一个重要原则，由合同专业人员起草和审查合同的目的就是尽可能地降低法律风险，进行风险控制。但俗话说，"商场如战场"，交易情况瞬息万变，交易机会稍纵即逝，如果对合同风险的来源，对风险发生的概率及其法律后果不加区分和判断，一味地追求对所有合同风险的完美控制，这种合同起草和审查方式很可能会为合同交易设置过多的障碍，导致交易机会丧失，最终扼杀交易。

实践中，很多业务部门抱怨法务部门是拦路虎或者交易破坏者，可能就源于此。而一个成熟的、有经验的合同起草和审查人员，应当懂得如何在风险控制和促成交易之间找到合理的平衡点，既要能控制风险，又要能促成交易。

合同起草和审查人员应能够通过对合同风险的来源、发生概率及其法律后果严重程度等方面的分析和判断，在坚持风险可控的原则下，对双方争议的内容和条款进行合理变通，尽量促成双方的交易。当然要做到这一平衡，不仅需要合同起草和审查人员有过硬的法律功底和知识储备，还需要有一定的勇气和担当。

四、以诉讼或仲裁为检验标准原则

诉讼或仲裁是合同纠纷解决的最终途径。

合同纠纷产生以后，如果合同双方之间无法通过协商达成合意，那么合同纠纷将只能通过诉讼或仲裁解决。在合同纠纷诉讼或仲裁中，原告希望从对自己最有利的角度来解释合同，而被告同样希望从对自己最有利的角度来解释合同。此时，原、被告双方处于对抗状态，而非合作状态，双方对合同字句和条款的审查更加苛刻，双方都希望利用合同中可能存在的缺陷或漏洞来争取最好的结果。在纠纷发生后，相当于原、被告双方都希望通过严苛、逐字逐句地审视合同，来找到对己方有利的合同漏洞。因此，一份合同的起草和审查是否合格，内容是否具体、明确，无歧义，主要就看能否经得起诉讼或仲裁的考验。

尽管可能大部分的合同纠纷都不会走向诉讼或仲裁，但合同起草和审查人员作为专业人士，在起草和审查合同的时候，只有坚持以诉讼或仲裁为检验标准的原则，只有站在诉讼或仲裁律师的角度来审视合同的条款和内容，只有像诉讼或仲裁律师一样尽可能找出每一份合同的歧义和漏洞并加以完善，才能起草和审查出完美的合同。一份完美的合同，必须能够经得起带有敌意的批评性审查。

第三节　完美合同的判断标准

学习合同起草和审查是为了能够起草一份完美的合同。那么究竟什么样的合同才是一份完美的合同呢？简单来说，一份完美的合同不会给任何一方当事人或当事人的律师任何机会去争辩一个合同原本没有设定的意思。具体来说，一份完美的合同，至少应当具备以下几个方面：

一、能充分体现双方当事人的合意，符合当事人的意图

一份好合同或完美合同，首先要能通过语言和文字准确地表达合同双方当事人所达成的合意，符合合同当事人订立合同的目的和意图。也就是说，一份好合同或完美的合同，不仅要能表达出合同双方当事人所达成的合意，而且必须是准确地表达出双方当事人的合意，并使此后的每一个合同阅读者能够以同样的方式来理解合同的内容，而不会产生歧义或模糊。

要做到这一点并不是一件容易的事，准确表达的前提是对合同当事人的合

意、目的和意图有一个充分而明确的理解，而理解当事人目的和意图的最好方法就是参与合同的谈判，了解项目和合同的背景，从头到尾了解双方的目的和意图，以及在谈判过程中双方对交易细节的修改和变化。

在起草和审查合同的时候，切忌将合同起草和审查与项目背景和合同谈判相割裂，单纯为了起草和审查合同条款而起草和审查，而不考虑合同背景、合同目的和当事人意图等。否则，起草和审查的合同再详尽、再具体，也会因没有准确反映当事人的意图，没有准确表达出当事人的合意，无法满足交易目的，而变得毫无意义。

二、表述准确、明确、具体，避免歧义

合同条款或内容表述不明确、不具体或存在歧义是合同的主要"杀手"之一。实践中，很多合同纠纷都是由于表达得不明确、不具体或存在歧义引起的。

比如，一份合同约定：乙方应积极地推广和销售甲方的产品。这种表述其实是容易引起歧义的，根据该约定，可以明确的是乙方有一个积极推广的义务，但乙方是否还有一个积极销售的义务，可能就会存在歧义。究竟"积极地"这个副词修饰的是"推广"，还是"销售"，或者是同时修饰二者，不同的解释会使该约定产生不同的含义。

在合同起草和审查时，在使用"和""或"作为连接词并伴有修饰语时，更容易出现类似的歧义，需要特别注意。

虽然，大部分合同起草和审查人员也知道，一份完美的合同必须要表述准确，权利义务具体、明确，避免歧义。但究竟什么样的表述才符合这种要求呢？

判断一份合同表述是否准确、明确、具体，不存在歧义的标准是，该合同必须达到能够使一个外行人（非专业人士）清楚地理解合同的条款或交易的内容，并且能够使任何一方合同当事人或法官（第三方）不会解释出合同当事人和合同起草者并没有打算的意思或意图。

三、具有一致性

前后一致是对一份完美合同的基本要求。

合同的起草和审查不同于写文章、讲故事。合同的语言不追求华丽的辞藻和修辞，在起草和审查合同时，不需要变化使用不同的动词、形容词或副词来表述同一个意思，以显示表述方式的多样性和词汇掌握的丰富程度，也不需要使用不相重复的词汇来使内容的表述变得更加生动和有趣。追求的是简单、具体、明确。重复使用同一词汇表述同一个意思，对其他写作来说，可能是一种极大的缺点，对于合同的起草和审查来说却是一个大大的优点。

前后一致的表述不仅能使读者更容易理解合同的内容，还可以避免引起歧义。

比如，在起草和审查合同的过程中，对合同当事人的称呼要前后一致，如果已经将一方合同当事人称为"买方"，就不要在此后的表述中称呼其为"甲方"或"乙方"。如果已经使用了"转让"一词，就不要再使用"买卖"等类似的词语，要始终保持一致。

四、内容全面，考虑到所有法律风险

一份完美的合同，内容必须全面。

全面是指合同的内容已经考虑到与交易有关的所有可能性和潜在风险。条款齐备是对一份完美合同的基本要求。如果合同条款遗漏必要的内容或者没有考虑到某种潜在的法律风险，那么，在合同履行过程中，将会给合同当事人带来极大的法律风险。

比如，在涉外合同中，法律的适用、管辖法院或仲裁机构的选择，对合同当事人来说是十分重要的，这可能会直接影响合同当事人权利、义务的认定以及诉讼或仲裁的成本。

如果在起草和审查此类合同的过程中，因为疏忽遗漏了这方面的内容，将

会给合同纠纷的解决带来极大的不确定性。因此，合同的内容，必须要全面，必须考虑到所有潜在的法律风险。

五、结构和布局合理

一份完美的合同，必须要结构和布局合理。

合同的结构一般由封面和目录，以及合同的首部、内容、结尾组成，这些合同组成部分之间的构成、排列、组合和搭配要合理。

另外，合同各个构成部分内容的布局也要合理。合同布局一般涉及合同的章、节、条、款、项之间的排列形式；采用什么样的结构层次序号，章、节、条、款、项之间的排列是否符合应有的逻辑顺序；对合同条款如何进行分类等内容。

结构和布局合理的合同，不仅会使阅读合同的人更加容易理解合同内容，还会给阅读合同的人一种享受的美感。相反，一份结构和布局不合理的合同，给人的第一印象就是杂乱无章，缺乏严密的逻辑性，这不仅会影响合同阅读人或当事人的心情，还可能会引起对合同起草和审查人员专业性的质疑。

六、具有易读性

一份完美的合同，必须要具有易读性。

易读性是指合同语言简练，句子的构造和长度合理，标点符号用法规范，字体大小和字号合适，没有多余的形容词、副词等修饰语，没有错别字等。一份完美的合同，必须是容易被阅读者阅读的合同，必须是对阅读者友好的合同。

比如，句子的主、谓、宾、补语构造合理，动作的主体和客体一目了然；名词、动词、形容词、副词、介词、连词等词语的使用准确、规范；尽量使用主动语态，而不用被动语态；尽量使用简练的短句而不使用长句；删除不必要的影响理解的修饰；避免不合理的词语或句子的重复等。

第二章

合 同 解 释

合同解释往往发生在合同履行过程中或合同争议的解决过程中，大多数情况下，合同解释是对已经起草和审查的合同进行的解释。因此，从表面上来看，合同解释好像与合同起草和审查工作并无太大关系，但实际上，了解合同解释的原则和方法，不仅可以使合同起草和审查人员能够快速发现起草和审查的合同中可能存在的问题，而且可以迅速找出应对的方法并提出修改建议，了解和掌握合同解释的原则和方法对合同起草和审查人员来说十分必要。

第一节　合同解释与合同起草、审查的关系

本节主要讨论合同在什么情况下需要进行解释，合同起草和审查人员为什么需要了解合同解释，合同解释对合同起草和审查有何帮助。

一、合同解释的定义和情境

合同解释是指在当事人对合同条款的意思理解发生歧义或争议时，法院或者仲裁机构按照一定的方法和原则对合同条款的含义进行解释，探究合同当事人的真实意思，从而确定合同当事人在合同中权利和义务的活动。

一份内容具体明确、表述准确、权利义务全面的合同，一般来说，是不需要通过合同解释来阐明其条款含义的。合同当事人的真实意图，合同当事人的权利义务内容，都可以通过对合同条款本身的理解很容易地得出一个明确的结论。

但如果一份合同语言表述不准确，条款内容不具体、不明确，语言模棱两可或存在歧义，或者合同条款遗漏了某些重要事项、存在空白地带，一旦合同当事人发生纠纷，法院或仲裁机构就必须按照一定的方法和原则阐明合同条款的真正含义，探究当事人的真实意思表示，从而作出正确的裁判。

二、合同起草和审查人员了解合同解释的必要性

合同解释一般发生在合同当事人对合同条款或内容发生争议时，从表面上看，这种事后的解释好像与合同的起草和审查没有太大的关系，因为合同起草和审查的主要目的就是避免合同条款或内容发生歧义，避免合同纠纷的发生，避免需对合同进行解释的情形发生。

但在实践中，由于语言文字多义性、模糊性的存在，往往会导致合同的内容约定不够明确，含义模糊，而且由于合同当事人的利益对立，在合同履行过程中，合同当事人也可能会对合同的条款产生不同的理解和认识，进而需要解释合同条款。因此，对合同解释进行一定的了解，对合同起草和审查人员来说十分必要。

对合同的起草和审查人员来说，通过提前了解并掌握合同发生歧义后的合同解释方法和原则，不同合同解释方法和原则的功能、价值，以及相互之间的逻辑运用关系，进行逆向思维，不仅可以在起草和审查合同时有的放矢，能够更合理地设定合同条款的内容，避免此类问题的出现，还能在起草和审查合同发现同类问题时，能够更快地找到解决问题的方法，对合同条款进行相应的修订和补救。

第二节　合同解释的方法和原则

合同解释需要采用一定的方法，遵循一定的原则。合同起草和审查人员只有充分了解合同解释的各种方法和原则，了解各种解释方法和原则的功能和价值，以及各种解释方法和原则的逻辑关系，才能正确地掌握合同解释的方法和原则。

与合同解释的方法和原则相关的法律规定主要来源于《中华人民共和国民法典》。

第一百四十二条规定：

"有相对人的意思表示的解释，应当按照所使用的词句，结合相关条款、行为的性质和目的、习惯以及诚信原则，确定意思表示的含义。

无相对人的意思表示的解释，不能完全拘泥于所使用的词句，而应当结合相关条款、行为的性质和目的、习惯以及诚信原则，确定行为人的真实意思。"

第四百六十六条规定：

"当事人对合同条款的理解有争议的，应当依据本法第一百四十二条第一款的规定，确定争议条款的含义。

合同文本采用两种以上文字订立并约定具有同等效力的，对各文本使用的词句推定具有相同含义。各文本使用的词句不一致的，应当根据合同的相关条款、性质、目的以及诚信原则等予以解释。"

第四百九十八条规定：

"对格式条款的理解发生争议的，应当按照通常理解予以解释。对格式条款有两种以上解释的，应当作出不利于提供格式条款一方的解释。格式条款和非格式条款不一致的，应当采用非格式条款。"

根据以上的法律规定，可以看出，合同解释的具体方法和原则主要有以下几个方面。

一、文义解释

文义解释，是按照合同中所使用的文字、词句的字面含义对其意思进行解释的原则，即应当按照所使用的词句的字面含义确定合同当事人的意思。合同条款都是由语言文字组成的，而每一个文字都有其对应的字面意思，这不仅是合同当事人交流、谈判的基础，也是合同当事人能够达成合意的前提。如果鸡同鸭讲，双方没有共同的语言和交流基础，那么双方就无法达成合意，无法形成共识，当然也就无法签订合同。

在当事人就合同条款的含义产生争议时，合同的解释必须先从所使用文字的含义入手，应首先根据合同条款所使用文字的通常含义对合同条款进行解释，除非合同当事人对所使用文字的含义进行了定义或特别的约定，否则，合同条款所使用文字的通常含义应当推定为合同当事人的意思。

文义解释是合同解释的基础和起点，只有当通过文义解释无法确定当事人的真实意思时，才能通过其他的合同解释方法和原则对合同进行解释。

《最高人民法院关于适用〈中华人民共和国民法典〉合同编通则若干问题的解释》（法释〔2023〕13号）第一条规定：

"人民法院依据民法典第一百四十二条第一款、第四百六十六条第一款的规定解释合同条款时，应当以词句的通常含义为基础，结合相关条款、合同的性质和目的、习惯以及诚信原则，参考缔约背景、磋商过程、履行行为等因素确定争议条款的含义。

有证据证明当事人之间对合同条款有不同于词句的通常含义的其他共同理解，一方主张按照词句的通常含义理解合同条款的，人民法院不予支持。

对合同条款有两种以上解释，可能影响该条款效力的，人民法院应当选择有利于该条款有效的解释；属于无偿合同的，应当选择对债务人负担较轻的解释。"

该条明确规定了合同解释的方法和原则，以及相互之间的逻辑和先后顺序等内容。需要注意的是，该条明确了为维护交易安全，尽量促使合同条款有效的原则，如果某一合同条款存在两种解释，一种解释使合同条款有效，另一种解释使合同条款无效，应尽量采用有利于该条款有效的解释。另外，对于无偿合同，由于债务人并未从无偿合同的履行中获得任何利益，因此，按照公平原则，在合同条款存在争议时，应当选择对债务人负担较轻的解释。

参考案例： 括号内的1 200万股是对前面总股本1％的解释和说明

2010年10月25日，杨某某与林某某签订委托投资协议书，协议书约定的标的为某公司总股本1％（即1 200万股）的股权。协议签订时，某公司的总股本为1.2亿股，若按照1％计算，应该为120万股。若按照括号内的注释，应为1 200万股，但1 200万股对应的比例应为10％。合同双方就具体的合同标的数额产生争议，究竟是1％即120万股，还是1 200万股。

最高人民法院认为，本案之中"公司总股本1％（即1 200万股）"的文字表述本身并无歧义，意思表示明确，即协议约定的"公司总股本1％"即为"1 200万股"，原审判决结合协议之外的相关事实对该文字进行解释并认定双方诉争股权为120万股，尚有待相关事实进一步查明。根据文字表示习惯与常理，括号内注释的内容一般表示欲进行的解释与说明，以防括号前的表述不准确或造成误解，因此，括号内的注明内容更具有确定性，更应予以采信。诉争协议中对于该公司总股本的数量未作明确，目前亦无证据证明林某某曾告知过杨某某该公司的总股本数量，因此，"总股本1％"并非准确数字。协议中在不确定的"总股本1％"后面加上括号写明1 200万股，其所要表示与传达的信息明确、清楚、确定，即明确双方交易的股份数额为1 200万股。可见，双方协议中一致认可"总股本1％"即为1 200万股，此时的"1％"即已成为一个固定数额，即代表着1 200万股，协议该条之后提到的"1％"亦均应是指1 200万股。

——最高人民法院，（2017）最高法民申2454号

注：尽管最高人民法院按照文字表示习惯和常理对该条款进行了解释，认为括号内的注释内容更具有确定性，倾向于认定合同标的为1 200万股。但如果对方能够证明双方在签订合同时已知晓该公司的总股本数量的话，法院的认定可能就会是另外一种结果。如果合同的起草和审查人员在起草和审查合同时，在合同中对某公司的总股本数量进行明确表述，或者在括号内列出1 200万股所对应的计算公式，那么可能就不会产生这个历时5年尚未有最终结果的案例。

二、整体解释

整体解释是根据某一条款在合同中的具体位置以及与其他合同条款之间的关系来解释该条款的具体意思，即《中华人民共和国民法典》中规定的结合相关条款进行解释。

合同是由不同条款组成的，合同条款的安排或表述往往呈现一定的逻辑性，合同的条款之间具有相互印证、相互补充的关系。如，对某一合同条款进行单独解释时，该条款可能存在不同的理解，可能存在歧义，但如果将该合同条款与其他合同条款从整体上来进行解释的话，通过其他合同条款对该合同条款的解释、补充或印证，就可以得出该条款的准确意思。

采用整体解释的方法不仅有助于准确地理解各个条款的真实含义，还有助于避免各个条款之间的冲突和矛盾，进而影响合同当事人真实意思或目的的实现。

参考案例："债务代偿协议书"是债务加入，还是保证担保，应根据整体解释确定

2015年12月2日，旭日公司、来华公司、旭航教育公司共同向黄某借款1 600万元，但一直未能归还给黄某。2016年9月15日，旭日航空公司等五方作为甲方与黄某作为乙方签订债务代偿协议书，约定："一、甲方同意，如旭日公司等各债务人未归还乙方全部债务的，就未能偿还部分（含本金、利息、退延履行期间债务利息、律师费、诉讼费等）由甲方偿还。二、甲方的债

务加入行为不免除原各债务人的还款责任。"2016 年 10 月，黄某向法院起诉，要求旭日公司、来华公司、旭航教育公司偿还拖欠黄某的债务。后双方在法院主持下达成调解协议，但民事调解书生效后，旭日公司、来华公司、旭航教育公司未履行调解书确定的义务，黄某向法院申请强制执行，由于没有可供执行的财产，法院作出裁定，终结本次执行程序。后黄某根据债务代偿协议书的约定，将旭日航空公司起诉至法院，要求旭日航空公司承担旭日公司、来华公司、旭航教育公司不能向黄某偿还的全部债务。双方对债务代偿协议书究竟属于债务加入，还是提供保证担保产生争议。

一审法院认为债务代偿协议书的性质为债务加入，后当事人提起上诉。

二审法院认为，旭日航空公司等五方签订的债务代偿协议书应认定为债务加入，理由如下：1. 对合同条款的理解，应当联系合同上下文进行整体解释。债务代偿协议书的合同名称及内容均清楚地表明，旭日航空公司等五方与黄某双方签订该协议的目的在于，由旭日航空公司等五方代为清偿旭日公司等各债务人未归还黄某的全部债务。同时，该协议书第二条明确使用"债务加入"的措辞，并约定旭日航空公司等五方的债务加入行为不免除原各债务人的还款责任。2. 从法律特征分析，并存式的债务加入是指第三人承诺由其履行债务人的债务，但同时不免除债务人履行义务的并存债务承担方式。并存式的债务加入具有同一性，加入的第三人成为债务人之一，与原债务人处于同等的共同偿还债务主体地位，第三人与原债务人向债权人承担债务不区分履行顺位，也没有主从责任之分。根据二审查明的事实，债务代偿协议书签订时，债务已到期长达九个多月，旭日公司等各债务人未归还 1 600 万元是既成事实，对此，旭日航空公司等五方应当知道。因此，从旭日航空公司等五方签订债务代偿协议书加入债务时，即处于与债务人相同的须向黄某履行债务的地位。综上，一审认定债务代偿协议书的性质为并存式的债务加入正确，该院予以维持。

最高人民法院对本案提审后认为，债务代偿协议书约定："一、甲方（旭日航空公司等五方）同意，如旭日公司等各债务人未归还乙方（黄某）全部债务的，就未能偿还部分（含本金、利息、迟延履行期间债务利息、律师费、诉讼费等）由甲方偿还。二、甲方的债务加入行为不免除原各债务人的还款责任。"由此，债务代偿协议书第二条对于旭日航空公司等五方的债务加入的性质已作出明确约定，各方已经就此达成一致的意思表示。尽管旭日航空公司等主张债务代偿协议书属于保证合同，但各方当事人明确约定债务代偿协议书系债务加入的情况下，一、二审判决结合对债务加入与保证担保法律特征较为详尽的分析，认定该协议的性质为债务加入，有相应的理据，并无不当。

——最高人民法院，（2021）最高法民再346号

三、目的解释

目的解释是指当合同所使用的文字或条款存在不同的解释或含义模糊不清时，根据签订合同的目的来进行解释，并采用最有利于实现合同目的的解释。

合同当事人签订合同均是为了达到一定的目的，而为了达到这一合同目的，合同当事人双方通过谈判、协商，最终在合同中设定了双方的权利义务，以及为实现合同目的所需要约定的其他内容。

合同所使用的文字以及合同的条款都是为合同目的服务的，是实现合同目的的手段。当合同所使用的文字或合同的条款存在争议时，通过探究合同当事人签订合同的目的，并对存在争议的文字或条款作出有利于实现合同目的的解释，这不仅有利于合同双方当事人交易目的和经济目的的实现，而且也符合合同双方当事人的真实意思。

参考案例：调解、庭外和解也是实现法律服务合同目的之方式

2010年，某影视公司聘请了某律师事务所代理其与某电视台播出合同纠纷一案。一审法院判决影视公司败诉，二审法院裁定撤销一审判决，并将案件移送管辖。案件移送其他法院管辖后，审理过程中，在律师做了大量工作后，影视公司与某电视台和解，然后影视公司撤诉。在影视公司与某律师事务所的代理合同中约定，影视公司"胜诉后"向某律师事务所支付律师代理费，后影

视公司以法院没有判决其胜诉为由，拒绝支付律师代理费。

法院经审理认为：影视公司与某律师事务所签订合同的目的在于获得专业的法律服务，并能使其诉讼目的获得法院的支持，对"胜诉"一词不能作孤立解释。胜诉判决并非实现影视公司目的的唯一方式，除了判决，达成调解或庭外和解，均能实现影视公司的合同目的。"从交易习惯看，律师在诉讼中的代理工作并不仅限于出庭应诉并得到判决支持，调解、庭外和解而撤诉均系律师能提供代理服务进而实现委托人诉讼目的事项，并能因此获得律师代理费。"

——北京市第一中级人民法院，（2013）一中民终字第 9281 号

四、习惯解释

习惯解释是指当合同当事人对合同所使用的文字或合同条款的含义产生歧义，无法确定其具体含义时，按照当事人双方之间的交易习惯或某一领域、某一行业的通常做法对文字或条款的含义进行解释。

这里的习惯在合同法意义上主要是指有关合同的交易习惯，但有关合同的交易习惯具体是指什么？《最高人民法院关于适用〈中华人民共和国民法典〉合同编通则若干问题的解释》（法释〔2023〕13 号）第二条规定：

"下列情形，不违反法律、行政法规的强制性规定且不违背公序良俗的，人民法院可以认定为民法典所称的'交易习惯'：

（一）当事人之间在交易活动中的惯常做法；

（二）在交易行为当地或者某一领域、某一行业通常采用并为交易对方订立合同时所知道或者应当知道的做法。

对于交易习惯，由提出主张的当事人一方承担举证责任。"

该条实际上将交易习惯分为三种：一是合同当事人之间通过之前的多次交易形成的交易习惯；二是交易行为当地就此类合同通常采用的做法；三是合同当事人所从事领域、行业内通常采用的做法。除合同当事人之间通过之前多次交易形成的交易习惯外，交易行为当地的交易习惯和领域、行业交易习惯的适

用必须是以交易对方在订立合同时所知道或应当知道该通常做法为前提，否则，就不能适用。而这个举证责任，是由主张适用交易习惯的一方承担举证责任的。

参考案例： 合同付款时间约定不明，应根据双方形成的交易习惯确定

2019 年 12 月至 2020 年 4 月期间，上海某石油化工有限公司（以下简称石油化工公司）与山西某科技有限公司（以下简称科技公司）共签订 13 份产品销售合同，约定石油化工公司向科技公司购买化学品苯酐（萘法），均未约定具体付款时间。至案涉争议发生时止，上述 13 份合同中的 11 份已履行完毕。在履行完毕的 11 份合同中，除双方协商一致部分推迟付款的 2 份合同外，其余 9 份合同均在合同签订当日或者次日付款，并且其中的 8 份合同系在合同签订当日或者次日付款完毕，1 份合同在合同签订后第三日付款完毕。未履行完毕的两份合同分别签订于 2020 年 4 月 2 日和同年 4 月 3 日，约定的交易单价分别为人民币（以下币种同）3 450 元/吨和 3 600 元/吨。2020 年 4 月 30 日，石油化工公司将两份合同所涉货款转账支付给科技公司。2020 年 5 月 7 日，科技公司将上述款项予以退还。同年 5 月 27 日，科技公司向石油化工公司发送解除合同通知书，表示根据双方的交易习惯和合同产品价格每日一价的特性，石油化工公司应当在合同签订后立即付款。现石油化工公司于 2020 年 4 月 30 日付款已构成违约，两份合同事实上已经解除，无须继续履行。

石油化工公司遂向法院起诉，要求科技公司继续履行签订于 2020 年 4 月 2 日的产品销售合同，向石油化工公司交付 396 吨苯酐。

科技公司辩称，因苯酐在市场交易中价格波动频繁，涨跌幅较大，双方在长期交易中形成了石油化工公司在合同签订当日或次日付款的交易习惯。石油化工公司迟延付款已构成根本违约，案涉合同已由科技公司依法解除，不应予以继续履行。

本案先由上海市浦东新区人民法院作出（2020）沪 0115 民初 42261 号一审民事判决，判决驳回石油化工公司的诉讼请求。一审判决后，石油化工公司

不服，提出上诉。后上海市第一中级人民法院作出（2021）沪01民终9347号民事判决，撤销一审判决，并判令科技公司继续履行其与石油化工公司于2020年4月2日签订的产品销售合同项下交付396吨苯酐的义务。二审判决后，科技公司不服，提出再审。上海市高级人民法院裁定提审该案，并于2023年7月31日作出（2022）沪民再12号民事判决，判决撤销二审判决，维持一审判决。

法院最终审理认为，本案有两个争议焦点：一是科技公司和石油化工公司是否形成了在合同签订当日或次日付款的交易习惯；二是在上述交易习惯成立的条件下，石油化工公司迟延付款是否构成根本违约，能否要求科技公司继续履行交货义务。

关于双方是否形成了科技公司主张的交易习惯

根据《中华人民共和国合同法》（以下简称《合同法》）和《最高人民法院关于适用〈中华人民共和国合同法〉若干问题的解释（二）》（以下简称《合同法解释二》）等法律和司法解释的规定及其精神，人民法院对于交易习惯的认定，并非只是对当事人之间是否存在某种习惯做法的客观事实进行单纯的事实认定，其落脚点实在于判定一方当事人主张的习惯做法是否属于法律所认可的交易习惯，能否作为解释当事人意思表示、填补合同约定漏洞、确定当事人权利义务的依据。因此，对于交易习惯的认定应当同时包含对当事人主观方面和该项习惯做法适法性的审查判断。据此，人民法院对于当事人之间是否形成了某种特定交易习惯的认定，应当从以下三个方面加以审查判断：第一，当事人之间是否形成了某种经常使用的习惯做法；第二，当事人是否都有受此种习惯做法约束的内心确信；第三，此种习惯做法是否合法有效。

第一，当事人之间是否形成了某种经常使用的习惯做法。根据双方实际履约的事实，足以认定双方当事人在2019年12月至2020年4月期间就付款时间建立了长期稳定、反复实践且较为一致的行为模式，形成了在合同签订当日或次日付款的习惯做法。从时间节点看，目前双方有争议的两份合同分别签订于 2020 年 4 月 2 日和 4 月 3 日。在此之前，双方已有 7 份合同履行完毕，包括前述付款部分晚于当日或者次日的 3 份合同。因科技公司对于在上述 3 份合同履行过程中石油化工公司部分付款迟延的事宜均能作出合理说明，故可以认定在双方当事人签订案涉有争议的两份合同时已经形成了上述习惯做法。在 2020 年 4 月 3 日及以后，双方又签订了 4 份合同，石油化工公司也均在合同签订当日或者次日付款完毕。根据上述事实，足以认定双方在 2019 年 12 月至 2020 年 4 月期间就付款时间形成了持续稳定的行为模式。

第二，当事人是否都有受此种习惯做法约束的内心确信。根据合同自愿、合同自由原则，除非法律另有明确规定，当事人只受其自身意志以及其与他人达成的一致的意思表示的约束。因此，即便当事人已在以往的交易活动中形成了特定的交易习惯，只要一方当事人在实施本次交易时明确表示不愿再按以前的交易模式来确定双方的权利义务，则对方当事人及第三方均不能强制其接受以往交易习惯的约束。从这个角度出发，在实施本次交易时，当事人仍然具有受交易习惯约束的内心确信，是对方当事人要求将交易习惯适用于本次交易的正当性根据，也是人民法院在合同约定不明时运用交易习惯对合同进行补充解释，将当事人在以往交易活动中形成的交易模式带入此次交易，根据以往交易模式确定本次交易合同内容的理论根据。据此，在实施本次交易时，双方当事人都有受以往习惯做法约束的内心确信，是认定交易习惯成立并将其适用于本次交易的不可或缺的构成要件。

从该项构成要件的认定来看，当事人的实际履行行为能够直接表明他们对合同权利义务的真实理解。根据商事交易的一般常理，如果双方当事人持续稳定地使用某种习惯做法，就可以公平地认为此种习惯做法构成了理解和解释双方当事人表达及行为的共同基础，从而认定当事人之间形成了相应的交易习惯。另一方面，交易习惯一经确立，当事人往往就会基于对该交易习惯的信赖，极其自然地继续沿用以往的交易模式签订新的合同、履行相应合同义务。根据诚实信用原则，法律应当保护当事人的此种合理信赖。因此，从事实认定的合理性出发，除非有证据证明有一方或者双方当事人曾明确表达了其不愿再受原有习惯做法约束的意思表示，则根据双方当事人之间形成了某种习惯做法的事实，就可以推定双方当事人都有受该项习惯做法约束的内心确信。据此，在一般情况下，人民法院对当事人是否具有内心确信的审查认定，只需要进行一定程度的负面审查即可。即，只要没有证据证明一方或者双方当事人在达成本次交易时曾明确表达了要排除原有习惯做法适用的意思表示，就可以认定其具有受其约束的内心确信。本案中，针对双方签订于 2020 年 4 月 2 日的案涉合同，并无证据证明石油化工公司在达成交易时曾经明确表达了要排除原有习惯做法适用的意思表示。据此，可以认定案涉交易时双方当事人均有受原有习惯做法约束的内心确信。

第三，此种习惯做法是否合法有效。根据《合同法解释二》第七条第一款（现《最高人民法院关于适用〈中华人民共和国民法典〉合同编通则若干问题的解释》第二条）规定，如果要将当事人之间的习惯做法认定为法律认可的交易习惯，此种习惯做法不得违反法律、行政法规的强制性规定。根据《中华人民共和国民法总则》第八条（现为《中华人民共和国民法典》第八条）规定，此种习惯做法亦不得违背公序良俗。此即认定交易习惯时应当遵循的适法性要件。本案中，科技公司主张的在合同签订当日或次日付款的习惯做法，显然并不存在违反法律、行政法规的强制性规定的情形。关于石油化工公司所称科技公司在履行中存在迟延交货行为，石油化工公司未予以追究，如果认定石油化工公司迟延付款构成违约，将对石油化工公司严重不公的观点，法院难以采纳。原因在于，科技公司是否迟延交货，属于当事人实际履行合同义务的范畴。此与人民法院认定交易习惯是否成立，并运用交易习惯填补合同约定存在的漏洞属于完全不同性质，两者之间并无实质关联。如果科技公司在履行中确实存在违约行为，石油化工公司亦完全可以有权依照合同和相关法律规定主张权利。据此，对于石油化工公司有关认定案涉交易习惯成立对其明显不公的诉讼主张，法院难以支持。

综上，石油化工公司和科技公司在一段相对较长的交易实践中形成了石油化工公司在合同签订当日或者次日付款的习惯做法，且两公司对于受上述习惯做法约束形成了明确、稳定的内心确信。上述习惯做法不违反法律、行政法规的强制性规定，亦不违背公序良俗，依法可以认定为法律认可的交易习惯。

最终法院认为，就本案而言，案涉合同于 2020 年 4 月 2 日订立，按照交易习惯石油化工公司应当至迟于同年 4 月 3 日完成付款，但其实际于 2020 年 4 月 30 日才支付相应货款，显然已经违背了双方之间的交易习惯，因而石油化工公司已确定地构成违约。

——上海市浦东新区人民法院（2020）沪 0115 民初 42261 号

——上海市第一中级人民法院（2021）沪 01 民终 9347 号

——上海市高级人民法院（2022）沪民再 12 号

五、诚信解释

《中华人民共和国民法典》第七条规定："民事主体从事民事活动，应当遵循诚信原则，秉持诚实，恪守承诺。"

诚信原则作为民事活动的一项"帝王规则"，其自始至终贯穿整个民事活动，从民事关系的设立，民事权利义务的履行、终止，以及在发生争议时对合同条款进行解释，都要遵循诚信原则。

所谓诚信解释原则是指当合同当事人对合同条款发生争议时，应秉持诚实原则，恪守承诺，并按照忠诚于双方达成的共同目的的原则，对合同的条款进行解释。

参考案例： 约定解除权成就后未及时行使，视为放弃合同解除权

2010 年 2 月 1 日，某公司为甲方，李某、张某为乙方，双方签订了承包协议。该协议第七条第（四）项约定："本协议签订后，若因政府手续审批或因甲方原因造成本协议生效后五个月内乙方无法正式开始进行灾害治理，乙方可提出终止协议……"由于煤矿灾害治理工作一直未获政府的开工批准许可，

根据协议约定，李某、张某在 2010 年 12 月 5 日后即有权解除承包协议，但李某、张某并未行使合同解除权，而是继续履行合同，直到 2015 年 9 月 18 日才通过其律师依据承包协议第七条第（四）项的约定向某公司送达解除承包协议的通知。双方就承包协议是否解除发生争议。

法院经审理后认为，在合同约定解除条件成就的情况下，某公司继续办理某煤矿灾害治理相关审批手续，李某、张某在大部分审批手续办理完毕后应某公司要求继续支付相关审批费用，应视为对某公司继续履行治理工程报批行为的认可和接受，且之后张某某还以李某、张某名义陆续从某区综合治理项目部支取部分款项用于占地补偿以及工程治理。李某、张某的上述行为足以使某公司有正当理由信赖李某、张某不再行使承包协议第七条第（四）项约定的合同解除权，而愿意继续履行合同。双方以实际履行行为变更了承包协议第七条第（四）项关于合同解除的约定，李某、张某据此享有的约定解除权相应灭失。故李某、张某基于承包协议第七条第（四）项约定行使的合同解除权已缺乏权利基础，某公司请求确认李某、张某通知解除承包协议的行为无效，有相应的事实依据，法院予以支持。

——最高人民法院，（2016）最高法民终 641 号

六、不利解释

不利解释原则，是针对格式条款而言的，源自罗马法的"有疑义应为表意者不利益之解释"的原则，主要是指当合同双方对格式条款的理解发生争议，且格式条款存在两种以上解释时，应当作出不利于提供格式条款一方的解释。《中华人民共和国民法典》第四百九十六条第一款规定："格式条款是当事人为了重复使用而预先拟定，并在订立合同时未与对方协商的条款。"如，保险合同中的保险条款，网站注册协议中的条款等。

参考案例： 网上店铺报价矛盾，应作不利于商家的解释

2019 年 6 月 1 日，黄某用某商家手机 App，在某品牌京东自营旗舰店，

购买某品牌显卡两块。店铺主页宣传介绍此显卡到手单价 799 元。点此介绍进入页面后，价格为 1 249 元，商品下方写着 6 月 1 日开门红秒杀低至 799 元（关注店铺有惊喜）。黄某遂认为在关注店铺后，显卡到手价为 799 元一块。下单后，黄某发现，商家开具的商品发票为两片显卡 2 498 元，单价为 1 294 元，共支付 2 498 元，故黄某起诉商家构成欺诈。商家解释，当天涉案商品确属参加秒杀价 799 元促销活动的商品。但在原告下单之时，活动商品已售完，故交易价格调回了原价 1 249 元，但商家未及时修改并删除促销活动页面。

经审理，尽管法院认为商家不构成欺诈，但法院认为，本案中，在商品详情页面、确认下单页面和支付页面的价格均为 1 249 元，故一种解释为当时最终交易价格为 1 249 元；但同时广告宣传写有"到手价 799""秒杀低至 799（关注店铺有惊喜）"的内容，未明确标明促销价格起止时间，故另一种解释为，虽支付价格为 1 249 元，但可通过关注店铺、返利等促销活动最终获得 799 元的交易价格。故按照通常理解，被告网页的价格条款确存在两种以上的解释……本案中，因被告过失导致报价矛盾，未及时提示买家，引发了合同解释的争议，故被告应承担解释结果对其不利的后果。且被告为格式条款提供方，应作出不利于被告的解释。因此，涉案合同价格条款应按照 799 元作出解释。

——北京互联网法院，（2019）京 0491 民初 36751 号

参考案例：保险条款约定的"实习期"存在两种以上解释时，应作出对保险人不利的解释

某公司以投保人身份与某保险公司深圳分公司签订了保险合同，为岳某事发时驾驶的×××的重型半挂牵引车投保含不计免赔限额为 150 万元的商业第三者责任保险一份，事故发生在保险期间。另，双方所签订之保险合同约定适用的保险条款中的"责任免除"部分约定了保险人不负责赔偿的情形，其中第二章第二十四条第二款第 5 项约定的保险人不负责赔偿情形为"5. 实习期内驾驶公共汽车、营运客车或者执行任务的警车、载有危险物品的机动车或牵

引挂车的机动车"。经查证，某公司作为投保人在机动车综合商业保险投保单上的投保人声明处声明主要内容为：保险人已向投保人详细介绍并提供了投保险种所适用的条款，并对其中免除保险人责任的条款（特别是黑体字部分以及手写或打印的特别约定内容），向投保人进行了充分、明确的释明，投保人已充分理解并接受相关内容，自愿订立本合同。签章进行了确认。岳某初次申领机动车驾驶证的日期为 2014 年 7 月 23 日，本次事故事发时其持有的驾驶证记载的准驾车型为 A2，记载的有效期为 2014 年 7 月 23 日至 2020 年 7 月 23 日，驾驶证副业记录显示其属于增驾至 A2，实习期至 2018 年 10 月 11 日（还注明了，期间记 6 分以上未满 12 分的，实习期延长一年。实习期结束后 30 日内参加考试）。2018 年 1 月 6 日 16 时，在北京市通州区潞城镇潞城中路通宝饭店门口，某公司员工岳某驾驶车牌号为×××重型半挂牵引车、×××重型半挂车由南向北行驶时，车辆顶部与该路段设置的电线、电线杆以及变压器接触，发生事故，造成电线、电线杆以及变压器损坏。但在向某保险公司深圳分公司理赔时，某保险公司深圳分公司认为岳某驾驶证副证记载，实习期至 2018 年 10 月 11 日。交通事故发生在 2018 年 1 月 6 日，事发时，驾驶人岳某属于实习期内驾驶牵引挂车。根据第二章第二十四条第二款第 5 项的约定"实习期内驾驶公共汽车、营运客车或者执行任务的警车、载有危险品的机动车或牵引挂车的机动车"，保险人不负赔偿责任。

法院经审理认为，根据各方诉辩意见，本案争议焦点为岳某处于增驾实习期时发生交通事故，某保险公司深圳分公司是否能够免责。

采用保险人提供的格式条款订立的保险合同，保险人与投保人、被保险人或者受益人对合同条款有争议的，应当按照通常理解予以解释。对合同条款有两种以上解释的，人民法院或者仲裁机构应当作出有利于被保险人和受益人的解释。本案中，虽然某保险公司深圳分公司提交的保险条款第二章第二十四条第二款第 5 项约定的保险人不负责赔偿情形为"5. 实习期内驾驶公共汽车、营运客车或者执行任务的警车、载有危险物品的机动车或牵引挂车的机动车"。

但根据《道路交通安全法实施条例》第二十二条的规定及《机动车驾驶证申领和使用规定》第七十四条的规定，"实习期"的定义并不相同，通常存在两种理解，一种即为《道路交通安全法实施条例》第二十二条规定"机动车驾驶人初次申领机动车驾驶证后的 12 个月为实习期"，另一种为《机动车驾驶证申领和使用规定》第七十四六条的规定"机动车驾驶人初次申请机动车驾驶证和增加准驾车型后的 12 个月为实习期"。由此可见，两者对于"实习期"的定义并不相同。而商业保险合同中对于"实习期"的定义并没有明确，无法得出涉案保险条款约定的"实习期"已经包括了增驾实习期以及就此定义内容已向投保人作出了明确说明的结论，故根据不利解释原则，应当作出有利于被保险人的解释。

另外，"实习期"设立是为了提醒驾驶员谨慎驾驶，让驾驶员适应相应车型车辆的驾驶情况，如实习期内不能驾驶与准驾车型相符的车辆，实习期的意义将不复存在；如保险公司认为增驾实习期内驾驶准驾车型风险会增高而属于拒赔的情形，亦应当对此明确提示告知。实际上，岳某在事发时已经合法取得了 A2 驾驶证，其具有驾驶涉案车辆的资格，虽然本次事故发生在岳某增驾实习期内，但在交管部门出具的交通事故认定书中，并未认定因岳某处于 A2 增驾实习期导致了本次交通事故的发生，故驾驶证处于增驾实习期也并非发生本次交通事故的原因，两者之间不存在必然的因果关系。

最终判决某保险公司深圳分公司承担保险赔偿责任。

——北京市第三中级人民法院（2021）京 03 民终 4821 号

第三章

与合同起草和审查有关的规范性法律文件及其对合同效力影响

与合同有关的规范性法律文件，是合同起草和审查的依据。如前所述，合同起草和审查所应遵循的第一原则是合法性原则，而遵循合法性原则的前提是充分理解和掌握与合同有关的规范性法律文件。否则，合同的起草和审查就是无源之水、无本之木。与合同起草和审查有关的规范性法律文件，不仅包括全国人大通过的法律，还包括行政法规、司法解释、地方性法规、自治条例、单行条例、部门或地方规章，以及其他与合同有关的规范性文件。

第一节　法律及其解释、行政法规和司法解释

法律及其解释和行政法规对合同的效力会产生直接影响；而司法解释是最高人民法院针对具体法律应用问题所作的解释，对合同具有重要的指导作用。

一、法律及其解释

《中华人民共和国立法法》第十条规定："全国人民代表大会和全国人民代表大会常务委员会根据宪法规定行使国家立法权。全国人民代表大会制定和修改刑事、民事、国家机构的和其他的基本法律。全国人民代表大会常务委员会制定和修改除应当由全国人民代表大会制定的法律以外的其他法律；在全国人

民代表大会闭会期间，对全国人民代表大会制定的法律进行部分补充和修改，但是不得同该法律的基本原则相抵触。"

这里的法律，主要是指全国人大及其常委会制定的法律。另外，《中华人民共和国立法法》第五十三条规定："全国人民代表大会常务委员会的法律解释同法律具有同等效力。"

这些有关法律的解释，实际上也属于法律的一部分，具有与法律同等的效力。因此，本节下文中所说的法律，均包含了该法律的相应解释。

（一）与合同起草和审查相关的法律

在与合同起草和审查有关的法律中，《中华人民共和国民法典》是合同起草和审查人员首先必须掌握的法律，是起草和审查合同最基本的法律依据。除此之外，还需要根据起草和审查合同的类型熟练掌握其他相关的法律。如，起草和审查与消费者有关的合同，可能涉及《中华人民共和国消费者权益保护法》《中华人民共和国产品质量法》等法律；起草和审查与政府采购有关的合同，可能涉及《中华人民共和国政府采购法》《中华人民共和国招标投标法》等法律；起草和审查与食品采购有关的合同，可能涉及《中华人民共和国食品安全法》等法律；起草和审查需要特殊资质、许可的合同，可能涉及有关此类资质、许可的法律。

总之，不同类型的合同，涉及的法律也不尽相同。因此，要想掌握与合同有关的所有法律，并非易事，只能通过日积月累的学习和经验的积累来逐步掌握。

（二）法律对合同效力的影响

《中华人民共和国民法典》第五百零八条规定："本编（合同编）对合同的效力没有规定的，适用本法第一编第六章的有关规定。"而该法第一编第六章第一百五十三条规定："违反法律、行政法规的强制性规定的民事法律行为无效。但是，该强制性规定不导致该民事法律行为无效的除外。"

从以上规定可以看出，全国人大及其常委会制定的法律是应当直接作为判断合同效力的法律依据，一份合同如果违反了法律的强制性规定，那么该合同就是无效合同。

但需要注意的是，这里导致合同无效的强制性规定指的是效力性强制性规定，而非不会导致合同无效的管理性强制性规定。

那么，如何区分一个法律规定是效力性强制性规定还是管理性强制性规定呢。《全国法院民商事审判工作会议纪要》（法〔2019〕254 号）第 30 条规定："人民法院在审理合同纠纷案件时……特别是要在考量强制性规定所保护的法益类型、违法行为的法律后果以及交易安全保护等因素的基础上认定其性质，并在裁判文书中充分说明理由。一般来说下列强制性规定，应当认定为'效力性强制性规定'：强制性规定涉及金融安全、市场秩序、国家宏观政策等公序良俗的；交易标的禁止买卖的，如禁止人体器官、毒品、枪支等买卖；违反特许经营规定的，如场外配资合同；交易方式严重违法的，如违反招投标等竞争性缔约方式订立的合同；交易场所违法的，如在批准的交易场所之外进行期货交易。"

而《中华人民共和国民法典》第一百五十三条第一款"该强制性规定不导致该民事法律行为无效的除外"中的"该强制性规定"实际上指的就是管理性强制性规定。一般来说，关于经营范围、交易时间、交易数量等行政管理性质的强制性规定，应当认定为"管理性强制性规定"。

《最高人民法院关于适用〈中华人民共和国民法典〉合同编通则若干问题的解释》（法释〔2023〕13 号）进一步明确了什么是"管理性强制性规定"及违反的法律后果，该解释第十六条规定：

"合同违反法律、行政法规的强制性规定，有下列情形之一，由行为人承担行政责任或者刑事责任能够实现强制性规定的立法目的的，人民法院可以依据民法典第一百五十三条第一款关于'该强制性规定不导致该民事法律行为无效的除外'的规定认定该合同不因违反强制性规定无效：

（一）强制性规定虽然旨在维护社会公共秩序，但是合同的实际履行对社会公共秩序造成的影响显著轻微，认定合同无效将导致案件处理结果有失公平公正；

（二）强制性规定旨在维护政府的税收、土地出让金等国家利益或者其他民事主体的合法利益而非合同当事人的民事权益，认定合同有效不会影响该规范目的的实现；

（三）强制性规定旨在要求当事人一方加强风险控制、内部管理等，对方无能力或者无义务审查合同是否违反强制性规定，认定合同无效将使其承担不利后果；

（四）当事人一方虽然在订立合同时违反强制性规定，但是在合同订立后其已经具备补正违反强制性规定的条件却违背诚信原则不予补正；

（五）法律、司法解释规定的其他情形。

法律、行政法规的强制性规定旨在规制合同订立后的履行行为，当事人以合同违反强制性规定为由请求认定合同无效的，人民法院不予支持。但是，合同履行必然导致违反强制性规定或者法律、司法解释另有规定的除外。

依据前两款认定合同有效，但是当事人的违法行为未经处理的，人民法院应当向有关行政管理部门提出司法建议。当事人的行为涉嫌犯罪的，应当将案件线索移送刑事侦查机关；属于刑事自诉案件的，应当告知当事人可以向有管辖权的人民法院另行提起诉讼。"

该司法解释第十八条规定："法律、行政法规的规定虽然有'应当''必须'或者'不得'等表述，但是该规定旨在限制或者赋予民事权利，行为人违反该规定将构成无权处分、无权代理、越权代表等，或者导致合同相对人、第三人因此获得撤销权、解除权等民事权利的，人民法院应当依据法律、行政法规规定的关于违反该规定的民事法律后果认定合同效力。"依据该规定，法律、行政法规的规定虽然有"应当""必须"或者"不得"等看似强制性的表述，但如果其目的是为限制或者赋予民事权利，那么其可能导致合同效力处于待定状态，具体合同效力的确定取决于合同当事人是否行使追认权、解除权、撤销权等权利。

参考案例：涉及互联网销售彩票的相关规定为管理性强制性规定，不能据此认定合同无效

2018年3月21日，球某公司与英某思公司签订《软件开源合同》，约定英某思公司向球某公司提供彩票网络销售系统，软件项目款合计264 200元（含税）。产品包含晓风彩票网络销售系统SLS5.3红色基础版PC、App（安卓和IOS）开源版一套，价格为200 000元；晓风彩票网络销售系统中定制开发功能模块，价格为64 200元。付款方式为自双方签字盖章之日起三个工作日内，球某公司向英某思公司支付合同总款。关于产品交货及验收中约定：交货地点在英某思公司；交货期限为收到合同款后21个工作日内；收到球某公司全款后，英某思公司对球某公司展开软件开发思想、核心模型、源代码、软件运行环境配置进行讲析，并现场交付约定的晓风彩票5.3系统部署文档在内的12种文件；英某思公司现场或是通过光盘刻录机的方式交付全部源码，并由球某公司进行自主编译，然后上线试运行，球某公司现场或远程进行验收。培训计划约定英某思公司提供2天免费培训。2018年3月21日，球某公司向英某思公司转账264 200元。2019年1月21日，球某公司委托律师向英某思公司发送律师函，以尚未收到英某思公司提供的符合合同约定的产品为由，要求解除合同并返还合同总款264 200元，并随后向法院提起诉讼。

一审法院经审理认为，本案为计算机软件开发合同纠纷。球某公司和英某思公司于2018年3月21日签订软件开源合同，在双方签订涉案软件开发合同之时，财政部等政府管理部门尚未批准任何彩票机构开通互联网销售业务，即任何企业或个人开展任何形式的互联网销售彩票相关业务均属违反法律、法规强制性规定行为，而且该行为严重影响了彩票发行市场正常秩序与彩票销售款项的专项管理，故球某公司和英某思公司签订的软件开源合同应属无效。民事

法律行为无效、被撤销或者确定不发生效力后，行为人因该行为取得的财产，应当予以返还；不能返还或者没有必要返还的，应当折价补偿。有过错的一方应当赔偿对方由此所受到的损失；各方都有过错的，应当各自承担相应的责任。本案球某公司和英某思公司签订软件开源合同时，均应知悉彩票管理相关规定，也知悉法律、法规严禁擅自利用互联网销售软件开源合同约定彩票行为，故双方均有过错，球某公司和英某思公司各自承担相应责任，英某思公司因软件开源合同取得合同款 264 200 元应返还球某公司。至于球某公司主张英某思公司支付利息等诉请，原审法院不予支持。

最高人民法院二审认为，首先，《中华人民共和国民法总则》第一百五十三条第一款（现为《中华人民共和国民法典》第一百五十三条第一款）规定："违反法律、行政法规的强制性规定的民事法律行为无效，但是该强制性规定不导致该民事法律行为无效的除外。"法律、行政法规的强制性规定分为效力性强制性规定和管理性强制性规定，只有效力性强制性规定才会导致民事法律行为无效。本案中，涉及互联网销售彩票的相关规定为管理性强制性规定，并非效力性强制性规定，不应据此认定双方签订的合同为无效合同。其次，涉案合同系双方当事人真实意思表示，球某公司订立合同的目的在于获得软件系统并通过该系统提供彩票相关资讯及销售彩票；英某思公司订立合同的目的在于通过向球某公司提供涉案软件获得对应价款。《彩票管理条例实施细则》等规制的是互联网销售彩票的行为，而涉案合同系计算机软件开发合同，合同本身并不违反相关规定。原审法院认定涉案合同无效属于适用法律错误，本院予以纠正。

——最高人民法院（2021）最高法知民终 250 号

二、行政法规

行政法规是合同起草和审查的重要法律依据，对合同效力会产生重大影响。

（一）行政法规的含义

《中华人民共和国立法法》第七十二条规定："国务院根据宪法和法律，制定行政法规。"根据该规定，行政法规主要是指国务院根据宪法和法律制定的规范性文件。根据《行政法规制定程序条例》第五条的规定："行政法规的名称一般称'条例'，也可以称'规定'、'办法'等。国务院根据全国人民代表大会及其常务委员会的授权决定制定的行政法规，称'暂行条例'或者'暂行规定'"。

行政法规一般是根据法律的授权或为执行法律的规定而制定的，行政法规规定的内容往往更加细化，更加具有可操作性和执行性。因此，在合同起草和审查的时候，一定要详细查阅合同可能涉及的行政法规，否则，合同当事人可能会因为合同违反行政法规而承担不利的法律后果。如，涉及食品购销的合同，除了注意《中华人民共和国食品安全法》的规定外，还要注意《中华人民共和国食品安全法实施条例》的规定。

（二）行政法规对合同效力的影响

行政法规也是判断合同效力的法律依据之一，一份合同如果违反了行政法规的强制性规定的，那么，该合同就是无效合同。

需要注意的是，行政法规的强制性规定也是指效力方面的强制性规定，即能够导致合同无效的强制性规定，而不是不会导致合同无效的管理方面的强制性规定。

三、最高人民法院司法解释

最高人民法院司法解释是最高人民法院在审判工作中对具体应用法律问题所作的解释，人民法院在审判合同纠纷案件时，可以直接在司法文书中引用，因此，最高人民法院司法解释对合同起草和审查工作具有重要的指导意义。

（一）司法解释的含义

《全国人民代表大会常务委员会关于加强法律解释工作的决议》第二条规定："凡属于法院审判工作中具体应用法律、法令的问题，由最高人民法院进行解释……"《中华人民共和国人民法院组织法》第十八条规定："最高人民法院可以对属于审判工作中具体应用法律的问题进行解释。最高人民法院可以发布指导性案例。"

根据上述法律规定，最高人民法院可以对审判工作中涉及具体法律应用的问题进行解释。根据《最高人民法院关于司法解释工作的规定》第五条的规定，最高人民法院发布的司法解释，是具有法律效力的。根据第六条的规定，最高人民法院司法解释的形式分为"解释""规定""规则""批复""决定"五种。如，《最高人民法院关于审理城镇房屋租赁纠纷案件具体应用法律若干问题的解释》，采用的就是解释的形式。

（二）司法解释对合同纠纷审判的影响

尽管对于最高人民法院司法解释具有法律效力的结论并无争议，但该司法解释究竟处于何种效力等级，是与法律具有等同效力，还是与行政法规具有等同效力，还是处于其他效力等级，目前无论在理论和实务中都没有明确定论。《最高人民法院关于裁判文书引用法律、法规等规范性法律文件的规定》第二条规定："并列引用多个规范性法律文件的，引用顺序如下：法律及法律解释、行政法规、地方性法规、自治条例或者单行条例、司法解释。"《最高人民法院关于司法解释工作的规定》第二十七条规定："司法解释施行后，人民法院作为裁判依据的，应当在司法文书中援引。人民法院同时引用法律和司法解释作为裁判依据的，应当先援引法律，后援引司法解释。"

从上述规定很难判断出最高人民法院司法解释的效力等级，但可以肯定的是，最高人民法院的司法解释是能作为裁判依据的，是可能直接影响合同纠纷裁判结果的。

考虑到最高人民法院的司法解释是对具体法律应用问题作出的具有更强适用性的解释，而且是直接指导法院审判并可以在法院裁判文书中援引的解释，无论其效力等级如何，作为合同的起草和审查人员，必须高度重视最高人民法院的司法解释。否则，将会给合同当事人带来巨大的法律风险和重大的损失。

第二节　地方性法规、条例、行政规章和行政规范性文件

本节主要讲述地方性法规、自治条例、单行条例、部门规章、地方政府规章和行政规范性文件的含义及其对合同效力的影响，以及违反这些规定是不是必然导致合同无效。

一、地方性法规、自治条例和单行条例

1. 地方性法规、自治条例和单行条例的含义

《中华人民共和国立法法》第八十条规定："省、自治区、直辖市的人民代表大会及其常务委员会根据本行政区域的具体情况和实际需要，在不同宪法、法律、行政法规相抵触的前提下，可以制定地方性法规。"第八十一条规定："设区的市的人民代表大会及其常务委员会根据本市的具体情况和实际需要，在不同宪法、法律、行政法规和本省、自治区的地方性法规相抵触的前提下，可以对城乡建设与管理、生态文明建设、历史文化保护、基层治理等方面的事项制定地方性法规……自治州的人民代表大会及其常务委员会可以依照本条第一款规定行使设区的市制定地方性法规的职权……"

根据该规定，地方性法规、自治条例和单行条例一般是由省、自治区、直辖市或设区的市级地方人大及其常委会制定的，其主要内容是：为执行法律、

行政法规的规定，需要根据本行政区域的实际情况作具体规定的事项；属于地方性事务需要制定地方性法规的事项。

目前，许多地方的人大都颁布了一些关于合同管理的地方性法规，以规范合同的签订和履行行为。

比如，深圳市人大为了加强对合同格式条款的监督管理，防止利用合同格式条款损害消费者合法权益，颁布了《深圳经济特区合同格式条款条例》；浙江省人大颁布了《浙江省合同行为管理监督规定》，用来指导工商行政管理部门和其他有关行政主管部门就合同行为履行服务和监督职责。

2. 地方性法规、自治条例和单行条例对合同效力的影响

尽管根据法律规定，地方性法规、自治条例和单行条例不能作为判断合同效力的法律依据，但司法机关仍可以以合同违反了地方性法规、自治条例和单行条例背后所体现的社会公序良俗为由，认定合同无效。

另外，起草和审查的合同如果违反了地方性法规、自治条例和单行条例的规定，可能会对合同的履行产生重大不利影响，还有可能会使合同当事人受到相应的处罚。因此，对于合同的起草和审查人员来说，必须充分注意与起草和审查合同有关的地方性法规、自治条例和单行条例。

二、部门规章、地方政府规章和行政规范性文件

1. 部门规章、地方政府规章和行政规范性文件的含义

部门规章：根据《中华人民共和国立法法》第九十一条的规定，部门规章是由国务院各部、委员会、中国人民银行、审计署和具有行政管理职能的直属机构，根据法律和国务院的行政法规、决定、命令，在本部门的权限范围内制定的。

地方政府规章：地方政府规章是由省、自治区、直辖市和设区的市、自治州的人民政府，根据法律、行政法规和本省、自治区、直辖市的地方性法规制定的。

行政规范性文件：根据《国务院办公厅关于加强行政规范性文件制定和监督管理工作的通知》的规定，"行政规范性文件是除国务院的行政法规、决定、命令以及部门规章和地方政府规章外，由行政机关或者经法律、法规授权的具有管理公共事务职能的组织（以下统称行政机关）依照法定权限、程序制定并公开发布，涉及公民、法人和其他组织权利义务，具有普遍约束力，在一定期限内反复适用的公文。"

实践中，许多重大的合同交易，不可避免地会涉及部门规章、地方政府规章，甚至是行政规范性文件。

比如，一个股权收购合同的尽职调查，不仅涉及公司的设立和运营，还会涉及税收、劳动、环境等方方面面，这些方面的合法性和交易风险的评估可能都会受到部门规章、地方政府规章甚至是行政规范性文件的影响，进而影响交易的进行和合同的起草和审查。

另外，还有的部门规章直接规定了与合同签订和履行有关的内容，如，国家工商行政管理总局（已撤销，合并为国家市场监督管理总局）颁布了《合同违法行为监督处理办法》的部门规章，专门规范合同当事人订立、履行合同的行为，查处伪造合同、冒名签订合同、利用欺骗手段签订合同等合同违法行为。

2. 部门规章、地方政府规章和行政规范性文件对合同效力的影响

根据法律规定，部门规章、地方政府规章和行政规范性文件不能作为判断合同效力的法律依据，但部门规章、地方政府规章和行政规范性文件的制定一般都是为了维护社会公共利益或者公序良俗，尽管法院不能直接援引部门规章、地方政府规章和行政规范性文件的条款判定合同无效，但法院可以在《中华人民共和国民法典》生效以前以合同损害社会公共利益为由［原《中华人民共和国合同法》第五十二条第（四）款］，在《中华人民共和国民法典》生效以后以违反社会公序良俗为由（《中华人民共和国民法典》第一百五十三条第二款）判定合同无效。

《全国法院民商事审判工作会议纪要》（法〔2019〕254 号）第 31 条规定：

"违反规章一般情况下不影响合同效力，但该规章的内容涉及金融安全、市场秩序、国家宏观政策等公序良俗的，应当认定合同无效。人民法院在认定规章是否涉及公序良俗时，要在考察规范对象基础上，兼顾监管强度、交易安全保护以及社会影响等方面进行慎重考量，并在裁判文书中进行充分说理。"

此外，虽然部门规章、地方政府规章和行政规范性文件未必影响合同的效力，但违反这些规定的合同，将会给合同履行造成极大的障碍，也会给合同当事人带来承担行政责任的法律风险。作为合同的起草和审查人员必须充分重视与合同有关的部门规章、地方政府规章和行政规范性文件。

参考案例：借名买车合同因违反北京市小客车数量调控的规定，损害社会公共利益而无效

杨某欲在北京市购买车辆，但购车时尚无北京市小客车指标，但郑某某可以将其名下小客车指标免费提供给杨某使用。2020 年 5 月 30 日，杨某与北京德奥达汽车进出口有限公司签订"奔驰商务车用户购车协议"，约定订货方式为现货，付款单位为杨某，购车单位为郑某某，订购车型为 V260L，车辆价格为 529 800 元，交货地点为北京，交车时间为 2020 年 5 月。当日，杨某通过其名下招商银行尾号为 4259 的银行卡向北京德奥达汽车进出口有限公司支付 500 000 元；杨某通过其名下招商银行尾号为 1371 的信用卡向北京德奥达汽车进出口有限公司支付 29 800 元。2020 年 5 月 30 日，杨某通过微信向"北京奔驰改装迈巴赫—赵某"转账支付 9 768 元，转账说明为奔驰 V260L 保险费用。审理中，杨某提交机动车交通事故责任强制保险单一份，显示被保险人为杨某，被保险机动车为本案涉案车辆，保险费用为 1 100 元，保险期间自 2020 年 5 月 31 日起至 2021 年 5 月 30 日止。杨某提交神行车保机动车保险单一份，显示被保险人为杨某，被保险人机动车为本案涉案车辆，保险费用为 15 143.58 元，保险期间自 2020 年 5 月 31 日起至 2021 年 5 月 30 日止。2020 年 6 月 2 日，杨某支付车辆购置税 46 885 元。随后，杨某对涉案车辆进行了改装，支付改装费 150 000 元。2020 年 6 月 3 日，涉案车辆登记至郑某某名下，车牌号码为×××。购车之后，涉案车辆一直由杨某使用，但 2021 年

11 月左右，郑某某擅自将涉案车辆开走。

后杨某作为原告将被告郑某某起诉至法院，请求：1. 确认原告与被告之间的借名购车合同无效；2. 判决被告向原告返还购车款 736 452.96 元；3. 判决被告赔偿原告损失 55 421.62 元（暂计至 2022 年 4 月 30 日）；4. 判决本案的诉讼费由被告承担。

一审法院经审理认为，涉案车辆由原告出资购买，在被告将车辆开走之前由原告实际使用，车辆的保险费用由原告支付，登记的被保险人为原告，车辆所有权登记在被告名下，因此本院认定原告与被告之间成立借名买车合同关系。

有下列情形之一的，合同无效：（一）一方以欺诈、胁迫的手段订立合同，损害国家利益；（二）恶意串通，损害国家、集体或者第三人利益；（三）以合法形式掩盖非法目的；（四）损害社会公共利益；（五）违反法律、行政法规的强制性规定。

因原告与被告之间的借名买车合同违反了《北京市小客车数量调控暂行规定》的相关规定，扰乱了国家对于北京市对于小客车配置指标调控管理及身份证管理的公共秩序，损害了社会公共利益，现原告要求确认原告与被告之间的借名买车合同无效，有相应的事实及法律依据，本院予以支持。

合同无效或者被撤销后，因该合同取得的财产，应当予以返还；不能返还或者没有必要返还的，应当折价补偿。有过错的一方应当赔偿对方因此所受到的损失，双方都有过错的，应当各自承担相应的责任。

因涉案借名买车合同无效，且被告现实际占有车辆，原告要求被告退还购车款 529 800 元、改装费用 150 000 元、车辆购置税 46 884.96 元、保险费用 9 768 元，有相应的事实及法律依据，本院予以支持。对于原告要求被告支付利息损失的诉讼请求，因原告明知借名买车违反《北京市小客车数量调控暂行规定》的相关规定，因此原告对于合同无效亦负有过错，对于原告的该项诉讼请求，本院不予支持。

一审判决后，郑某某不服一审判决提起上诉，并申请对涉案车辆折旧价值进行鉴定。

　　二审法院经审理认为，一审法院的判决和认定并无不当，关于郑某某申请对涉案车辆折旧价值进行鉴定评估一节，因其在一审中并未提出该申请，且该申请缺乏法律依据，故本院不予准许。驳回上诉，维持原判。

　　　　　　　　——北京市西城区人民法院（2022）京 0102 民初 21236 号

　　　　　　　　——北京市第二中级人民法院（2023）京 02 民终 166 号

第二编

合同的法律风险来源

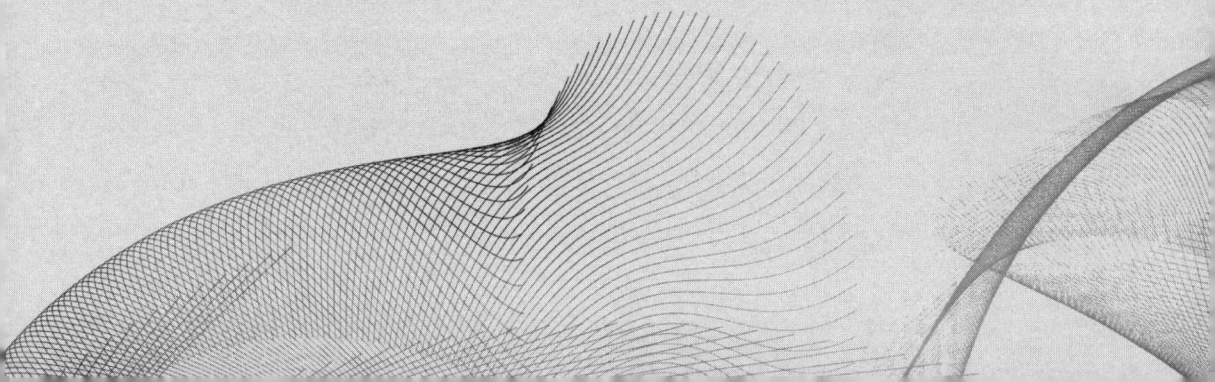

合同起草和审查的目的是在促成交易顺利进行的同时，最大限度降低合同法律风险。合同起草和审查人员，只有充分了解合同法律风险的来源，才能在起草和审查合同过程中，针对不同的合同法律风险，拟定或修订有针对性的合同条款；才能有效地实现降低合同法律风险的目标。本编不仅详细阐述了合同订立和履行过程中可能涉及的各类法律风险，还附有针对此类法律风险的相关指导性或权威性的判例，以帮助合同起草和审查人员了解司法机关对此类法律风险的态度和最终裁判结果，希望合同起草和审查人员能够以裁判意见为指导来进行合同起草和审查工作，在合同起草和审查中避免此类法律风险。

第四章

与合同订立有关的法律风险

合同的订立包括"订"和"立"两个方面。"订"指的是合同双方通过要约、反要约的形式进行接洽、谈判、磋商、讨价还价的一系列过程;而"立"指的是经过"订"的过程后,接受要约的一方作出了承诺,双方已经达成了合意,合同成立。

《中华人民共和国民法典》第四百八十三条规定:"承诺生效时合同成立,但是法律另有规定或者当事人另有约定的除外。"第四百九十条规定:"当事人采用合同书形式订立合同的,自当事人均签名、盖章或者按指印时合同成立……"

因此,合同订立过程的法律风险指的是从合同双方当事人接洽开始,一直到承诺生效或双方签名、盖章或者按指印时存在的法律风险,即合同成立时所可能存在的法律风险。

第一节　合同订立主体缔约能力方面的法律风险

合同主体具有相应的缔约行为能力是合同成立并生效的基本条件,如果订立合同的主体不具备订立某种合同的缔约行为能力或其缔约行为能力存在瑕疵,其订立的合同则可能无效或在效力上存在瑕疵。本节主要讨论自然人和法人作为合同主体时,在缔约能力方面可能存在的法律风险。

一、合同订立主体为自然人时的法律风险

1. 与自然人年龄有关的合同法律风险

自然人的年龄直接关系到自然人是否具有从事民事法律行为的能力，这当然也包括其是否具有独立订立合同的能力。《中华人民共和国民法典》规定，自然人签订合同的能力根据年龄可以分为四种情况：

（1）18 周岁以上的自然人。18 周岁以上的自然人为成年人，具有完全的民事行为能力，可以独立签订合同。

（2）16 周岁以上 18 周岁以下以自己的劳动收入为主要生活来源的未成年人。法律视其为完全民事行为能力人，可以独立签订合同。

（3）8 周岁以上 18 周岁以下的未成年人［前述（2）中的情形除外］为限制民事行为能力人，可以独立签订纯获利益的合同（如接受赠与）或从事与其年龄、智力相适应的民事法律行为，但签订其他合同应由其法定代理人代理或经法定代理人同意和追认。

（4）不满 8 周岁的未成年人为无民事行为能力人。签订合同应由其法定代理人代理实施。

与自然人年龄有关的合同风险主要有以下几方面：

（1）与无民事行为能力人（不满 8 周岁的未成年人）签订的合同，是无效合同，自始对当事人不具有法律效力。

（2）与限制民事行为能力人签订的合同效力存在不确定性。如果签订的是纯获利益的合同或者是与其年龄、智力状况相适应的合同，则该合同应为有效合同。但如果签订除此之外的其他合同，则需要其法定代理人代理或经其法定代理人同意和追认，一旦其法定代理人不同意代理或不同意追认，则该合同为无效合同。

（3）法定代理人未及时追认的法律风险。根据《中华人民共和国民法典》的规定，相对人可以催告法定代理人在收到通知之日起 30 日内予以追认，如

果法定代理人未作表示的，视为拒绝追认。在此情形下，法定代理人未及时追认将会使明显对限制民事行为能力人有利的合同成为无效合同，限制民事行为能力人将无法获得相应的合同利益。

（4）相对人未及时行使撤销权的法律风险。在合同被追认前，善意相对人具有撤销合同的权利，但应当以通知的方式作出。如果善意相对人怠于行使撤销权将会使合同关系处于不确定状态，而且在法定代理人行使追认权后其将无法主张撤销权，则会使对其不利的合同成为有效合同。

2. 与自然人智力、精神状况有关的合同法律风险

自然人的精神状况也直接关系到该自然人是否具有签订合同的民事行为能力，进而对合同的效力产生影响。根据《中华人民共和国民法典》的规定，自然人签订合同的行为能力，依据其智力和精神状况可以分为两种情况：

（1）不能辨认自己行为的成年人，以及 8 周岁以上不能辨认自己行为的未成年人。为无民事行为能力人，签订合同应由其法定代理人代理实施。

（2）不能完全辨认自己行为的成年人。其为限制民事行为能力人，可以独立签订纯获利益的合同以及与其智力、精神健康状况相适应的合同。除此之外签订其他的合同，应由其法定代理人代理或经其法定代理人同意和追认。

与自然人智力、精神状况有关的合同风险有以下几方面：

（1）与不能辨认自己行为的成年人和与 8 周岁以上不能辨认自己行为的未成年人签订的合同为无效合同，自始对当事人不具有法律效力。

（2）与不能完全辨认自己行为的成年人签订的合同效力存在不确定性。如果签订的是纯获利益的合同或者是与其年龄、智力状况相适应的合同，则该合同为有效合同。但如果签订除此之外的其他合同，则需要其法定代理人代理或经其法定代理人同意、追认，一旦其法定代理人不同意代理或不同意追认，则会使该合同成为无效合同。

（3）法定代理人未及时追认的法律风险。根据《中华人民共和国民法典》的规定，相对人可以催告法定代理人在收到通知之日起 30 日内予以追认，如

果法定代理人未作表示的，视为拒绝追认。在此情形下，法定代理人未及时追认可能会使明显对限制民事行为能力人有利的合同成为无效合同，限制民事行为能力人将无法获得相应的合同利益。

（4）相对人未及时行使撤销权的法律风险。在合同被追认前，善意相对人具有撤销合同的权利，但应当以通知的方式作出。如果善意相对人怠于行使撤销权将会使合同关系处于不确定状态，而且在法定代理人行使追认权后将无法主张撤销权，会使对其不利的合同成为有效合同。

二、合同订立主体为法人时的法律风险

《中华人民共和国民法典》第五十七条规定："法人是具有民事权利能力和民事行为能力，依法独立享有民事权利和承担民事义务的组织。"第五十八条规定："法人应当依法成立。法人应当有自己的名称、组织机构、住所、财产或者经费。法人成立的具体条件和程序，依照法律、行政法规的规定。设立法人，法律、行政法规规定须经有关机关批准的，依照其规定。"

法人分为营利法人（包括有限责任公司、股份有限公司和其他企业法人等）、非营利法人（包括事业单位、社会团体、基金会、社会服务机构等）和特别法人（包括机关法人、农村集体经济组织法人、城镇农村的合作经济组织法人、基层群众性自治组织法人）。

合同订立主体为法人时的合同法律风险主要来自以下几个方面：

（一）以不存在的法人或以被注销后法人名义签订合同

1. 法人的民事权利能力和行为能力的起始和终止

《中华人民共和国民法典》第五十九条规定："法人的民事权利能力和民事行为能力，从法人成立时产生，到法人终止时消灭。"第七十二条第三款规定："清算结束并完成法人注销登记时，法人终止；依法不需要办理法人登记的，清算结束时，法人终止。"

因此，法人的民事权利能力和民事行为能力应该是从登记之日（不需要登记的从成立之日）开始到依法完成清算、注销登记（不需要办理注销登记的，从清算结束时止）之日止。

2. 以不存在的法人或以被注销后法人名义签订合同的效力

以不存在的法人名义签订合同，是指以未依法成立的法人或虚构的法人名义签订合同；而以被注销后法人名义签订合同，是指在法人被注销，已经终止后，仍以该法人的名义签订合同。此时，如果行为人主观上具有非法占有财物的故意，并在签订合同时刻意隐瞒该事实，那么行为人的行为可能构成合同诈骗罪。但如果行为人没有非法占有的故意，且完全具有履行合同的能力和意图，只是使用了不存在或虚构的法人或者被注销后的法人名义签订合同。此时，如果不存在刑事犯罪，那么，在民事上，该合同的效力如何确定？

实践中，存在两种不同的意见：

第一种意见认为，合同不成立。由于合同主体不存在，缺乏合同成立的主体要素，因此，应认定合同不成立。

第二种意见认为，由于合同主体不存在，合同无效。《中华人民共和国民法典》第一百四十三条，"具备下列条件的民事法律行为有效：（一）行为人具有相应的民事行为能力；（二）意思表示真实；（三）不违反法律、行政法规的强制性规定，不违背公序良俗。"由于签订合同的主体不存在，其没有相应的民事行为能力，意思表示不真实，所签订的合同应为无效合同。

在实践中，确认此类合同无效的较多。

比如，在（2019）鲁民终550号一案中，法院认为，本案的《流动资金借款合同》由建设银行西海岸某分行与某物业公司签订，某物业公司并未办理工商注册登记，该合同主体并不存在，因此，该合同属于无效合同。

3. 以不存在的法人或以被注销后的法人名义签订的合同，并不当然不成立或无效

当以不存在的"法人"名义或以注销后的法人名义签订合同，如果合同的相对方对此是明知的，或者以不存在的"法人"名义或以注销后的法人名义签订的合同已实际履行的，那么，以不存在"法人"名义或以注销后的法人名义签订合同的行为人，可能就要承担合同当事人的法律责任，签订的合同并不当然不成立或无效。

因为尽管签订合同的主体是不存在的、虚构的或已被注销，但实际签订合同的行为人是存在的，其身份是可以确定的，实际签订合同的行为人具有民事行为能力，且双方的意思表示是真实的，都欲实现合同的内容和目的，此时，如果确认合同不成立或无效，不利于保护合同相对人的利益，特别当合同相对人更希望履行该合同，并能从合同履行中获得更大利益时，更是如此。

《中华人民共和国民法典》第四百九十条第二款规定："法律、行政法规规定或者当事人约定合同应当采用书面形式订立，当事人未采用书面形式但是一方已经履行主要义务，对方接受时，该合同成立。"

因此，对于此类合同，可以根据合同实际履行情况来认定合同成立并有效。在实践中也有类似的案例。

比如，在（2020）最高法民申 2539 号一案中，最高人民法院认为，关于某典当行被注销是否影响案涉协议及委托书的效力问题。通山某公司再审申请既主张"两份协议及委托书签订时，一方当事人某典当行已经被注销，主体不存在，以其名义签订的协议无效"；又主张"签约时合同上写的一方当事人某典当行已经注销一年多，依法应以行为人为当事人，通山县人民政府应为本案的行为人，合同的责任主体是通山县人民政府"，上述主张自相矛盾。且按照通山某公司的再审申请主张，虽然协议载明的当事人为某典当行与通山某公司，但实际上是通山县人民政府以被注销的某典当行名义与通山某公司签订的协议，通山县人民政府作为行为人应为协议签约一方当事人。因此，某典当行是否注销，均不影响通山某公司与通山县人民政府作为行为人所签订合同的效力……综上，协议书和委托书系通山某公司与行为人通山县人民政府达成的真实意思表示，案涉两份协议书和委托书已经实际履行。通山某公司提出的"上述协议书和委托书为无效"再审申请理由不能成立。

再比如，在北京市丰台区人民法院（2019）京0106民初36907号一案中，法院认为，商贸中心作为某出租公司的开办单位，有责任在某出租公司注销前后负责清理某出租公司的债权债务等一切事宜。其在某出租公司注销后仍保留某出租公司的公章并以某出租公司的名义与雷某签订合同，合同所约定内容，商贸中心有义务依法接受并履行。雷某依据所签订的转让协议要求商贸中心协助办理上述房屋所有权转移登记的诉讼请求，本院予以支持。

需要提示的是，签订合同的法人不存在或以被注销后法人名义签订合同，发生纠纷后，从诉讼程序上来说，都应以行为人为诉讼当事人。根据具体情况来确定行为人最终是应该承担合同不成立或无效的法律责任，还是应该作为合同主体承担合同法律责任。对此，《最高人民法院关于适用〈中华人民共和国民事诉讼法〉的解释》第六十二条，"下列情形，以行为人为当事人：（一）法人或者其他组织应登记而未登记，行为人即以该法人或者其他组织名义进行民事活动的；（二）行为人没有代理权、超越代理权或者代理权终止后以被代理人名义进行民事活动的，但相对人有理由相信行为人有代理权的除外；（三）法人或者其他组织依法终止后，行为人仍以其名义进行民事活动的。"

（二）法人被吊销、撤销后签订的合同

1. 法人被吊销或撤销的法律意义

《中华人民共和国民法典》第六十八条：

"有下列原因之一并依法完成清算、注销登记的，法人终止：（一）法人解散；（二）法人被宣告破产；（三）法律规定的其他原因。法人终止，法律、行政法规规定须经有关机关批准的，依照其规定。"

第六十九条规定：

"有下列情形之一的，法人解散：……（四）法人依法被吊销营业执照、登记证书，被责令关闭或者被撤销；（五）法律规定的其他情形。"

因此，法人被吊销或撤销并不意味着法人的消灭，此时，法人应当进行清算但其主体资格仍然存续，原则上可以签订合同。

2. 法人被吊销或撤销后签订合同范围的法律限制

《中华人民共和国公司法》第二百三十六条第三款规定："清算期间，公司存续，但不得开展与清算无关的经营活动。公司财产在未依照前款规定清偿前，不得分配给股东。"《中华人民共和国民法典》第七十二条规定："清算期间法人存续，但是不得从事与清算无关的活动。"

由于法人在被吊销、撤销后清算注销前，其主体资格仍然存续，从其民事权利能力和民事行为能力上看，是有权签订合同的。但根据法律规定，法人在被吊销、撤销后注销前，其所能签订合同的范围是有限制的，清算期间虽然法人存续，但是不得从事与清算无关的活动。因此，法人在被吊销、撤销后清算注销前签订的与清算有关的合同，属于法律规定的范围，应当是有效的合同。

3. 法人被吊销或撤销后签订与清算无关合同的效力

法人在被吊销、撤销后清算注销前，违反法律规定，签订与清算无关的合同，该合同是否有效，取决于"清算期间法人存续，但是不得从事与清算无关的活动"的法律规定是效力性禁止性规定还是管理性禁止性规定。如果是效力性的，那么其签订与清算无关的合同就是无效的；如果是管理性的，那么其签订的与清算无关的合同就是有效的。

目前，在实践中，对此类合同效力的认定存在分歧。有法院认为，此类合同为有效合同。

比如，在（2017）渝05民终5464号一案中，法院认为，关于渝某重庆分公司与长某公司签订的《×××供应合同》效力的问题。渝某公司主张渝某重庆分公司在签订本案《×××供应合同》时已被吊销营业执照，签订合同违反《中华人民共和国公司法》第一百八十条及第一百八十六条的规定，因此，该合同无效。法院认为，公司被吊销营业执照并不影响其主体存续资格以及民事权利能力和民事行为能力，其继续从事经营活动可由行政机关依法追究行政责任，但并未违反效力性强制性规定，并不符合《中华人民共和国合同法》第五十二条所规定的合同无效的法定情形。因此，法院认为，×××供应合同并非无效合同，对渝某公司该上诉主张，本院不予支持。

但也有法院认为，此类合同为无效合同。

比如，在（2008）粤高法立民申字第 3450 号一案中，法院认为，公司依法被吊销营业执照而解散的，应当在解散事由出现之日起 15 日内成立清算组，开始清算。清算期间，公司存续，但不得开展与清算无关的经营活动。故认为，乐某公司在被吊销营业执照之后与华某公司签订协议书，将本案债权转让给华某公司，该行为不属于清算范围内的经营活动。对华某公司该申诉理由，亦不予支持。因此，法院未支持华某公司关于协议书有效的申诉理由。

目前，在法院对此类合同效力尚存在分歧的情况下，合同起草人和审查人更应当避免此类合同风险。

（三）法人未获得资格、资质或许可签订的合同

1. 需要资格、资质或许可的行业和类别

尽管随着市场化进程的深入，我国已经取消或放宽了许多行业的准入和许可，但签订涉及某些行业的合同时，合同主体仍需要具有相应的资格、资质或许可。

根据国家发展改革委、商务部印发的《市场准入负面清单（2022 年版）》，市场准入限制分为两类：一类是，禁止准入事项。对禁止准入事项，市场主体不得进入，行政机关不予审批、核准，不得办理有关手续。比如，禁止违规开展金融相关经营活动，禁止违规开展互联网相关经营活动等。另一类是，许可准入事项。对许可准入事项，包括有关资格的要求和程序、技术标准和许可要求等，由市场主体提出申请，行政机关依法依规作出是否予以准入的决定，或

由市场主体依照政府规定的准入条件和准入方式合规进入。比如，采矿许可，网络经营许可，印刷、出版许可，建筑资质许可，食品生产、经营许可，药品生产、销售许可等。对市场准入负面清单以外的行业、领域、业务等，各类市场主体皆可依法平等进入。

目前，合同主体需要相应资格、资质或许可的行业和事项主要包括：

一、禁止准入类

（一）法律、法规、国务院决定等明确设立且与市场准入相关的禁止性规定；

（二）国家产业政策明令淘汰和限制的产品、技术、工艺、设备及行为；

（三）不符合主体功能区建设要求的各类开发活动；

（四）禁止违规开展金融相关经营活动；

（五）禁止违规开展互联网相关经营活动；

（六）禁止违规开展新闻传媒相关业务。

以上六大项每项下的具体内容，详见《市场准入负面清单（2022 年版）》。

二、许可准入类

（一）农、林、牧、渔业

1. 未获得许可或资质，不得从事特定植物种植或种子、种苗的生产、经营、检测和进出口；

2. 未获得许可，不得繁育、调运农林植物及其产品或从国外引进农林繁殖材料；

3. 未获得许可，不得从事农林转基因生物的研究、生产、加工和进口；

4. 未获得许可，不得从事林木加工经营或利用森林资源、湿地资源开展生产经营活动；

5. 未获得许可，不得从事种畜禽等动物遗传材料的生产经营；

6. 未获得许可，不得从事渔业养殖、捕捞业务；

7. 未获得许可，不得从事动物诊疗、进出境检疫处理等业务；

8. 未获得许可或检疫，不得从事动物饲养、屠宰和经营；

9. 未获得许可，不得从事生鲜乳运输、生鲜乳收购；

10. 未获得许可或资质，不得超规模流转土地经营权。

（二）采矿业

1. 未获得许可，不得从事矿产资源的勘查开采、生产经营及对外合作。

（三）制造业

1. 未获得许可，不得从事特定食品生产经营和进出口；

2. 未获得许可或履行规定程序，不得从事烟草专卖品生产；

3. 未经许可，不得从事印刷复制业或公章刻制业特定业务；

4. 未获得许可，不得从事涉核、放射性物品生产、运输和经营；

5. 未获得许可，不得从事特定化学品的生产经营及项目建设，不得从事金属冶炼项目建设；

6. 未获得许可，不得从事民用爆炸物品、烟花爆竹的生产经营及爆破作业；

7. 未获得许可，不得从事医疗器械或化妆品的生产与进口；

8. 未经许可或检验，不得从事药品的生产、销售或进出口；

9. 未获得许可，不得从事兽药及兽用生物制品的临床试验、生产、经营和进出口；

10. 未获得许可，不得从事农药的登记试验、生产、经营和进口；

11. 未获得许可或相关资格，不得从事武器装备、枪支及其他公共安全相关产品的研发、生产、销售、购买和运输及特定国防科技工业领域项目的投资建设；

12. 未获得许可，不得从事船舶和渔船的制造、更新、购置、进口或使用其生产经营；

13. 未获得许可，不得从事航空器、航空产品的制造、使用与民用航天发射相关业务；

14. 未获得许可，不得从事特定铁路运输设备生产、维修、进口业务；

15. 未获得许可，不得从事道路机动车辆生产；

16. 未获得许可或强制性认证，不得从事特种设备、重要工业产品等特定产品的生产经营；

17. 未获得许可，不得从事电信、无线电等设备或计算机信息系统安全专用产品的生产、进口和经营；

18. 未获得许可，不得从事商用密码的检测评估和进出口；

19. 未获得许可，不得制造计量器具或从事相关量值传递和技术业务工作；

20. 未取得资质认定，不得从事报废机动车回收拆解活动。

（四）电力、热力、燃气及水生产和供应业

1. 未获得许可，不得从事电力和市政公用领域特定业务。

（五）建筑业

1. 未取得许可，不得从事建筑业及房屋、土木工程、涉河项目、海洋工程等相关项目建设。

（六）批发和零售业

1. 未获得许可、配额或资质，不得从事农产品、原油等特定商品、技术、服务的经营、流通贸易和进出口（含过境；关税配额指配额数量内进口的货物适用较低税率）；

2. 未获得许可，不得从事进出口运输、特定货物仓储、流通贸易等服务；

3. 未获得许可，不得从事特定限制商品、技术的经营和进出口；

4. 未获得许可，不得从事特定粮油经营业务；

5. 未获得许可，不得从事拍卖、直销业务；

6. 未获得许可，不得从事特定药品、医疗器械经营；

7. 未获得许可或相关资格，不得从事烟酒及相关产品的批发零售、经营和进出口；

（七）交通运输、仓储和邮政业

1. 未获得许可，不得从事公路、水运及与航道有关工程的建设及相关业务；

2. 未获得许可，不得从事客货道路运输经营及相关业务；

3. 未获得许可，不得从事铁路旅客、货物公共运输营业；

4. 未获得许可，不得从事特定水上运输业务及其辅助活动；

5. 未获得许可，不得从事民用机场建设、民航运输业务或其辅助活动；

6. 未获得许可，不得从事保税货物仓储物流业务；

7. 未获得许可，不得从事邮政等相关业务。

（八）住宿和餐饮业

1. 未获得许可，不得经营旅馆住宿业务。

（九）信息传输、软件和信息技术服务业

1. 未获得许可，不得使用无线电频率、设置使用无线电台（站）；

2. 未获得许可，不得经营电信业务、建设和使用电信网络或使用通信资源；

3. 超过股比限制，非公有资本不得投资新闻传媒领域特定业务；

4. 未获得许可，不得从事电子认证服务和涉密信息系统处理相关业务。

（十）金融业

1. 未获得许可，不得设立银行、证券、期货、保险、基金等金融机构或变更其股权结构；

2. 未获得许可，不得设立融资担保、典当、小额贷款公司、征信机构等相关金融服务机构；

3. 未获得许可，不得设立金融机构营业场所、交易所；

4. 未获得许可，不得从事特定金融业务；

5. 未获得许可，不得从事代理国库业务；

6. 未获得许可，非金融机构不得从事证券期货服务及支付业务；

7. 未获得许可或履行规定程序，不得从事证券投资、衍生产品发行、外汇等相关业务；

8. 未经指定，不得从事人民币印制、技术设备材料相关业务；

9. 未获得许可，特定金融机构高级管理人员不得任职。

（十一）房地产业

1. 未获得许可，不得从事房地产开发、预售等相关业务。

（十二）租赁和商务服务业

1. 未获得许可，不得从事法律服务或特定咨询、调查、知识产权服务；

2. 未获得许可，不得从事职业中介、劳务派遣、保安服务等业务；

3. 未获得许可，不得设立旅行社或经营特定旅游业务；

4. 未获得许可，不得发布特定广告；

5. 未获得许可，不得发布特定广告，比如，特殊医学用途配方食品、保健食品、医疗（含中医）、药品、医疗器械广告；

6. 未获得许可，不得在境内举办涉外经济技术展览会。境内举办涉外经济技术展览会审批（包括首次举办冠名"中国""中华""全国""国家"等字样的涉外经济技术展览会；外国机构参与主办的涉外经济技术展览会）。

（十三）科学研究和技术服务业

1. 未获得许可，不得从事特定人类遗传资源相关业务；

2. 未获得许可或资质条件，不得从事动物、微生物等特定科学研究活动，比如：实验动物生产和使用许可，高等级病原微生物实验室建设审查，高致病性或疑似高致病性病原微生物实验活动审批等；

3. 未获得资质条件，不得从事城乡规划编制业务；

4. 未获得许可，不得从事建设工程勘察、设计、监理业务，比如，建设工程勘察、设计企业资质认定，工程监理企业资质认定；

5. 未获得许可，不得从事检验、检测、认证业务；

6. 未获得许可，不得从事地理测绘、遥感及相关业务；

7. 未获得许可，不得从事特定海洋科学研究活动，比如，涉外海洋科学研究审批；

8. 未获得许可，不得从事特定气象服务。

（十四）水利、环境和公共设施管理业

1. 未获得许可，不得从事特定水利管理业务或开展相关生产建设项目，比如，取水许可，河道采砂许可，河道管理范围内特定活动审批等；

2. 未获得许可，不得从事污染物监测、贮存、处置等经营业务，比如，危险废物经营许可，废弃电器电子产品处理企业资格审批，生活垃圾经营性清扫、收集、运输、处理服务审批，城市建筑垃圾处置核准等；

3. 未获得许可，不得从事野生动植物捕捉采集、进出口及相关经营业务；

4. 未获得许可，不得使用海域、铺设海底电缆管道、开发利用无居民海岛；

5. 未获得许可，不得从事消耗臭氧层物质的生产经营。

（十五）居民服务、修理和其他服务业

1. 未获得许可，不得建设殡葬设施；

2. 未获得许可，不得从事国家秘密载体维修、销毁业务，比如，从事国家秘密载体维修、销毁业务资质认定。

（十六）教育

1. 未获得许可，不得设立特定教育机构。

（十七）卫生和社会工作

1. 未获得许可或资质条件，不得设置医疗机构或从事特定医疗业务，比如，职业卫生技术服务机构资质认可，兴奋剂检测机构资质认定，母婴保健技术服务机构执业许可等；

2. 未获得许可，不得投资经营涉及公共卫生安全的业务，比如，饮用水供水单位、涉及饮用水卫生安全产品卫生许可；

3. 未获得许可，医疗机构不得配制医疗制剂、购买和使用特定药品、医疗器械。

（十八）文化、体育和娱乐业

1. 未获得许可或资质条件，不得从事考古发掘、文物保护和经营等业务，比如，文物商店设立审批，文物拍卖经营许可及标的审核等；

2. 未获得许可，不得设立出版传媒机构或从事特定出版传媒相关业务；

3. 未经许可或指定，不得从事特定文化产品的进出口业务，比如，美术品进出口经营活动审批等；

4. 未获得许可，不得从事广播电视相关设施的生产、经营、安装、使用和进口，不得使用广播电视专用频段；

5. 未获得许可或履行规定程序，不得从事特定广播电视、电影的制作、引进、播出、放映及相关业务，比如，电影剧本梗概备案，涉及重大题材或国家安全、外交、民族、宗教、军事等方面题材电影剧本审查等；

6. 未获得许可，不得发行彩票；

7. 未获得许可或通过内容审核，不得从事特定文化体育娱乐业务，比如，举办焰火晚会及其他大型焰火燃放活动许可等。

（十九）《政府核准的投资项目目录（2016年本）》明确实行核准制的项目（专门针对外商投资和境外投资的除外）

1. 未获得许可，不得投资建设特定农业、水利项目；

2. 未获得许可，不得投资建设特定能源项目，比如，抽水蓄能电站由省级政府按照国家制定的相关规划核准；火电站（含自备电站）由省级政府核准，其中燃煤燃气火电项目应在国家依据总量控制制定的建设规划内核准等；

3. 未获得许可，不得投资建设特定交通运输项目，比如，国家高速公路网和普通国道网项目由省级政府按照国家批准的相关规划核准，地方高速公路项目由省级政府核准，其余项目由地方政府核准等；

4. 未获得许可，不得投资建设特定信息产业项目；

5. 未获得许可，不得投资建设特定原材料项目，比如，稀土冶炼分离项目、稀土深加工项目由省级政府核准等；

6. 未履行规定程序，不得投资建设特定机械制造项目；

7. 未获得许可，不得投资建设特定轻工项目，比如，卷烟、烟用二醋酸纤维素及丝束项目由国务院行业管理部门核准等；

8. 未获得许可，不得投资建设特定高新技术项目；

9. 未获得许可，不得投资建设特定城建项目，比如，跨 10 万吨级及以上航道海域、跨大江大河（现状或规划为一级及以上通航段）的项目由省级政府核准等；

10. 未获得许可，不得投资建设特定社会事业项目。

（二十）《互联网市场准入禁止许可目录》中的许可类事项

1. 未经许可，不得从事网约车经营；

2. 未获得许可，不得从事互联网信息传输和信息服务，比如，通过互联网站、应用程序、论坛、博客、微博客、公众账号、即时通信工具、网络直播等形式向社会公众提供互联网新闻信息服务，应当取得互联网新闻信息服务许可，禁止未经许可或超越许可范围开展互联网新闻信息服务活动等；

3. 未获得许可，不得从事互联网中介和商务服务，比如，通过网络经营旅行社业务的，应当依法取得旅行社业务经营许可，并在其网站主页的显著位置标明其业务经营许可证信息等；

4. 未获得许可，不得从事网络视听节目服务或互联网文化娱乐服务，比如，从事网络出版服务，必须依法经过出版行政主管部门批准，取得《网络出版服务许可证》；

5. 未获得许可，不得从事互联网游戏服务；

6. 未经认证检测，不得销售或提供网络关键设备和网络安全专用产品。

（二十一）其他

1. 未获得许可，不得实施援外项目；

2. 法律、法规、国务院决定、省级人民政府规章（可设定临时措施）规定的其他需许可后投资经营的行业、领域、业务等。

2. 法人未获得资格、资质或许可签订合同的效力

（1）资格、资质或许可主要由法律、行政法规设定

《中华人民共和国行政许可法》第十二条规定："下列事项可以设定行政许可：（一）直接涉及国家安全、公共安全、经济宏观调控、生态环境保护以及直接关系人身健康、生命财产安全等特定活动，需要按照法定条件予以批准的事项；（二）有限自然资源开发利用、公共资源配置以及直接关系公共利益的特定行业的市场准入等，需要赋予特定权利的事项；（三）提供公众服务并且直接关系公共利益的职业、行业，需要确定具备特殊信誉、特殊条件或者特殊技能等资格、资质的事项；（四）直接关系公共安全、人身健康、生命财产安全的重要设备、设施、产品、物品，需要按照技术标准、技术规范，通过检验、检测、检疫等方式进行审定的事项；（五）企业或者其他组织的设立等，需要确定主体资格的事项；（六）法律、行政法规规定可以设定行政许可的其他事项。"

第十四条规定："本法第十二条所列事项，法律可以设定行政许可。尚未制定法律的，行政法规可以设定行政许可。必要时，国务院可以采用发布决定的方式设定行政许可。实施后，除临时性行政许可事项外，国务院应当及时提请全国人民代表大会及其常务委员会制定法律，或者自行制定行政法规。"

第十五条规定："本法第十二条所列事项，尚未制定法律、行政法规的，地方性法规可以设定行政许可；尚未制定法律、行政法规和地方性法规的，因

行政管理的需要，确需立即实施行政许可的，省、自治区、直辖市人民政府规章可以设定临时性的行政许可。临时性的行政许可实施满一年需要继续实施的，应当提请本级人民代表大会及其常务委员会制定地方性法规。地方性法规和省、自治区、直辖市人民政府规章，不得设定应当由国家统一确定的公民、法人或者其他组织的资格、资质的行政许可；不得设定企业或者其他组织的设立登记及其前置性行政许可。其设定的行政许可，不得限制其他地区的个人或者企业到本地区从事生产经营和提供服务，不得限制其他地区的商品进入本地区市场。"

（2）违反法律、行政法规规定，未取得相应资格、资质或许可签订的合同可能为无效合同

根据前述规定，即便在特殊情况下，地方性法规和省、自治区、直辖市人民政府规章可以设定许可，但也不能设定由国家统一确定的公民、法人或者其他组织的资格、资质的行政许可；不得设定企业或者其他组织的设立登记及其前置性行政许可。因此，关于相关的资质、资格或许可一般都是由法律或行政法规设定，而且这些规定都是强制性的。

如果签订合同的主体，违反这些规定，未取得相应的资格、资质或许可而签订合同，根据《中华人民共和国民法典》第一百五十三条第一款"违反法律、行政法规的强制性规定的民事法律行为无效。但是，该强制性规定不导致该民事法律行为无效的除外"，其签订的合同可能会因违反法律、行政法规的强制性规定而被认定为无效。

如果个别限制是在特殊情况下由行政规章地方性法规设定，虽然违反地方性法规、行政规章关于限制规定的行为不会直接导致合同无效，但地方性法规、行政规章设定许可或限制一般都是出于公共利益或公共秩序的考虑，根据《中华人民共和国民法典》第一百五十三条第二款"违背公序良俗的民事法律行为无效"，司法机关仍可能将违反地方性法规、行政规章关于限制规定的合同认定为违背公序良俗而确认合同无效。因此，法人未获得相关资格、资质或

许可而签订合同，合同可能会被认定为无效。

比如，《最高人民法院关于审理商品房买卖合同纠纷案件适用法律若干问题的解释》第二条规定："出卖人未取得商品房预售许可证明，与买受人订立的商品房预售合同，应当认定无效，但是在起诉前取得商品房预售许可证明的，可以认定有效。"《最高人民法院关于审理涉及国有土地使用权合同纠纷案件适用法律问题的解释》第十三条第二款规定："当事人双方均不具备房地产开发经营资质的，应当认定合同无效。但起诉前当事人一方已经取得房地产开发经营资质或者已依法合作成立具有房地产开发经营资质的房地产开发企业的，应当认定合同有效。"《最高人民法院关于审理城镇房屋租赁合同纠纷案件具体应用法律若干问题的解释》第二条规定："出租人就未取得建设工程规划许可证或者未按照建设工程规划许可证的规定建设的房屋，与承租人订立的租赁合同无效。但在一审法庭辩论终结前取得建设工程规划许可证或者经主管部门批准建设的，人民法院应当认定有效。"虽然，这些司法解释将取得资格、资质或许可的期限延迟至"起诉前"或"一审法庭辩论终结前"，但如果合同主体最终无法取得相应资格、资质或许可，将会导致其签订的合同无效。

（3）资格、资质或许可系效力性强制性规定，还是管理性强制性规定

虽然，合同主体违反法律和行政法规的强制性规定，未取得相应资格、资质或许可，可能会导致其签订的合同无效。但近年来，在实践中，司法机关会对法律、行政法规的强制性规定进行效力性强制性规定和管理性强制性规定的区分。

如果法律和行政法规设定的资格、资质或许可被认定为管理性强制性规定的话，那么违反该管理性强制性规定的合同，就并不当然为无效合同。

合同起草和审查人员，应注意这种区分，避免主观臆断，认为任何违反有关资格、资质或许可强制性规定的合同，均为无效合同，而应具体分析强制性规定的性质，是效力性强制性规定，还是管理性强制性规定。

关于如何区分效力性强制性规定和管理性强制性规定，请参考与合同起草和审查有关的规范性法律文件及其对合同效力影响一节的内容。

（四）法人超越经营范围签订的合同

1. 关于法人经营范围的规定

《中华人民共和国公司法》第九条规定："公司的经营范围由公司章程规定。公司可以修改公司章程，改变经营范围。公司的经营范围中属于法律、行政法规规定须经批准的项目，应当依法经过批准。"

《中华人民共和国市场主体登记管理条例》第十四条规定："市场主体的经营范围包括一般经营项目和许可经营项目。经营范围中属于在登记前依法须经批准的许可经营项目，市场主体应当在申请登记时提交有关批准文件。市场主体应当按照登记机关公布的经营项目分类标准办理经营范围登记。"第二十六条规定："市场主体变更经营范围，属于依法须经批准的项目的，应当自批准之日起30日内申请变更登记。许可证或者批准文件被吊销、撤销或者有效期届满的，应当自许可证或者批准文件被吊销、撤销或者有效期届满之日起30日内向登记机关申请变更登记或者办理注销登记。"《中华人民共和国市场主体登记管理条例》第四十六条规定："市场主体未依照本条例办理变更登记的，由登记机关责令改正；拒不改正的，处1万元以上10万元以下的罚款；情节严重的，吊销营业执照。"

2. 法人超越经营范围签订合同的效力

如果法人超越其经营范围订立了合同，那么该合同的效力如何确定呢？

《中华人民共和国民法典》第五百零五条规定："当事人超越经营范围订立的合同的效力，应当依照本法第一编第六章第三节和本编（合同编）的有关规定确定，不得仅以超越经营范围确认合同无效。"

根据法律规定，法人超越经营范围订立的合同不能简单以此为由确定合同无效，而是应该根据超越经营范围的具体情形和性质来认定合同的效力。如果法人超越经营范围订立的合同违反了国家法律、行政法规的效力性强制性规定或违背了公序良俗则，则合同应当被认定为无效，如，超越经营范围订立枪支买卖合同等。但如果超越经营范围订立的合同本身并不存在无效的情形，那么，该超越经营范围订立的合同，仍是有效合同。

需要注意的是，虽然，在民事责任上，法人超越经营范围签订的合同并一定无效。但在行政责任上，法人超越其经营范围签订合同，仍可能会受到相应的行政处罚。

（五）法人分支机构签订的合同

1. 关于法人分支机构的规定

《中华人民共和国民法典》第七十四条规定："法人可以依法设立分支机构。法律、行政法规规定分支机构应当登记的，依照其规定。分支机构以自己的名义从事民事活动，产生的民事责任由法人承担；也可以先以该分支机构管理的财产承担，不足以承担的，由法人承担。"

《中华人民共和国公司法》第十三条规定："公司可以设立子公司。子公司具有法人资格，依法独立承担民事责任。公司可以设立分公司。分公司不具有法人资格，其民事责任由公司承担。"

《中华人民共和国市场主体登记管理条例》第二十三条规定："市场主体设立分支机构，应当向分支机构所在地的登记机关申请登记。"

在《中华人民共和国民法典》生效以前，企业法人的分支机构主要是指全民所有制企业、集体所有制企业、联营企业等设立的分支机构；而分公司主要是指有限责任公司和股份有限公司设立的分支机构。在《中华人民共和国民法典》生效后，营利法人包括了有限责任公司、股份有限公司和其他企业法人，因此，这些机构设立的分支机构统一称为法人分支机构。

2. 法人分支机构签订的合同效力

法人分支机构不具有法人资格，不能独立承担民事责任，很多人据此认为法人的分支机构不能以自己的名义单独签订合同，其实这种理解不完全正确。对于由法人依法成立并按照法律规定登记领取营业执照的法人分支机构，可以以自己的名义从事民事活动，包括签订合同，其所签订的合同仍然是有效合同，但最终民事责任仍应由法人承担。

对于法人非依法设立或虽依法设立但未领取营业执照的分支机构，原则上是不能单独以自己的名义签订合同，但该法人分支机构以其名义或以其法人名义签订的合同也并不当然无效。在签订合同时，如果有法人的授权或符合表见代理情形的，仍然应被认定为有效合同。

参考案例：旅行社分社签订的协议，旅行社应承担责任

2017 年 6 月，权某与赛某国旅朝阳分社签订一份"业务部门经营协议书"，约定权某负责赛某国旅朝阳分社的综合业务部有关事宜，自负盈亏，权某需向赛某国旅朝阳分社支付 10 000 元保证金，并每年缴纳 5 000 元的纯利润额指标。权某依约履行协议，将营业款汇入赛某国旅朝阳分社指定账户，再提取所得业务款，但赛某国旅朝阳分社违反协议约定，至今仍未支付 70 496.61 元业务款及协议到期后的 10 000 元保证金。后权某将赛某国旅、赛某国旅朝阳分社诉至法院索要相关款项。

法院经审理认为，张某系赛某国旅朝阳分社的负责人，且赛某国旅朝阳分社系合同相对方，权某主张赛某国旅朝阳分社承担款项支付义务，具有法律依据，予以支持。按照法律规定，分支机构以自己的名义从事民事活动，产生的民事责任由法人承担，也可以先以该分支机构管理的财产承担，不足以承担的，由法人承担，赛某国旅朝阳分社作为赛某国旅的分支机构，权某可以主张

赛某国旅承担款项支付责任，予以支持。

——北京市朝阳区人民法院，（2019）京 0105 民初 81390 号

（六）法人的法定代表人以法人名义对外签订的合同

1. 关于法定代表人的规定

《中华人民共和国民法典》第六十一条第一、第二款规定："依照法律或者法人章程的规定，代表法人从事民事活动的负责人，为法人的法定代表人。法定代表人以法人名义从事的民事活动，其法律后果由法人承受。"

《中华人民共和国公司法》第十条第一款规定："公司的法定代表人按照公司章程的规定，由代表公司执行事务的董事或者经理担任。"

2. 法定代表人和法人代表的区别

法定代表人是依照法律或法人章程规定产生的，代表法人从事民事活动的负责人。法定代表人与法人代表是不同的，法定代表人是依照法律或法人章程产生，而法人代表严格意义上说，并非一个法律概念，其是依据法人或法定代表人的授权产生。法定代表人可以直接依据法律规定代表法人从事民事活动，而法人代表则只能依据授权在授权的范围内从事代理活动，法人代表与法人之间是代理和被代理的关系。

3. 法定代表人以法人名义对外签订合同的效力

根据法律规定，法定代表人以法人名义从事的民事活动，法律后果由法人承担。法定代表人本身的行为即代表法人，如果一份合同只有法定代表人的签字，而没有法人的盖章，只要法定代表人签订合同时履行的是法定代表人的职责，那么即使没有法人的盖章，该合同也仍然有效。

4. 法人章程、法人权力机构或法律、行政法规对法定代表人代表权利的限制对合同效力的影响

《中华人民共和国民法典》：

第六十一条第三款规定："法人章程或者法人权力机构对法定代表人代表

权的限制，不得对抗善意相对人。"

第五百零四条规定："法人的法定代表人或者非法人组织的负责人超越权限订立的合同，除相对人知道或者应当知道其超越权限外，该代表行为有效，订立的合同对法人或者非法人组织发生效力。"

《最高人民法院关于适用〈中华人民共和国民法典〉合同编通则若干问题的解释》（法释〔2023〕13号）第二十条规定：

"法律、行政法规为限制法人的法定代表人或者非法人组织的负责人的代表权，规定合同所涉事项应当由法人、非法人组织的权力机构或者决策机构决议，或者应当由法人、非法人组织的执行机构决定，法定代表人、负责人未取得授权而以法人、非法人组织的名义订立合同，未尽到合理审查义务的相对人主张该合同对法人、非法人组织发生效力并由其承担违约责任的，人民法院不予支持，但是法人、非法人组织有过错的，可以参照民法典第一百五十七条的规定判决其承担相应的赔偿责任。相对人已尽到合理审查义务，构成表见代表的，人民法院应当依据民法典第五百零四条的规定处理。

合同所涉事项未超越法律、行政法规规定的法定代表人或者负责人的代表权限，但是超越法人、非法人组织的章程或者权力机构等对代表权的限制，相对人主张该合同对法人、非法人组织发生效力并由其承担违约责任的，人民法院依法予以支持。但是，法人、非法人组织举证证明相对人知道或者应当知道该限制的除外。

法人、非法人组织承担民事责任后，向有过错的法定代表人、负责人追偿因越权代表行为造成的损失的，人民法院依法予以支持。法律、司法解释对法定代表人、负责人的民事责任另有规定的，依照其规定。"

因此，对法定代表人代表权利限制的效力，根据该限制是由法律、行政法规直接规定，还是由法人章程或法人权力机构设定而有所不同。

如果限制是由法律、行政法规直接设定，那么未尽到合理审查义务的合同相对人，一般是不能主张该合同对法人产生效力的，但构成表见代表等情形的除外。比如,《中华人民共和国公司法》第十五条第二款规定:"公司为公司股东或者实际控制人提供担保的,应当经股东会决议。"但如果对法定代表人权利的限制由法人章程或法人权力机构设定,则限制不得对抗善意的合同相对人,如果合同相对人不知道或不应当知道该限制,那么该合同的效力仍然对法人产生约束效力。

5. 法定代表人内部变更但未办理工商登记时对外签订合同的效力

根据法律规定,法人变更法定代表人应当进行工商变更登记,工商变更登记具有对外公示效力。如果法人通过内部股东会、股东大会作出了变更法定代表人的内部决议,但未进行工商变更登记,导致第三人基于对工商登记公示效力的信赖而与变更登记前的法定代表人签订合同,法人仍应对该合同承担法律责任,这是对外效力。而在法人内部,仍应以内部变更但未登记变更的法定代表人为准,这是对内效力。

在最高人民法院(2014)民四终字第 20 号一案中,对此进行了详细的分析。最高人民法院认为,法律规定对法定代表人变更事项进行登记,其意义在于向社会公示公司意志代表权的基本状态。工商登记的法定代表人对外具有公示效力,如果涉及公司以外的第三人因公司代表权而产生的外部争议,应以工商登记为准。而对于公司与股东之间因法定代表人任免产生的内部争议,则应以有效的股东会任免决议为准,并在公司内部产生法定代表人变更的法律效果。因此,某环保科技公司作为大某指公司的唯一股东,其作出的任命大某指公司法定代表人的决议对大某指公司具有拘束力。

因此,在涉及法定代表人变更时,一定要及时进行工商变更登记。否则,法人可能要对外承担不利的法律后果。

(七)法人工作人员或代理人代表法人对外签订的合同

法人作为拟制人,其所有的经济活动都要通过具体的人来执行。法人必然要通过其工作人员或代理人来从事相关的经济活动,但也会因此产生与之相关的法律风险。

1. 法人工作人员代表法人签订合同的效力

《中华人民共和国民法典》第一百七十条规定："执行法人或者非法人组织工作任务的人员，就其职权范围内的事项，以法人或者非法人组织的名义实施的民事法律行为，对法人或者非法人组织发生效力。法人或者非法人组织对执行其工作任务的人员职权范围的限制，不得对抗善意相对人。"

《最高人民法院关于适用〈中华人民共和国民法典〉合同编通则若干问题的解释》（法释〔2023〕13 号）第二十一条规定：

"法人、非法人组织的工作人员就超越其职权范围的事项以法人、非法人组织的名义订立合同，相对人主张该合同对法人、非法人组织发生效力并由其承担违约责任的，人民法院不予支持。但是，法人、非法人组织有过错的，人民法院可以参照民法典第一百五十七条的规定判决其承担相应的赔偿责任。前述情形，构成表见代理的，人民法院应当依据民法典第一百七十二条的规定处理。

合同所涉事项有下列情形之一的，人民法院应当认定法人、非法人组织的工作人员在订立合同时超越其职权范围：

（一）依法应当由法人、非法人组织的权力机构或者决策机构决议的事项；

（二）依法应当由法人、非法人组织的执行机构决定的事项；

（三）依法应当由法定代表人、负责人代表法人、非法人组织实施的事项；

（四）不属于通常情形下依其职权可以处理的事项。

合同所涉事项未超越依据前款确定的职权范围，但是超越法人、非法人组织对工作人员职权范围的限制，相对人主张该合同对法人、非法人组织发生效力并由其承担违约责任的，人民法院应予支持。但是，法人、非法人组织举证证明相对人知道或者应当知道该限制的除外。

法人、非法人组织承担民事责任后，向故意或者有重大过失的工作人员追偿的，人民法院依法予以支持。"

　　根据上述规定，法人工作人员代表法人签订合同的效力，根据其签订合同时是否超越其职权范围而有所不同，如果法人工作人员在签订合同时，明显超越其职权范围，签订合同所涉及的事项是应当由股东会或董事会作出决议的事项，或者通常情形下依其职权不可以处理的事项，那么，该合同就不对法人发生效力，但构成表见代理等情形的除外。如果法人工作人员在签订合同时，未超越其职权范围，该合同原则上对法人发生效力，但合同相对人知道或者应当知道该限制的除外。

　　因此，法人工作人员以法人名义签订的合同，其合同效力是否及于法人，关键在于该行为是否属于其职权范围内的事项，是否属于职务行为。

　　关于"职务行为"的认定可以从以下几个方面综合把握：行为人与法人是否存在劳动或雇佣关系；行为人的行为是否发生在法人的工作场所和工作时间；行为人的行为是否以法人的名义实施；行为人的行为是否属于其职责范围，是否与其职责具有内在联系。一旦法人工作人员的行为被认定为职务行为，那么法人内部对该工作人员职权范围的限制不能对抗善意第三人。

　　比如，法人的销售代表对外签订了一份价值 50 万元的合同，法人认可其销售代表的职务及对外代表法人签订合同的权力，但法人内部规定该销售代表仅有权签订合同金额在 20 万元以下的合同，此时，如果该合同相对人是善意的话，法人就要对 50 万元的合同承担法律责任，其内部规定不能对抗善意的合同相对人。因为销售代表对外签订合同是其职权范围内的事项，至于对外签订合同数额的限制，只是职权范围内权限大小的问题，除非合同相对人在签订合同时，知道或应当知道该限制，否则，该限制对合同相对人不产生约束力。

　　再比如，在（2019）最高法民申 2411 号一案中，最高人民法院认为，关于新某公司与中某公司之间的法律关系及责任认定的问题。根据《中华人民共和国民法总则》第一百七十条第一款（注：现为《中华人民共和国民法典》第一百七十条第一款）规定，执行法人或者非法人组织工作任务的人员，就其职权范围内的事项，以法人或者非法人组织的名义实施民事法律行为，对法人或者非法人组织发生效力。本案中，中某公司认可曾某系其公司员工，并与曾某签订《项目工程承包经营管理责任书》，确定曾某为案涉项目工程负责人。2010 年 7 月 28 日，曾某以中某公司名义与新某公司签订《内部协议书》，由新某公司对案涉项目工程进行实际施工。曾某的前述行为系履行职务行为，对中某公司发生效力。原审法院认定中某公司与新某公司之间存在建设工程施工合同关系，中某公司应承担相应民事法律责任，并无不当。

2. 行为人没有代理权、超越代理权或者代理权终止后，仍以法人名义签订合同的效力

代理是代理人以被代理人的名义，在授权范围内与第三人实施民事法律行为，其法律后果由被代理人承担的法律制度。因此，法人代理人在法人授权范围内对外签订的合同，对法人发生法律效力，法人作为被代理人应当承担相应的合同责任。

但代理人的一项重要义务是在授权范围内从事民事法律行为。如果行为人没有代理权，超越代理权或者代理权终止后仍以法人的名义签订合同，那么此时该合同效力如何确定？

《中华人民共和国民法典》第一百七十一条规定："行为人没有代理权、超越代理权或者代理权终止后，仍然实施代理行为，未经被代理人追认的，对被代理人不发生效力。相对人可以催告被代理人自收到通知之日起三十日内予以追认。被代理人未作表示的，视为拒绝追认。行为人实施的行为被追认前，善意相对人有撤销的权利。撤销应当以通知的方式作出。行为人实施的行为未被追认的，善意相对人有权请求行为人履行债务或者就其受到的损害请求行为人赔偿。但是，赔偿的范围不得超过被代理人追认时相对人所能获得的利益。相对人知道或者应当知道行为人无权代理的，相对人和行为人按照各自的过错承担责任。"

根据该条规定，行为人没有代理权、超越代理权或者代理权终止后仍以法人名义签订的合同效力处于不确定状态，如果法人作为被代理人追认该行为的，合同对被代理人发生法律效力。如果被代理人拒绝追认的，合同则对法人不发生法律效力。

那么此时，合同相对人是否有权要求行为人承担合同责任？

根据该条第三款的规定，善意的合同相对人有权要求行为人履行合同债务或者就其受到的损害请求行为人赔偿。但赔偿的范围不得超过被代理人追认时相对人所能获得的利益，即不得超过合同正常履行时的利益。

需要注意的是，根据《中华人民共和国民法典》第五百零三条"无权代理人以被代理人的名义订立合同，被代理人已经开始履行合同义务或者接受相对人履行的，视为对合同的追认"，如果无权代理人以被代理人的名义订立合同，被代理人已经开始履行合同义务或者接受相对人履行的，应视为其对合同的追认，对被代理人发生法律效力。

3. 行为人没有代理权、超越代理权或者代理权终止后，仍然以法人名义签订合同，构成表见代理时的合同效力

一般来说，行为人没有代理权，超越代理权或者代理权终止后以被代理人名义签订合同，如果被代理人拒绝追认的，该合同对被代理人不发生法律效力。但为了保护善意合同相对人的信赖利益，在符合法律规定的情况下，即便被代理人明确表示拒绝追认合同，该合同仍对被代理人产生法律效力，这就是法律规定的表见代理制度。

《中华人民共和国民法典》第一百七十二条规定："行为人没有代理权、超越代理权或者代理权终止后，仍然实施代理行为，相对人有理由相信行为人有代理权的，代理行为有效。"

也就是说，如果善意合同相对人有理由相信行为人是有代理权的，该代理行为有效。

表见代理制度是为了保护善意第三方的信赖利益，虽然行为人没有代理权、超越代理权或者代理权已终止，但善意第三方有理由相信行为人有代理权，导致善意第三方相信行为人有代理权的理由，可能是基于被代理人的过错，如，行为人持有加盖被代理人印章的空白授权委托书，被代理人未及时告知第三人其代理人变更的事实等情形；也可能是由于其他原因造成的。此时，为了保护善意第三方的信赖利益，法律规定，该无权代理、超越代理权或代理权已终止后的代理行为仍产生有权代理的法律后果，对被代理人仍发生法律效力。

因此，行为人没有代理权、超越代理权或者代理权终止后，仍然以法人名义签订合同，如果构成表见代理的，该合同对法人发生法律效力。

参考案例：合同相对人非善意的，不构成表见代理

王某主张其将借款交付宗某、许某用于某辰公司承建的松原市柏屹湖畔华庭工程，而宗某是某辰公司聘任的该项目负责人。因此，王某认为，项目部不是独立法人，某辰公司应与宗某、许某共同偿还该笔借款，但某辰公司不认可宗某的行为是职务行为或代理行为。

关于宗某的借款是否为履行职务行为问题。最高人民法院经审理认为，某辰公司向宗某出具的授权委托书载明，宗某仅有权代表某辰公司签署、澄清、说明、补正、递交、撤回、修改吉林省某房地产开发有限公司松原分公司柏屹湖畔华庭工程相关标段施工投标文件、合同及处理有关事宜，但未明确授权宗某可代表某辰公司对外借款，且宗某出具的借条上也无某辰公司或项目部的印章，故宗某虽然系某辰公司的项目经理，但其借款行为不是某辰公司明确授权的履行职务行为。

关于宗某、许某的借款行为是否构成表见代理问题。构成表见代理不仅要求代理人的无权代理行为在客观上形成具有代理权的表象，而且要求相对人在主观上善意且无过失地相信行为人有代理权。具体到本案中，王某在借款前曾考察过涉案工程工地，宗某向其出示了相关施工合同、补充协议和授权委托书，而授权委托书上并未载明对外借款之授权，且授权委托期限已经届满。从借款行为的发生过程看，宗某、许某系以个人名义向王某出具借条，未加盖某辰公司或项目部的印章，款项也是汇至宗某个人账户，而非某辰公司的账户。因此，从表象上看，王某系与宗某、许某个人之间发生借贷关系；从主观上

看，王某未尽到合理的注意义务，不能构成善意，由此可见，宗某、许某的借款行为不构成表见代理。

——最高人民法院，（2015）民申字第 1111 号

（八）只有法定代表人、负责人或者工作人员签字或盖章时的合同效力

在法定代表人、负责人或工作人员代表法人或非法人组织签订合同时，如果合同签订得比较规范，一般来说，合同上不仅会加盖法人或非法人组织的公章，而且还会有法定代表人、负责人或合同签订具体承办人的签字，以确保合同签订的真实性和有效性。但在某些特殊情形下，在合同签订时，可能不具备同时加盖公章和签字的条件，往往会出现只加盖公章，或只有签字的情形，甚至在个别情况下还会出现加盖虚假、私刻印章的情形。那么在只加盖法人或非法人组织公章，或只有法定代表人、负责人或合同具体承办人签字时，合同的效力是否会因此受到影响呢？下面分情况进行讨论。

1. 有人无章，仅有签字或手印，未加盖公章的合同

签订的合同，只有法定代表人、负责人或者工作人员签名或者按指印但未加盖法人、非法人组织的印章，此时，只要法定代表人、负责人或者工作人员在签订合同时，是以法人或非法人组织的名义签订，且没有超越权限，那么该合同就对法人或非法人组织产生效力。当然，双方约定合同是以加盖公章为生效条件的除外。《最高人民法院关于适用〈中华人民共和国民法典〉合同编通则若干问题的解释》（法释〔2023〕13 号）第二十二条第二款就规定："合同系以法人、非法人组织的名义订立，但是仅有法定代表人、负责人或者工作人员签名或者按指印而未加盖法人、非法人组织的印章，相对人能够证明法定代表人、负责人或者工作人员在订立合同时未超越权限的，人民法院应当认定合同对法人、非法人组织发生效力。但是，当事人约定以加盖印章作为合同成立条件的除外。"

2. 有章无人，只加盖印章，无人员签字的合同

在日常的合同签订中，并非所有的公司、企业、非法人机构都有专业的法务团队或者都能聘请专业的律师对合同进行审查，因此，不规范签订合同的情形在交易中非常常见，其中不规范签订合同的情形之一就是在合同上只加盖公章，无人员签字。这种不规范签订合同的情形，由于无法确定合同的具体承办人，进而无法确定承办人是否具有代理权限，以及是否超越代理权限，因此，只加盖公章一方往往会以偷盖公章或加盖公章未经审核为由来质疑合同的效力，增加合同效力的不确定性。

《最高人民法院关于适用〈中华人民共和国民法典〉合同编通则若干问题的解释》（法释〔2023〕13 号）第二十二条第三款规定："合同仅加盖法人、非法人组织的印章而无人员签名或者按指印，相对人能够证明合同系法定代表人、负责人或者工作人员在其权限范围内订立的，人民法院应当认定该合同对法人、非法人组织发生效力。"该条将证明合同有效的举证责任分配给了合同相对方，合同相对方要证明具体的承办人是谁，以及承办人签订时有签订合同的权限且未超出其权限，否则，可能导致签订的合同对法人或非法人组织不产生效力。

3. 真人假章，加盖伪造或私刻的印章

《最高人民法院关于适用〈中华人民共和国民法典〉合同编通则若干问题的解释》（法释〔2023〕13 号）第二十二条第一款规定："法定代表人、负责人或者工作人员以法人、非法人组织的名义订立合同且未超越权限，法人、非法人组织仅以合同加盖的印章不是备案印章或者系伪造的印章为由主张该合同对其不发生效力的，人民法院不予支持。"该条实际上是对"认人不认章"原则的再次确认，只要以法人或非法人组织名义签订合同的人未超越权限，即便加盖的印章不真实，该合同也对该法人或非法人组织产生效力。

比如，在最高人民法院（2019）最高法民申 2898 号一案中，法院认为，

协议书及其附件均加盖浙江太某洋公司、抚顺太某洋公司、辽宁立某公司的公章，均没有该三公司当时的法定代表人或者业务经办人签字。该三公司当时的法定代表人均为陆某，其当时正处于配合有关机关调查而被限制人身自由的状态。一、二审法院认定抚顺太某洋公司方面加盖公章的人是当时掌管公章的黄某，浙江太某洋公司方面加盖公章的人是当时持有该公司公章的汪某，三方当事人对此均无异议。对于辽宁立某公司方面在协议书上加盖公章的经办人具体为何人，该公司在一、二审中未予明确；辽宁立某公司在本院审查再审申请询问当事人时，陈述其直接经办人是黄某、徐某（徐某当时同时担任抚顺太某洋公司和辽宁立泰公司的董事）和参与的律师及会计，但抚顺太某洋公司和浙江太某洋公司对此均有异议，出庭作证的证人黄某的相关证言也与之不同。辽宁立某公司方面加盖公章的经办人一直不明。

根据《中华人民共和国民法通则》《中华人民共和国公司法》《中华人民共和国民事诉讼法》等法律的有关规定，法定代表人作为最基础的公司意志代表机关，是法人意志的当然代表，能够对外代表公司的人一般仅有法定代表人；而法定代表人以外的其他人以公司名义对外为民事法律行为需要由法定代表人代表公司进行授权，适用有关委托代理的法律规定。鉴于协议书及其附件非由三方当事人的法定代表人签订，而由各自其他职员加盖公司公章签订，协议书及其附件是否依法发生效力，需要根据具体签订的经办人员是否具有公司的授权（具体由公司法定代表人代表公司授权）而定。

本案没有证据表明三方当事人当时共同的法定代表人陆某事前授权黄某、汪某和其他人员分别代理三方签订协议书及其附件，相反陆某本人在恢复人身自由后明确予以否认并坚持拒绝追认。对于协议书及其附件，辽宁立某公司在其法定代表人于 2016 年 8 月 15 日由陆某变更为徐某后表示认可，但抚顺太某洋公司、浙江太某洋公司在陆某恢复人身自由后不仅未予以追认，抚顺太某洋公司还提起本案诉讼请求予以撤销。据此，可以认定黄某、汪某分别在协议书及其附件上加盖抚顺太某洋公司、浙江太某洋公司公章的行为属于无权代理。

实践中，大量的公司、企业存在印章管理混乱或不规范的问题，导致不法行为人以预先加盖空白印章或偷盖印章的方式与第三方签订合同，如果仅以印章是否真实为依据来认定合同效力，有失公平。该条的规定，正是为了针对性解决此类情形而设定。

需要注意的是，以上三种情况下，即便法定代表人、负责人或者工作人员在签订合同时，超越了其代表或代理权限，但如果构成表见代表或表见代理的，该合同仍对该法人或非法人组织产生效力。

第二节　与合同成立、生效有关的法律风险

合同成立是指合同当事人以要约、承诺的方式就合同的主要条款达成合意，即合同当事人意思表示一致，建立了合同关系。合同成立强调的是合同当事人意思表示的一致性。一般来说，承诺生效时合同成立，但是法律另有规定或者当事人另有约定的除外。

对于当事人采用合同书形式订立合同的，根据《中华人民共和国民法典》第四百九十条的规定，自当事人均签名、盖章或者按指印时合同成立。但如果在签名、盖章或者按指印之前，当事人一方已经履行主要义务，对方接受时，合同也视为成立。

合同生效是指已经成立的合同对合同当事人具有法律上的强制执行力。合同成立是合同生效的前提，合同生效是合同成立的目的。根据《中华人民共和国民法典》第五百零二条的规定，一般来说，合同的成立和合同生效的时间是一致的，即依法成立的合同自成立时生效，但依照法律、行政法规的规定，合同应当办理批准等手续的，批准是合同的法定生效条件。合同自批准之日生效，未经批准的合同因欠缺法律规定的特别生效条件而未生效。

合同成立但由于一方原因未生效的，有过错的一方要承担是缔约过失责任，而合同生效后，一方不按约定履行合同的，要承担的是违约责任。

与合同成立和生效有关的法律风险主要包括以下几个方面。

一、与要约和承诺有关的法律风险

当事人订立合同一般采用要约和承诺的方式，要约是希望与他人订立合同的意思表示，该意思表示内容应当具体确定并表明经受要约人承诺，要约人即受该意思表示约束。而承诺是受要约人同意要约的意思表示。要约可以撤回或撤销，承诺可以撤回。

由于订立合同的过程往往是双方当事人协商、让步和讨价还价的过程，合同成立的过程往往不是通过简单的要约—承诺过程来实现的，而通常要经过要约和多次的反要约才能最终做出承诺，成立合同。因此，合同当事人的一个意思表示，究竟是不是构成要约或承诺，将直接关系到合同的成立与否。

通常来说，与要约和承诺有关的合同法律风险主要体现在以下几个方面。

1. 要约还是要约邀请

要约是具体确定且经受要约人承诺即受约束的意思表示，而要约邀请是希望他人向自己发出要约的意思表示。只有对要约做出接受的意思表示，才构成承诺，合同才成立。而对要约邀请做出接受的意思表示，往往只是一个要约，不构成承诺，合同并不成立。如，拍卖公告、招标公告、招股说明书、债券募集办法、基金招募说明书、商业广告和宣传、寄送的价目表等都是要约邀请。但如果商业广告和宣传的内容符合要约条件的，可以构成要约。

参考案例： 在 App 上发布商品的详细信息，具体明确的，构成要约

2018 年 6 月 17 日，陈某在某尚到家 App 看到了上海某尚超市有限公司长阳店在该 App 上发布的关于出售茅台酒的信息，包括了商品规格、售价、库存状态。当日，陈某在某尚到家 App 上从该店处购买了 53° 500 mL 飞天茅台酒

16 瓶，每瓶单价 1 499 元，陈某向该店支付了 16 瓶酒的价款共计 23 988.50 元（含 4.50 元配送费）。陈某付款后，该店无正当事由取消了订单并强制关闭了该交易，直接通知陈某不再发货。该店认为，陈某确认的某尚服务协议平台购物交易规则第（3）项约定"……购物平台收到会员的订单信息后，只有将会员在订单中订购的商品从仓库实际直接向会员发出时（以已发货为标志），方视为会员与购物平台之间就实际直接向会员发出的商品建立了合同关系"，购物平台向会员发货后，双方才建立合同关系，由于该店尚未发货，因此，陈某与该店之间的合同尚未成立。

　　法院经审理认为，本案争议焦点为双方之间的网络购物合同是否成立、生效。根据法律规定和一般交易习惯，被告将系争茅台酒的规格、售价、库存状态等详细商品信息公布于"某尚到家"App，内容明确具体，会员可根据商品信息自由选择购买，故被告在"某尚到家"App 上公布系争茅台酒商品信息的行为已符合要约的特性。原告通过"某尚到家"App 选购商品、提交订单信息、完成付款，应当视为进行了承诺。所以，原、被告之间关于系争茅台酒的网络购物合同依法成立并生效。被告根据某尚服务协议中平台购物交易规则第（3）项约定抗辩合同尚未成立，与《电子商务法》第四十九条关于"电子商务经营者发布的商品或者服务信息符合要约条件的，用户选择该商品或者服务并提交订单成功，合同成立。当事人另有约定的，从其约定。电子商务经营者不得以格式条款等方式约定消费者支付价款后合同不成立；格式条款等含有该内容的，其内容无效"的规定相悖，法院不予采信。被告在"某尚到家"App 上发出要约时，其在明知系争茅台酒存在库存不足的情况下，未采取提示剩余库存量、在超过库存量时无法下单等系统设置，致使合同成立、生效后无货供应，被告单方取消订单、退还货款的行为确已构成违约。

　　——上海市杨浦区人民法院，（2020）沪 0110 民初 789 号
　　——上海市第二中级人民法院，（2020）沪 02 民终 5351 号

2. 承诺对要约内容进行修改的，是承诺还是新要约

承诺的内容应当与要约的内容一致，如果承诺对要约的内容作出变更的，其是否还具有承诺的效力？根据《中华人民共和国民法典》第四百八十八条和第四百八十九条的规定，要区分不同情况来对待。

如果受要约人对要约的内容作出实质性变更的，为新要约。有关合同标的、数量、质量、价款或者报酬、履行期限、履行地点和方式、违约责任和解决争议方法等的变更，是对要约内容的实质性变更。

如果受要约人的承诺对要约的内容作出非实质性变更的，除要约人及时表示反对或者要约已经明确表明承诺不能对要约的内容作出任何变更外，否则，该承诺有效，合同的内容以承诺的内容为准。

3. 承诺迟延到达的效力

承诺应当在要约规定的期限内或合理的期限内到达要约人。

如果受要约人超过承诺期限发出承诺，或者在承诺期限内发出承诺，按照通常情形不能及时到达要约人的，为新要约；但是，要约人及时通知受要约人该承诺有效的除外。

如果受要约人在承诺期限内发出承诺，按照通常情形能够及时到达要约人，但是因其他原因致使承诺到达要约人时超过承诺期限的，如，邮局的迟延投递或电子邮件系统的延迟，除要约人及时通知受要约人因承诺超过期限不接受该承诺外，该承诺有效。

4. 通过招投标、现场拍卖、网络拍卖等方式订立的合同何时成立

《最高人民法院关于适用〈中华人民共和国民法典〉合同编通则若干问题的解释》（法释〔2023〕13号）第四条规定：

"采取招标方式订立合同，当事人请求确认合同自中标通知书到达中标人时成立的，人民法院应予支持。合同成立后，当事人拒绝签订书面合同的，人民法院应当依据招标文件、投标文件和中标通知书等确定合同内容。采取现场

拍卖、网络拍卖等公开竞价方式订立合同，当事人请求确认合同自拍卖师落槌、电子交易系统确认成交时成立的，人民法院应予支持。合同成立后，当事人拒绝签订成交确认书的，人民法院应当依据拍卖公告、竞买人的报价等确定合同内容。产权交易所等机构主持拍卖、挂牌交易，其公布的拍卖公告、交易规则等文件公开确定了合同成立需要具备的条件，当事人请求确认合同自该条件具备时成立的，人民法院应予支持。"

根据该条规定，以招投标方式订立合同的，合同自中标通知书到达中标人时成立；以现场拍卖、网络拍卖等公开竞价方式订立合同的，合同自拍卖师落槌、电子交易系统确认成交时成立。产权交易所等机构主持拍卖、挂牌交易时，如果拍卖公告、交易规则已经设定了合同成立条件的，则合同自该条件具备时成立。

二、合同条款的缺少与合同成立的关系

《中华人民共和国民法典》第四百七十条规定："合同的内容由当事人约定，一般包括下列条款：（一）当事人的姓名或者名称和住所；（二）标的；（三）数量；（四）质量；（五）价款或者报酬；（六）履行期限、地点和方式；（七）违约责任；（八）解决争议的方法。"

一份合同应当具备基本的合同条款，但缺少某一合同条款并不一定导致合同不成立。《最高人民法院关于适用〈中华人民共和国民法典〉合同编通则若干问题的解释》（法释〔2023〕13号）第三条第一款和第二款规定："当事人对合同是否成立存在争议，人民法院能够确定当事人姓名或者名称、标的和数量的，一般应当认定合同成立。但是，法律另有规定或者当事人另有约定的除外。根据前款规定能够认定合同已经成立的，对合同欠缺的内容，人民法院应当依据民法典第五百一十条、第五百一十一条等规定予以确定。"

一份合同只有在缺少当事人名称或姓名、标的和数量这些必备条款的情况下，才可能不成立。对于缺少的其他合同条款，当事人可以先行协商，协商无

法达成一致的，还可以通过法律规定的原则进行漏洞填补，补齐所缺少的合同
条款。

参考案例： 对标的和数量未做明确约定的投资意向书仅为磋商性、谈判性
文件，不成立合同

经财政部批准，某华公司受让了某大公司位于某开发区内 D2-17-1 和 D2-
17-2 两个地块的土地使用权，合计面积为 15 951 平方米（约 24 亩），土地性
质为商业用地。2008 年 4 月 19 日，某华公司与某管委会在广州签订了"投资
意向书"，确认由于某开发区规划变更，D2-17-1、D2-17-2 两宗地块已不适合
建设酒店，某华公司为服从新的规划，拟将原地置换至东部生活区及新英湾沿
海一带。投资意向书同时明确约定，由某管委会为某华公司协调置换土地，但
未约定具体置换土地的位置和面积等内容。后某华公司起诉该管委会，认为管
委会有义务为某华公司协调置换土地。但时至今日，管委会未履行其合同义
务，导致某华公司仍未取得置换土地使用权，更无从开展酒店项目建设。该管
委会的行为已经构成根本违约，要求赔偿给某华公司造成的巨大损失。该管委
会认为投资意向书并未就具体置换的土地进行明确约定，只是意向性文件。

海南省高级人民法院一审认为，某华公司与某管委会双方均认可投资意向
书系双方真实意思的表示，且投资意向书内容未违反法律、行政法规的强制性
规定，应属有效协议。

关于投资意向书的性质及效力。最高人民法院二审认为，实践中，意向书
的形式具有多样性，其性质及效力不能一概而论，而是应当结合具体交易情形
判断意向书内容是否具体确定、当事人是否有受约束的意思，进而认定其效
力。《最高人民法院关于适用〈中华人民共和国合同法〉若干问题的解释
（二）》第一条规定："人民法院能够认定当事人名称或者姓名、标的和数量的，
一般应当认定合同成立。"本案中，从投资意向书的内容看，首先，投资意向
书的当事人虽然是确定和明确的，但对于合同的标的和数量，投资意向书则只
是在描述了某华公司所称的从某大公司处受让土地的情况的基础上，对某华公

司拟置换土地的意向及某开发区管理局表示同意协调置换进行了约定，而对于是否必须置换成功以及置换土地的具体位置和面积均未作出明确约定。因此，该投资意向书不具备合同的主要条款，不构成正式的土地置换合同。其次，双方在投资意向书中虽然对签订投资意向书的背景进行了描述，但并未明确约定某管委会在置换土地过程中的权利和义务，当事人也未表明受其约束的意思，故该投资意向书并非相关土地使用权人就在将来进行土地置换或者在将来签订土地置换合同达成的合意。因此，案涉投资意向书的性质为磋商性、谈判性文件，不具备合同的基本要素，没有为双方设定民事权利义务，双方当事人之间并未形成民事法律关系，一审判决对投资意向书的性质认定错误，本院予以纠正。

最高人民法院再审认为，本案关键在于对投资意向书的法律定性。一般而言，从一方发出愿意签订合同的意思表示（要约或要约邀请）到合同的正式成立，其间会经历一个协商过程，并对合同的主要内容达成初步合意，最终以口头或书面方式成立合同。《最高人民法院关于适用＜中华人民共和国合同法＞若干问题的解释（二）》第一条规定："人民法院能够认定当事人名称或者姓名、标的和数量的，一般应当认定合同成立。"（根据现行有效的《最高人民法院关于适用〈中华人民共和国民法典〉合同编通则若干问题的解释》第三条，当事人对合同是否成立存在争议，人民法院能够确定当事人姓名或者名称、标的和数量的，一般应当认定合同成立。但是，法律另有规定或者当事人另有约定的除外。）本案投资意向书并不具备合同的基本要素。从标题看，该文件明确为"意向书"，并非常用的"合同""协议"等名称；从内容看，该文件对于双方的权利义务以及法律责任约定并不明确，只是表明为了某华公司能够在相应的地块进行商业投资开发，某管委会有为其协调置换土地的意愿，但并未约定置换土地的具体位置和面积及履行期限等；从具体措辞看，双方明确约定某管委会"协调置换土地"，表明从"协调"到真正"置换"还是需要经过再协商、再约定。因此，本院生效判决认定投资意向书的性质为磋商性、谈判性文件，符合法律规定和当事人真实意思表示。

——最高人民法院（2013）民一终字第 107 号

——最高人民法院（2014）民申字第 263 号

三、未按照法律、行政法规办理批准手续与合同效力的关系

《中华人民共和国民法典》第五百零二条第二款规定：

"依照法律、行政法规的规定，合同应当办理批准等手续的，依照其规定。未办理批准等手续影响合同生效的，不影响合同中履行报批等义务条款以及相关条款的效力。应当办理申请批准等手续的当事人未履行义务的，对方可以请求其承担违反该义务的责任。"

一般来说，依法成立的合同自成立时生效，但依照法律、行政法规的规定需要办理批准手续的合同，自办理批准手续时生效。如，商业银行法、证券法等法律规定购买商业银行、证券公司一定数额以上股权须经相关主管部门批准。此类应按照法律、行政法规办理批准手续而未办理批准手续的合同，是已经成立但尚未生效的合同，并非无效的合同。

最高人民法院在《全国法院民商事审判工作会议纪要》（法〔2019〕254号）第 37 条中对此进一步进行了解释："……批准是合同的法定生效条件，未经批准的合同因欠缺法律规定的特别生效条件而未生效。实践中的一个突出问题是，把未生效合同认定为无效合同，或者虽认定为未生效，却按无效合同处理。无效合同从本质上来说是欠缺合同的有效要件，或者具有合同无效的法定事由，自始不发生法律效力。而未生效合同已具备合同的有效要件，对双方具有一定的拘束力，任何一方不得擅自撤回、解除、变更，但因欠缺法律、行政法规规定或当事人约定的特别生效条件，在该生效条件成就前，不能产生请求对方履行合同主要权利义务的法律效力。"

尽管合同未生效，但合同对报批义务及未履行报批义务的违约责任等相关内容作出专门约定的，合同当事人仍可以要求负有办理批准手续义务的一方当

事人履行办理批准手续的义务，并承担相应的法律责任。合同未生效不影响合同中履行报批等义务条款以及相关条款的效力。

《最高人民法院关于适用〈中华人民共和国民法典〉合同编通则若干问题的解释》（法释〔2023〕13号）第十二条规定：

"合同依法成立后，负有报批义务的当事人不履行报批义务或者履行报批义务不符合合同的约定或者法律、行政法规的规定，对方请求其继续履行报批义务的，人民法院应予支持；对方主张解除合同并请求其承担违反报批义务的赔偿责任的，人民法院应予支持。

人民法院判决当事人一方履行报批义务后，其仍不履行，对方主张解除合同并参照违反合同的违约责任请求其承担赔偿责任的，人民法院应予支持。

合同获得批准前，当事人一方起诉请求对方履行合同约定的主要义务，经释明后拒绝变更诉讼请求的，人民法院应当判决驳回其诉讼请求，但是不影响其另行提起诉讼。

负有报批义务的当事人已经办理申请批准等手续或者已经履行生效判决确定的报批义务，批准机关决定不予批准，对方请求其承担赔偿责任的，人民法院不予支持。但是，因迟延履行报批义务等可归责于当事人的原因导致合同未获批准，对方请求赔偿因此受到的损失的，人民法院应当依据民法典第一百五十七条的规定处理。"

根据该条规定，负有报批义务的当事人不履行报批义务或者履行报批义务不符合合同的约定或者法律、行政法规的规定时，合同相对方，既可以选择要求其继续履行报批义务，也可以选择解除合同并要求其承担违反报批义务的赔偿责任。这里的赔偿责任主要指的是合同未生效的缔约过失责任。

但如果合同相对方已经起诉负有报批义务的当事人并且法院已经判决其继续履行报批义务，但该义务人仍不履行的，则合同相对方可以解除合同并参照违反合同的违约责任请求其承担赔偿责任，这里的赔偿责任是参照违约责任来确定的，可能包括了合同履行的可得利益。

若负有报批义务的当事人已经办理申请批准等手续或者已经履行生效判决确定的报批义务，但批准机关决定不予批准，此时，合同相对方请求其承担赔偿责任的，人民法院是不予支持的，但因迟延履行报批义务导致未批准的除外。

四、预约和本约的关系

预约合同的主要目的是约定将来签订本约，预约合同的主要内容是约定合同当事人将来在某一时间订立正式合同即本约。当事人约定在将来一定期限内订立合同的认购书、订购书、预订书等，一般都是预约合同。那么，预约合同何时成立，以及成立需要具备哪些必要内容呢？《最高人民法院关于适用〈中华人民共和国民法典〉合同编通则若干问题的解释》（法释〔2023〕13号）第六条第一款和第二款规定：

"当事人以认购书、订购书、预订书等形式约定在将来一定期限内订立合同，或者为担保在将来一定期限内订立合同交付了定金，能够确定将来所要订立合同的主体、标的等内容的，人民法院应当认定预约合同成立。当事人通过签订意向书或者备忘录等方式，仅表达交易的意向，未约定在将来一定期限内订立合同，或者虽然有约定但是难以确定将来所要订立合同的主体、标的等内容，一方主张预约合同成立的，人民法院不予支持。"

因此，预约合同的成立必须具备合同主体和标的，否则，预约合同不成立。但有时预约合同也会对本约的主要内容，如，合同标的、数量、价格、质量等进行明确约定，预约合同的条款也比较完善，从内容上看，这种预约合同十分接近本约。当预约合同的内容完善到接近本约的内容时，确定其究竟是预约合同还是本约，主要取决于合同当事人是否具有将来订立本约的意思。

如果当事人在预约合同中明确表示双方未来将会订立一个本约，那么，即使预约的条款再完善，也不能认定为本约。如果当事人在预约合同中并未明确表示双方将来会订立本约的意思，那么，可以根据双方签订预约时的具体意思表示、背景以及预约合同条款内容是否完备等情况来确定究竟是预约还是本约。另外，虽然双方约定未来将订立本约，但一方已经履行主要义务，对方也接受的，根据法律规定，此时视为本约合同成立。

《最高人民法院关于适用〈中华人民共和国民法典〉合同编通则若干问题的解释》（法释〔2023〕13号）第六条第三款规定：

"当事人订立的认购书、订购书、预订书等已就合同标的、数量、价款或者报酬等主要内容达成合意，符合本解释第三条第一款规定的合同成立条件，未明确约定在将来一定期限内另行订立合同，或者虽然有约定但是当事人一方已实施履行行为且对方接受的，人民法院应当认定本约合同成立。"

预约合同不同于本约，在订立本约合同之前，预约合同双方当事人仍需要对合同主体和标的之外的其他具体事项进行磋商，而磋商的结果可能会达成一致，也可能会达不成一致。如果磋商达不成一致导致无法订立本约时，能否追究合同当事人违反预约合同的责任呢？这取决于双方的磋商是否依据诚实信用原则进行。《最高人民法院关于适用〈中华人民共和国民法典〉合同编通则若干问题的解释》（法释〔2023〕13号）第七条规定：

"预约合同生效后，当事人一方拒绝订立本约合同或者在磋商订立本约合同时违背诚信原则导致未能订立本约合同的，人民法院应当认定该当事人不履行预约合同约定的义务。人民法院认定当事人一方在磋商订立本约合同时是否违背诚信原则，应当综合考虑该当事人在磋商时提出的条件是否明显背离预约合同约定的内容以及是否已尽合理努力进行协商等因素。"

当预约合同一方当事人违反预约合同的约定时，其应当承担何种法律责任呢？

根据《中华人民共和国民法典》第四百九十五条的规定："当事人约定在将来一定期限内订立合同的认购书、订购书、预订书等，构成预约合同。当事人一方不履行预约合同约定的订立合同义务的，对方可以请求其承担预约合同的违约责任。"

　　虽然预约合同的当事人可以约定不履行订立合同义务的违约责任，但该违约责任一般限于信赖利益的损失，不包括可得利益的损失，可得利益损失属于违反本约时的违约责任范围。比如，在（2020）最高法民申 2164 号一案中，最高人民法院认为，预约合同虽属独立合同，但预约系相对于本约而言的，预约所处的阶段实际是本约的缔约阶段。在双方未签订本约的情况下，如一方违反预约合同约定，另一方可以请求违约方承担预约合同的违约责任，但不得请求对方履行本约的合同义务。某华森公司与某谷大地公司之后并未另行就协议书项下全部内容签订本约对双方权利义务关系进行确认，某谷大地公司起诉请求某华森公司将协议书项下物业移交某谷大地公司，并以某华森公司迟延履行为由要求某华森公司赔偿可得利益损失，实际系要求某华森公司履行本约项下的合同义务并承担本约的违约责任，该要求不符合协议书属预约合同的性质，也没有法律依据。但如果预约合同当事人未约定违约责任，此时能否要求对方赔偿损失？具体损失如何确定呢？《最高人民法院关于适用〈中华人民共和国民法典〉合同编通则若干问题的解释》（法释〔2023〕13 号）第八条规定：

　　"预约合同生效后，当事人一方不履行订立本约合同的义务，对方请求其赔偿因此造成的损失的，人民法院依法予以支持。

　　前款规定的损失赔偿，当事人有约定的，按照约定；没有约定的，人民法院应当综合考虑预约合同在内容上的完备程度以及订立本约合同的条件的成就程度等因素酌定。"

　　参考案例： 在预约合同条款具体明确的情况下，应根据当事人是否具有未来订立本约的意思确定合同性质

　　2006 年 9 月 20 日，某实业公司（甲方）与某通信公司（乙方）签订《购房协议书》约定"甲、乙双方按照互惠、互利的原则，经多次协商，就某大厦北一楼及中庭售房事宜形成如下一致意见：①乙方购买甲方所拥有的某大厦北一楼及中庭建筑面积 2 100 平方米，总价格 6 750 万元（最后按照房管部门办理的产权证为准进行结算）；②本协议签订之日起，甲方收到乙方预计购房定

金1 000万元，待购房合同签订时，该定金自动转为购房款；③甲、乙双方应就购房合同及付款方式等问题在本协议原则下进行具体磋商；④甲、乙双方均应遵守本协议所确定的原则，违反则违约方向守约方支付违约金1 000万元；⑤甲、乙双方就该宗房屋买卖合同签订时，本协议自动失效。"某通信公司按照协议约定向某实业公司交付定金1 000万元后，某实业公司将讼争房屋交付给某通信公司使用。双方口头约定，等某实业公司将房屋过户至某通信公司名下后，某通信公司及时向某实业公司付清剩余房款。后某通信公司与某实业公司就房屋过户登记及价款支付等相关事宜经过多次磋商未果。2010年3月3日，某实业公司向某通信公司送达了解除2006年9月20日双方签订的购房协议书的通知函。某通信公司认为双方之间签订的购房协议书已符合最高人民法院《关于审理商品房买卖合同纠纷案件适用法律若干问题的解释》第五条的规定，且某实业公司在签订购房协议书及某通信公司支付定金后，已将房屋交付给某通信公司占有使用，双方的购房协议书已经实际履行，应当得到法律护。但某实业公司对此持相反意见。

一审法院经审理认为购房协议书符合本约的特征，构成本约合同。二审法院审理认为，关于购房协议书的性质和效力问题。本案中，双方签订的购房协议书约定"乙方购买甲方所拥有的某大厦北一楼及中庭建筑面积2 100平方米，总价格6 750万元（最后按照房管部门办理的产权证为准进行结算）"，该购房协议书明确写明了当事人名称、标的、价款，一审判决根据《合同法解释（二）》第一条规定认定双方间的房屋买卖合同关系已经成立并无不当。

后最高人民法院对该案进行提审，最高人民法院经审理认为，仅就案涉购房协议书而言，其性质应为预约。预约是指将来订立一定契约的契约。预约的形态多种多样，有的预约条款非常简略，仅表达了当事人之间有将来订立本约的意思，至于本约规定什么内容留待以后磋商决定；有的预约条款则非常详尽，几乎涉及本约的全部内容。若仅从内容上看，后者在合同内容的确定性上几乎与本约无异，即使欠缺某些条款，往往也可以通过合同解释的方式加以补全。因此，仅根据当事人合意内容上是否全面，并不足以界分预约和本约。判断当事人之间订立的合同系本约还是预约的根本标准应当是当事人的意思表示，也就是说，当事人是否有意在将来订立一个新的合同，以最终明确在双方之间形成某种法律关系的具体内容。如果当事人存在明确的将来订立本约的意思，那么，即使预约的内容与本约已经十分接近，即使通过合同解释，从预约中可以推导出本约的全部内容，也应当尊重当事人的意思表示排除这种客观解释的可能性……本案双方当事人虽然约定了房屋的位置、面积及总价款，但仍一致认为在付款方式等问题上需要日后进一步磋商，双方的这一意思表示是明确的，而且，当事人在该协议第⑤条进一步明确要在将来订立一个新的合同，以最终明确双方之间的房屋买卖法律关系的具体内容。因此，最高人民法院认为，案涉购房协议书的性质为预约合同，一审、二审判决认定该购房协议书的性质为本约是错误的，应予纠正。

——最高人民法院，（2013）民提字第 90 号

提醒注意的是，本案中，虽然最高人民法院认定购房协议书为预约合同，但最终依据合同法关于"当事人一方已经履行主要义务，对方接受的，该合同成立"实际履行的规定，仍然判定双方的房屋买卖关系成立。

五、签字、盖章与合同生效的关系

《中华人民共和国民法典》第四百九十条规定：

"当事人采用合同书形式订立合同的，自当事人均签名、盖章或者按指印时合同成立。在签名、盖章或者按指印之前，当事人一方已经履行主要义务，对方接受时，该合同成立。法律、行政法规规定或者当事人约定合同应当采用书面形式订立，当事人未采用书面形式但是一方已经履行主要义务，对方接受时，该合同成立。"

根据上述法律规定，当事人采用书面形式订立的合同，只要具备签名、盖章或按指印任何一个法定条件，合同即告成立，并不需要同时具备这三个条

件。但在实践中，合同当事人出于谨慎，往往要求在签名并加盖公章时合同才生效。根据意思自治和合同自由原则，该约定在当事人之间应当具有法律效力。

但合同当事人在约定签字、盖章与合同生效的关系时，必须明确，避免产生歧义，否则，将带来不确定性的法律风险。

与签字、盖章有关的法律风险，具体主要涉及以下几类：

1. "签字盖章"的意思

如果合同双方当事人均为自然人时，双方一般会约定合同需要双方签字后生效；如果合同一方当事人是法人或其他组织，而合同另一方当事人是自然人、法人或其他组织时，双方一般会约定合同签字并加盖公章后生效。但如果这种约定不清楚、不明确的话，往往会带来法律风险。如，在合同中，合同当事人约定"此协议双方签字盖章后生效"，根据该约定，究竟合同是在签字或盖章后生效，还是在既签字又加盖公章后生效？

对此，最高人民法院认为"签字盖章" ≠ "签字" ＋ "盖章"。

在最高人民法院（2013）民申字第72号一案中，再审申请人认为，协议书虽加盖了家具商城的印章，但经内部审核，家具商城并不清楚该事宜。即使认定该协议书真实，根据其中"此协议双方签字盖章后生效"的约定，其生效条件应当是双方的"签字"和"盖章"。协议书虽有机床公司负责人的签字、潮某源公司和家具商城的盖章，但机床公司未盖章、潮某源公司和家具商城负责人未签字，不符合约定的生效条件，协议书并未发生法律效力。最高人民法院经审理认为，协议书上盖有家具商城真实的公章，虽无家具商城法定代表人或其委托代理人的签字，但足以表明协议书是家具商城的真实意思表示。协议书上虽只有机床公司法定代表人签字，而无机床公司的公章，但机床公司并不否认协议书的真实性。据此，一、二审判决认定协议书真实有效并无不当，家具商城否定协议书的真实性及其效力的再审申请理由不能成立。

再如，在（2020）最高法民申5507号一案中，最高人民法院认为，框架协议第五条约定，协议自三方签字盖章之日起生效。前述约定可以理解为签字或盖章后协议即属生效，而非必须同时具备签字与盖章两个条件后协议方生效力。因此，原审法院基于悦达公司在签署页的盖章行为认定框架协议已经生效，并无不当。悦达公司仅从前述协议条款表述的词语文字组合关系，即分析主张协议必须签字并加盖公章后方才生效，并由此主张框架协议尚未生效，理据不足，本院不予采信。

2. "签字、盖章"的意思

如果合同双方当事人约定，合同"自双方签字、盖章之日起生效"，"签字、盖章"究竟是签字或盖章择一即可，还是需要既签字又要加盖公章。

对此，最高人民法院认为，"签字、盖章"="签字"+"盖章"。

在最高人民法院（2005）民一终字第116号一案中，最高人民法院认为，关于2004年10月26日宁波分行与某风公司签订的还款协议的效力问题，认为宁波分行与某风公司对还款协议的生效条件作出特别的约定，即协议在双方当事人签字、盖章时生效。关于该协议中"签字、盖章"之间的顿号应如何理解，即签字与盖章应同时具备还是具备其一即可认定协议生效。认为双方当事人签订的协议中所表述的"签字、盖章"中的顿号，是并列词语之间的停顿，其前面的"签字"与后面的"盖章"系并列词组，它表示签字与盖章是并列关系，只有在签字与盖章均具备的条件下，该协议方可生效。双方当事人该项约定意思表示清楚、真实，应认定为有效。另从双方当事人签订的还款协议内容看，其专门设定了双方加盖公章与负责人签字栏目，在该协议中宁波分行既签署了负责人姓名也加盖了单位印章，而某风公司仅有法定代表人签名未加盖单位印章。由于某风公司未在还款协议上加盖单位印章，不具备双方约定的生效条件，因此，宁波分行依据该协议主张权利，事实依据不足，二审法院不予支持。一审判决认定还款协议已生效，并依照该协议约定的数额判决某风公司返还贷款本金不妥，应予纠正。

尽管在本案中最高人民法院认为，"签字、盖章"="签字"+"盖章"，但其实顿号表示的究竟是"和"还是"或"，与其后面使用的连词也有很大关系。如，《中华人民共和国民法典》第四百九十条第一款规定："当事人采用合同书形式订立合同的，自当事人均签名、盖章或者按指印时合同成立……"这里的顿号，由于后面跟了连词"或"其意思明显是选择性的，择一即可，不可能理解为合同的成立必须同时具备签名、盖章和按指印。

如果顿号后面跟了连词"和"可能意义就不同了，如"自当事人均签名、盖章和按指印时成立"，这里就可能具有要同时具备这些条件的意思。但为了避免类似的歧义所带来的法律风险，合同的起草和审查人员必须对此约定明确。如，约定为"签名或盖章""签名且盖章"，尽量不要使用标点符号来表示"和""或"的关系。

比如，在四川省德阳市中级人民法院（2018）川 06 民终 78 号一案中，法院就认为，本案的争议焦点为：本案所涉的责任免除条款是否存在两种不同的解释。上诉人认为，本案所涉的保险合同中的免责条款存在两种解释，按照"不利于保险人解释"的原则，保险人应当承担保险责任。本案保险合同的责任免除条款第（5）项约定："被保险人酒后驾驶、无合法有效驾驶证驾驶或驾驶无有效行驶证的机动车。"该条款三个条件中间使用了顿号，因此三个条件属于并列关系，应当解释为三个条件同时符合才得以免责。再，保险合同免责条款总领的第一句话约定为："被保险人因下列情形之一身故或身体全残的，本保险公司不承担保险责任。"按照上述条款的约定，第 5 项作为免责情形之一也应当理解为三个条件属于并列关系且应同时符合才得以免责，否则，应在总领条款中加入"被保险人因下列情形之一中任一条件"的语句才符合保险人对该条款的解释方式。

法院认为，《中华人民共和国合同法》第一百二十五条（《中华人民共和国民法典》第四百六十六条、第一百四十二条）规定："当事人对合同条款的理解有争议的，应当按照合同所使用的词句、合同的有关条款、合同的目的、交易习惯以及诚实信用原则，确定该条款的真实意思。"就本案是否存在两种解

释，应基于上述法律条文指引予以评判。结合本案免责条款及合同目的，本案
所涉免责条款不存在两种解释。首先，酒后驾驶属于严重的违法行为，严禁酒
驾已经成为一种社会共识。《中华人民共和国道路交通安全法》第二十二条第
二款规定："饮酒、服用国家管制的精神药品或者麻醉药品，或者患有妨碍安
全驾驶机动车的疾病，或者过度疲劳影响安全驾驶的，不得驾驶机动车。"据
上述法律条文，酒后驾驶属于禁止性规定，属于严重的违法行为，且按照《中
华人民共和国刑法》第一百三十三条之一的规定，酒驾达到一定标准还将构成
刑事犯罪，将受到刑事处罚。其次，酒后驾驶作为一种严重的违法行为，在保
险领域酒后驾驶免责已经成为一种基本常识。最后，从该免责条款的具体内容
看，本案所涉的保险合同的责任免除条款第（5）项约定："被保险人酒后驾
驶、无合法有效驾驶证驾驶或驾驶无有效行驶证的机动车。"虽然该条款三个
条件中间使用了顿号，但是在"无合法有效驾驶证驾驶"和"驾驶无有效行驶
证的机动车"之间使用了"或"字，从"或"字的字义理解，"或"字本身属
于一种选择关系而非并列关系，从而表明三个条件之间属于选择关系而非并列
关系，因此，该条款不存在理解为三个条件同时符合才构成免责的问题。

3. 使用伪造、私刻公章签订合同的效力

2019 年，最高人民法院对该问题作出了明确的规定。《全国法院民商事审
判工作会议纪要》（法〔2019〕254 号）第 41 条规定：

"……人民法院在审理案件时，应当主要审查签约人于盖章之时有无代表
权或者代理权，从而根据代表或者代理的相关规则来确定合同的效力。法定代
表人或者其授权之人在合同上加盖法人公章的行为，表明其是以法人名义签订
合同，除《公司法》第 16 条（公司为他人提供担保）等法律对其职权有特别
规定的情形外，应当由法人承担相应的法律后果。法人以法定代表人事后已无
代表权、加盖的是假章、所盖之章与备案公章不一致等为由否定合同效力的，
人民法院不予支持。代理人以被代理人名义签订合同，要取得合法授权。代理
人取得合法授权后，以被代理人名义签订的合同，应当由被代理人承担责任。

被代理人以代理人事后已无代理权、加盖的是假章、所盖之章与备案公章不一致等为由否定合同效力的,人民法院不予支持。"

该规定实际上采用的是"看人不看章"的原则,即关键看签约人在盖章时是否具有代表权或代理权,是否构成表见代理。如果在签约时,签约人具有代表权或代理权或已经构成表见代理,即使加盖的是假章,合同仍然有效。反之,如果签约人没有代表权或代理权或不构成表见代理的,即便加盖的是公章,合同也无效。公章对合同效力的影响,关键不在公章的真假,而在签约人有无代表权或代理权。

关于法定代表人、负责人或法人工作人员使用"真人假章"签订合同的效力问题,已在第四章第八节关于"只有法定代表人、负责人或者工作人员签字或盖章时的合同效力"中详细阐述,请予以参考。

参考案例: 印章虚假≠合同无效

2012年4月22日,鑫某公司与刘某签订"合肥鑫某建筑安装工程有限公司幢号承包责任制合同""民和县保障性住房和棚户区改造工程安置房工程各楼号工程款付款方式协议",鑫某公司为民和县保障性住房和棚户区改造工程安置房项目总承包方,刘某系内部承包,为项目负责人。2012年5月11日,合肥鑫某建筑安装工程有限公司6号楼、7号楼、8号楼项目部作为甲方与乙方华某公司签订钢材供需合同,甲方代表为刘某,合同加盖了"合肥鑫某建筑安装工程有限公司6号楼、7号楼、8号楼项目部合同专用章"。约定华某公司向项目部工地提供800吨钢材,同时双方约定了价格、付款方式、逾期付款滞纳金、协议管辖等内容。刘某涉嫌私刻合肥鑫某建筑安装工程有限公司6号楼、7号楼、8号楼项目部合同专用章。后华某公司起诉鑫某公司要求支付货款。

最高人民法院经再审认为,本案系买卖合同纠纷。根据鑫某公司的申请理由,本案审查的重点即刘某的签约行为是否应当由鑫某公司承担责任。鑫某公司承包民和县保障性住房和棚户区改造工程安置房工程后,与刘某签订"幢号承包责任制合同"，刘某实际负责鑫某公司该项目6号楼、7号楼、8号楼的施工。对此节事实，鑫某公司无异议。鑫某公司虽称其与刘某之间是分包关系，但刘某个人并无工程建筑的施工资质，鑫某公司应当知晓刘某只能以鑫某公司的名义进行施工。而对华某公司而言，到工商管理部门核实签章的真实性并非签订合同的必要环节。华某公司根据"合同、付款协议以及现场勘查"，已有理由相信刘某具有鑫某公司的授权，华某公司已尽到谨慎的审查义务。根据《中华人民共和国合同法》第四十九条（现为《中华人民共和国民法典》第一百七十二条）的规定，"行为人没有代理权、超越代理权或者代理权终止后以被代理人名义订立合同，相对人有理由相信行为人有代理权的，该代理行为有效"，刘某以鑫某公司6号楼、7号楼、8号楼项目部的名义签订合同的行为构成表见代理，由此产生的法律后果应由鑫某公司承担。"合肥鑫某建筑安装工程有限公司6号楼、7号楼、8号楼项目部合同专用章"具体的刻制、加盖问题对本案并无实质性影响，鑫某公司主张本案应当"先刑后民"，缺乏充分的事实依据和法律依据。一、二审法院判决刘某签订合同的法律后果由鑫某公司承担，鑫某公司应向华某公司给付所欠货款及滞纳金并无不当。

——最高人民法院，（2015）民申字第1620号

4. 印章真实 ≠ 合同真实

一般情况下，合同当事人加盖真实的印章，意味着其对合同内容认可的意思表示，产生合同成立生效的法律后果。在这种情况下，印章真实等同于合同真实。但在某些情况下，印章真实并不意味着合同真实。如，他人利用接触印章的机会，事先在空白纸张上加盖公章然后根据需要再打印上文字，形成对另一方不利的内容，在不构成表见代理，不涉及第三方的利益的情况下，如果认定合同真实，不仅与事实不符，对另一方当事人来说也不公平。此时，应区分盖章行为和协议形成行为，如果有证据明显证明协议的内容存在矛盾，且无法进行合理解释时，即便盖有真实的印章，也不应认可协议的真实性。

参考案例：印章真实≠协议真实

2005年5月1日，昌某公司（甲方）与陈某（乙方）签订协议一份（即5.1协议）。协议的主要内容为：第九条"开采期前三年乙方每年交付甲方矿山费用补偿金三十万元……开采期第四年开始，乙方每年交付甲方矿山费用补偿金五十万元"；第十条"乙方如不按期履行本协议第九条规定，甲方有权单方终止合同，造成的损失由乙方承担"；第十三条"乙方开采期结束后，在乙方没有取得采矿权的情况下，甲方酌情补偿乙方在矿山投入的房屋、水井所支付的费用，价格双方协商或请权威部门评估"。但该份协议并没有约定，协议解除后，昌某公司需要赔偿陈某的全部投资。2007年11月，因陈某违约，昌某公司诉至内蒙古自治区和林格尔县人民法院（以下简称和林格尔县法院），请求解除双方签订的5.1协议。后一审、二审法院判决解除5.1协议。

2011年11月1日，陈某再次提起诉讼请求判令昌某公司依据《鉴证报告》的结果，补偿其在矿山的投入7 112 080元。在该案的诉讼过程中，陈某新提供了一份2005年5月3日的补充协议（以下简称5.3补充协议），陈某为甲方，昌某公司为乙方，约定在5.1协议的基础上，就合作开采花岗岩石材矿形成如下补充条款。条款具体内容如下：第一条"甲乙双方一致同意，为保证甲方在与乙方合作开采石材矿期间投入的全部投资安全及不受损失，双方商定，不论双方的合作能否继续，也不论双方5.1协议有效或无效，只要乙方单方面解除或终止协议，或者协议被法院判定解除、终止或无效，乙方同意按照公平、合理的原则，对甲方的全部投入进行清算并退还给甲方。为此，甲乙双方中的任何一方有权申请鉴定机构或申请法院进行鉴定、评估，乙方按照评估、鉴定结果退还甲方的投资。如乙方已申请鉴定或评估，对该鉴定报告及评估结果另一方无权再次申请鉴定"；第二条"5.1协议第一条约定的'甲方有权单方终止合同，造成的损失由乙方承担'，本条所指的损失是指经营损失，不包括陈某的投资"。该补充协议下方有陈某签字和昌某公司盖章。

昌某公司认为，公司与陈某未签订过5.3补充协议。理由如下：①双方在5.1协议的解除诉讼及上诉案件中，陈某从未提及5.3补充协议的存在，直至陈某向一审法院起诉要求赔偿全部投入。陈某对此的解释是，之前未找到该5.3补充协议。该解释不符合情理，即使原诉讼期间找不到该文件，亦应有所提及。②陈某具有伪造5.3补充协议的可能性。二审审理期间，5.3补充协议上的印章虽与公司的印章一致，但因承包经营过程中，陈某具有接触和使用公司印章的机会和便利，合作中陈某亦多有使用公司印章的情况（如到公安部门办理民用爆破物品时即持盖有公司印章的空白纸张或持公司公章），陈某具有使用公司印章加盖空白纸张伪造补充协议的可能性。另外，昌某公司认为，5.3协议的内容违背常理，权利义务明显不对等。

一审法院认为，协议中昌某公司印章的真实性已经确定，即使该5.3补充协议的打印时间在盖章之后，昌某公司也应当对其意思表示承担法律后果。昌某公司主张5.3补充协议系陈某用其所持有的加盖公司公章的空白纸编造打印后用于诉讼，未能提供证据证明其主张。依据现有证据，一审法院认定5.3补充协议系真实存在，应代表昌某公司的真实意思表示……本案陈某和昌某公司于2005年5月3日签订5.3补充协议，约定双方签订的5.1协议解除后，昌某公司应当对陈某的投入费用进行清算并予以退还，经会计师事务所鉴证，确定陈某在承包花岗岩矿期间的土方剥离、花岗岩开采费用为7 112 080元，故陈某要求昌某公司依照5.3补充协议约定退还其上述投入费用的主张，于法有据，一审法院予以支持。

二审法院予以维持一审法院判决，后昌某公司申请再审。

最高人民法院经审理认为，一审法院经审查对昌某公司再行提出印章真实性的鉴定申请不予支持，并无不当；但因公章与文字的前后顺序、文字形成日期等对认定协议的真实性亦有重要影响，原审法院以公章与文字形成先后不影响协议真实性的判断为由，不予支持，确有不当。在5.3补充协议真实性的认定上，该协议加盖的印章虽为真实，但因协议形成行为与印章加盖行为具有相对独立性。协议形成行为是双方合意行为的反映形式，而印章加盖行为是双方确认双方合意即协议的行为，二者相互关联又相互独立，在证据意义上，印章真实一般即可推定合意形成行为真实，但在有证据否定或怀疑合意形成行为真实性的情况下，即不能根据印章的真实性直接推定协议的真实性。也就是说，印章在证明协议真实性上尚属初步证据，人民法院认定协议的真实性需综合考虑其他证据及事实。本院认为，本案 5.3 补充协议的真实性有如下不足：第一，5.3 补充协议对 5.1 协议的风险负担进行根本变更，不合常理，陈某对此变更不能进行合理说明……第二，5.3 补充协议的基本内容存在矛盾，陈某不能合理说明……第三，陈某在相关诉讼中从未提及 5.3 补充协议及管辖问题，不合常理……最后，5.3 补充协议在形式上还存在甲方、乙方列法及明确协议份数的条款等与之前订约习惯明显差异的情况。

综上，根据 5.3 补充协议的内容、形式及该补充协议的形成过程和再审庭审查明陈某在原审中隐瞒重大事实信息的不诚信行为，同时考虑昌某公司一直否认自行加盖印章且不持有该协议之抗辩意见，本院对 5.3 补充协议相关内容的真实性不予采信。

——最高人民法院，（2014）民提字第 178 号

六、补签、倒签合同问题

1. 补签合同和倒签合同的含义

补签合同是指在双方当事人合同权利义务关系成立时，未签订书面合同，但在合同权利义务关系履行过程中或履行完毕后，双方才签订书面合同，该书面合同标注的签署日期为实际签订书面合同日期。

比如，2020 年 1 月 1 日，甲方开始租赁乙方的房屋，但在 2020 年 1 月 1 日，双方并未签订房屋租赁合同。房屋租赁合同履行至 2020 年 5 月 1 日时，甲乙双方签订了书面房屋租赁合同。该租赁合同约定房屋租赁合同的有效期限为 2020 年 1 月 1 日至 2020 年 12 月 31 日，但该书面房屋租赁合同标明的签署

日期为 2020 年 5 月 1 日。

补签的合同存在两个关键日期，合同实际成立日期和合同实际签订日期，且合同实际成立日期往往早于合同实际签订日期。

倒签合同是指在双方当事人合同权利义务关系成立时，未签订书面合同，但在合同权利义务关系履行过程中或履行完毕后，双方才签订书面合同，该书面合同标注的签署日期并非实际签订书面合同的日期，而是早于实际签订书面合同的日期。

比如，2020 年 1 月 1 日，甲方开始租赁乙方的房屋，但在 2020 年 1 月 1 日，双方并未签订房屋租赁合同。房屋租赁合同履行至 2020 年 12 月 31 日时，甲乙双方签订了书面房屋租赁合同。该租赁合同约定房屋租赁合同的有效期限为 2020 年 1 月 1 日至 2020 年 12 月 31 日，但该书面房屋租赁合同标注的签署日期为 2020 年 1 月 1 日，而并非实际签订日期 2020 年 12 月 31 日。

2. 补签合同和倒签合同的效力

补签合同不影响合同效力。补签合同，是将实际签订合同前未以书面形式体现的合同当事人间的权利义务关系以书面形式体现出来，实际上是对实际签订合同之前双方权利义务关系的一种确认。

根据《中华人民共和国民法典》第四百九十条第二款："法律、行政法规规定或者当事人约定合同应当采用书面形式订立，当事人未采用书面形式但是一方已经履行主要义务，对方接受时，该合同成立"的规定，即便合同当事人没有补签合同，双方的合同关系仍然因主要义务的实际履行和接受而成立，补签合同只是将之前成立的合同及其实际权利义务关系以书面形式体现出来。而且补签的合同标注的签署日期为实际签订书面合同的日期，通过补签合同的签署日期，第三人可以直接了解到补签合同的过程或事实，不存在隐瞒事实的情况，补签合同也符合诚实信用的原则。因此，补签合同并不会影响合同的效力。

倒签合同如果是合同当事人的真实意思表示，没有违反法律、行政法规的效力性规定，不存在恶意串通损害他人利益等合同无效情形时，仍是有效合同。

比如，（2017）最高法民申 4932 号一案中，最高人民法院认为，金某公司明知北海华某公司于 2010 年 9 月 21 日成立，仍然同意将合同的签订时间约定为 2010 年 1 月 5 日，应当视为合同当事双方对合同签订日期形成合意，双方合意约定合同期限为 2010 年 1 月 1 日至 2012 年 11 月 14 日合法有效。二审判决认定金某公司与北海华某公司倒签合同时间不影响双方签订的《光船租赁合同》的成立及生效并无不当。

再比如，在最高人民法院（2014）民提字第 227 号一案中，最高人民法院认为，按照《中华人民共和国合同法》的规定，合同是当事人关于权利义务的确定，要求必须是双方当事人的真实意思表示，但没有对倒签日期进行限制的条款。所以，倒签日期的合同只要是真实意思表示并且没有违反法律法规的效力性强制性规定，应当认定为有效。双方合作共同竞买广西某大厦的事实并非虚构，是双方真实意思的表示，本案所涉文件是否倒签，并不因此影响共同竞买的客观事实。

因此，倒签的合同并不因倒签日期而导致合同无效。但由于倒签的合同往往将倒签合同的签署日期标注为合同权利义务关系实际成立的日期，而并非实际签订合同的日期，第三人通过倒签的合同很难发现倒签日期的事实，具有很强的隐蔽性。如果合同当事人出于非法的目的，通过倒签合同的方式来转移财产、逃避债务或执行的，倒签的合同就可能被认定为无效合同。

需要注意的是，如果补签、倒签的是劳动合同的话，可能会产生完全不同的法律效果。《中华人民共和国劳动合同法》第十条第一款和第二款规定："建立劳动关系，应当订立书面劳动合同。已建立劳动关系，未同时订立书面劳动合同的，应当自用工之日起一个月内订立书面劳动合同。"第八十二条第一款规定："用人单位自用工之日起超过一个月不满一年未与劳动者订立书面劳动合同的，应当向劳动者每月支付二倍的工资。"

比如，2020年1月1日，用人单位与劳动者建立用工关系，但并未签订书面劳动合同，直到2020年6月1日，双方才准备签订书面劳动合同。此时，如果补签劳动合同，将书面劳动合同签订日期标注为实际签订日期2020年6月1日，该补签的合同恰恰成为劳动者主张双倍工资的证据，因为通过补签的劳动合同就可以直观地看出，2020年1月1日至2020年6月1日未签订劳动合同的事实。但如果是倒签劳动合同，将劳动合同签订日期标注为实际用工之日2020年1月1日，若没有相反证据，第三人根本无法发现倒签合同的事实，劳动者不能依据倒签的劳动合同主张双倍工资，似乎对用人单位更为有利。

前述分析主要是从证据层面提出的，在实践中，对于倒签的劳动合同，劳动者能否主张双倍工资，存在不同意见。但主流观点认为，如果倒签的劳动合同，是劳动者的真实意思表示，不存在欺诈、胁迫等违背劳动者真实意思情形时，劳动者不能主张双倍工资。如，《北京市高级人民法院、北京市劳动争议仲裁委员会关于审理劳动争议案件解答（一）》第四十二条规定："用人单位与劳动者补签劳动合同，劳动者主张未订立劳动合同二倍工资可否支持？

用人单位与劳动者建立劳动关系后，未依法自用工之日一个月内订立书面劳动合同，在劳动关系存续一定时间后，用人单位与劳动者在签订劳动合同时将日期补签到实际用工之日，视为用人单位与劳动者达成合意，劳动者主张二倍工资可不予支持，但劳动者有证据证明补签劳动合同并非其真实意思表示的除外。用人单位与劳动者虽然补签劳动合同，但未补签到实际用工之日的，对实际用工之日与补签之日间相差的时间，依法扣除一个月订立书面劳动合同的宽限期，劳动者主张未订立劳动合同二倍工资的可以支持。"

山东省、安徽省高级人民法院关于审理劳动争议的纪要中，也采用类似的观点。

3. 补签合同和倒签合同的法律风险

尽管补签和倒签合同本身可能并不会对合同效力产生影响，但这并不意味着补签或倒签合同不存在法律风险。

补签合同和倒签合同的法律风险主要在于以下几方面：

（1）补签或倒签前，合同履行行为缺乏保障，容易发生争议。在补签或倒签合同之前，合同当事人双方之间无书面合同明确约定双方的权利义务关系，双方之间权利义务的内容只能依据双方口头约定或实际履行行为来确定，合同履行行为缺乏书面依据，容易发生争议。一旦因合同履行发生争议，合同当事人存在较大的法律风险。

（2）补签或倒签合同，可能违反内部合同管理流程，不符合审计或纪检要求。

（3）导致合同日期或期限混乱或冲突。补签合同容易导致合同生效时间、履行期限或有效期限的混乱或冲突。如，在补签合同的情况下，如果补签合同中没有明确约定合同有效期限从某年某月某日至某年某月某日，而是约定自合同签字并盖章之日起生效。由于是补签合同，此时，签字并盖章的时间是补签合同的时间，该时间晚于合同开始履行的时间，其无法涵盖签字并盖章之前的合同履行期间。因此，会出现合同生效之前，合同已经部分履行的逻辑冲突或混乱。

相较于补签合同来说，倒签合同由于无法体现倒签合同的事实，具有较强的隐蔽性，可能存在更大的法律风险。因此，如果客观情况所迫，必须选择补签或倒签合同时，建议采用补签合同的方式，实事求是地体现合同补签的过程和事实。至于补签合同的日期或期限的混乱、冲突问题，可以通过在补签合同中明确约定具体的合同起止日期的方式来降低风险。

七、与缔约过失有关的法律风险

《中华人民共和国民法典》第五百条规定："当事人在订立合同过程中有下

列情形之一，造成对方损失的，应当承担赔偿责任：（一）假借订立合同，恶意进行磋商；（二）故意隐瞒与订立合同有关的重要事实或者提供虚假情况；（三）有其他违背诚信原则的行为。"

本条是关于缔约过失责任的规定。诚实信用是民法典的基本原则，缔约过失责任实际上是合同当事人违反诚实信用原则，不履行先合同义务，进行恶意磋商，欺诈或实施其他不诚信行为，而造成对方信赖利益损失所应承担的民事责任。

但缔约过失责任不同于违约责任。缔约过失责任和违约责任的主要区别在于以下几方面：

（1）性质不同。缔约过失责任一般因合同不成立、无效或被撤销而产生；而违约责任是以有效合同的存在为前提，是因违反有效合同而产生。

（2）时间不同。缔约过失责任一般发生在合同订立过程中；而违约责任发生在合同成立并生效后。

（3）赔偿范围不同。缔约过失责任所赔偿的是合同当事人因合理的信赖所造成的损失，赔偿的是信赖利益；而违约责任赔偿的是期待利益，是合同正常履行所可以获得的利益。

参考案例： 合同无效后，信赖利益损失，包括直接损失和间接损失，但不包括履行利益损失

2000年4月1日，王某与某村村民委员会签订了砖厂承包合同书，约定村委会将村里一窑厂承包给王某，承包期限为5年，窑厂所需土源由村委会提供，用地手续由村委会负责办理。每年的承包费2万元整。该合同后附有一图纸，明确了窑厂取土的具体位置。合同签订当天，王某向村委会预交第一年的承包费2万元整。合同签订后，王某开始修建砖窑，并购买了相关设备。后村委会向当地土地矿产管理局申请办理用地手续时被告知，约定取土之土地为耕地，并在基本农田保护区内，故村委会的申请未被批准。双方因此发生纠纷，王某遂向法院提起诉讼，要求村委会返还承包费2万元，并赔偿损失80万元，具体

包括：①修建砖窑的费用 5 万元；②因提供不出成品砖，需要向第三方支付的违约金 3 万元；③购买制砖设备费用 22 万元；④承包期内砖厂可得的经营利润 50 万元。诉讼中，一审法院委托当地物价局对涉案砖厂经营收入进行资产价值认定，该局认定涉案砖厂在正常情况下，扣除所有费用每年经营利润为 8 万元。

一审法院审理后，判决村委会承担 70% 的损失共计 49 万元，其中包括向第三方支付的违约金、预期经营利润损失的 70%，后村委会提起上诉。

二审法院经审理认为，合同无效后，若一方当事人对合同无效存在过错，并因此给对方当事人造成损失的，过错方应基于缔约过失行为赔偿对方的损失，但所赔偿损失限于信赖利益包括直接损失和间接损失，不包括在合同有效情形下通过履行可获得利益。在合同无效情形下，王某请求的经营利润损失实际上是涉案合同有效并实际履行后王某可获得的履行利益，在本案合同无效情形下，不应得到支持；王某修建砖窑和购买设备均系为履行案涉合同由此支出费用均属于准备履约费用，为"所受损害"，应得到赔偿；王某因不能提供成品砖而向第三方交纳的 3 万元违约金，系因王某相信案涉合同有效而与第三方签订供货合同而产生若恢复至案涉合同签订之前则不会存在此损失，故亦属"所受损害"应得到赔偿；王某为履约购买制砖设备，花费 22 万元，虽然合同被认定无效，但其所购买设备仍可用于其他合同，即设备价值并未因该合同无效而全部丧失，故可按设备购买价格与实际闲置时间等因素酌定 5 万元赔偿数额。因双方对合同无效均存在过错，村委会对此应承担主要责任，即 70% 的责任。判决村委会返还王某建砖窑费用 5 万元、向第三方支付违约金 3 万元、设备折旧费 5 万元，共 13 万元的 70%，即 9.1 万元。

八、与合同条款语言有关的风险

（一）合同条款存在歧义

合同条款存在歧义，是指合同条款表达了两种或两种以上的不同意思。具体来说，就是当同一合同条款被不同人阅读时，可能会得出两种以上的不同理解或解释，此时，该合同条款就是存在歧义的合同条款。

常见造成合同条款歧义的原因，分为以下几类。

1. 词语因素引起的歧义

（1）使用含义模糊的词语

这种歧义是因使用某些自身含义模糊的词语产生。

比如，使用"实质性""最大努力""及时"等语义模糊，无法界定准确含义的词语。在合同条款中如果约定"在本合同签订后，甲方应及时向乙方支付货款"，这里的"及时"就属于含义模糊，究竟合同签订后多长时间支付货款算及时，是间隔几个小时，还是间隔几天。再比如，使用高、矮、胖、瘦之类无法量化的词语，而不直接用具体的度量数字米、公斤来表示。

（2）使用具有两种以上含义的多义词

某些汉字或词语虽然其含义是确定的，却具有两种以上的含义。在起草和审查合同时，如果使用了此类多义词，且未对该词语在本合同中使用时所特指的具体含义进行说明，就容易引起歧义。

比如，"今收到甲方送纸 100 张"，"送"这个字，至少包含以下两种意思：一种意思是，把东西从一个地方带到另外一个地方；另一种意思是，赠送。这里的"送纸"就容易引起歧义，究竟是指送来的纸，还是指赠送的纸。

再比如，"甲方向乙方支付报酬 1 000 元，包伙食费和住宿费"，"包"这个字，至少包含以下两种含义：一种意思是，容纳在内、包括；另一种意思是，总揽、负全责。这里的"包伙食费和住宿费"究竟是指报酬包含了伙食费和住宿费，还是指甲方除支付报酬外，还应负责伙食费和住宿费。

（3）词语指代不明

当前面存在多个主语或多种情况时，使用"其""前述""上述"等词语来指代时，容易产生指代不明的歧义。

比如，"甲方、乙方或其代理人违反约定的"，这里的"其"仅指乙方的代理人，还是既指甲方的代理人，也指乙方的代理人。

再比如，"每月租金 10 000 元，该居间服务费由甲方承担"，这里"该"字的使用就容易产生歧义，究竟居间服务费的数额与租金数额相等，还是居间服务费的数额另有约定。

2. 语法因素引起的歧义

（1）主语不明

当一个句子存在多个主体，且主体之间用"和""或"连接时，容易导致主语不明。

比如，"甲方和乙方的母公司应在本合同上盖章确认"，这句话就存在歧义，如果甲方和乙方都存在母公司的情况下，究竟是乙方的母公司在本合同上盖章确认即可，还是甲方的母公司和乙方的母公司均需在本合同上盖章确认。为避免歧义，其实可以更为直接地表述为"甲方的母公司和乙方的母公司应在本合同上盖章确认"。

（2）宾语不明

当一个句子存在两个受动对象，且两个受动对象之间用"和""或"连接时，容易导致宾语不明确。

比如，"丙方应通知甲方和乙方的股东"，这句话就存在歧义，丙方究竟是应及时通知"甲方"和"乙方的股东"，还是应及时通知"甲方的股东"和"乙方的股东"。

（3）主语和宾语均不明确

主语和宾语均不明确，一般多发生在句子主体为两个以上，受动的对象也为两个以上，且用"和""或"连接时。

比如，"甲方和乙方应通知丙方和丁方"。究竟是甲方和乙方作为一个整体通知作为一个整体的丙方和丁方，还是甲方和乙方应当各自分别通知到丙方和丁方个人。

（4）修饰关系不明确

当修饰语的对象为两个以上时，容易导致修饰关系不明确。

比如，"甲方应向乙方提供价值500元以下的鞋子和裤子"。此时，定语"价值500元以下的"的修饰对象是谁，甲方应向乙方提供的究竟是"价值500元以下的鞋子"和"裤子"，还是"价值500元以下的鞋子"和"价值500元以下的裤子"。为避免歧义，可以将带修饰语的对象放在最后，表述为："甲方应向乙方提供裤子和价值500元以下的鞋子。"

（5）缺少关键句子成分

虽然合同语言要求简单、精练，但如果过于简单和精练，以致缺少了某些关键的句子成分，将会使句子产生歧义。

比如，"租期3年，租金每年为30 000元，一次性付清"。究竟一次性付清的是3年租金，还是一年租金。这个句子可以通过添加"主语"或者"宾语"来消除歧义，修改为："3年租金一次性付清"或者"一次性付清3年租金"。

3. 标点符号引起的歧义

标点符号的正确使用对于准确表达句子的意思起到至关重要的作用，句子使用的标点符号不同，所传达的意思也不同。在合同起草和审查中，经常用到的标点符号主要有：句号、逗号、顿号、分号、冒号、引号、书名号和括号。标点符号使用不当，将会使合同条款产生歧义。

比如，合同约定："租赁期满后，家电（冰箱、电视）归乙方所有"，这里的家电是仅指冰箱和电视，还是不仅包含冰箱和电视，也包括其他家电，就容易产生歧义。一种意见认为，括号是对前面内容的注释，因此，家电仅是指冰箱和电视；另一种意见认为，括号虽然是对前面内容的注释，但这里注释是家电的类别，即家电是指与冰箱和电视性质类似的大型家电，但并没有排除其他类似的大型家电，排除的是剃须刀等小型家电。

因此，在起草和审查合同时，应正确使用标点符号，避免类似的歧义。

参考案例： 因顿号是选择还是并列关系产生歧义，应作出不利于格式条款提供一方的解释

2018 年 4 月间，柏洋乡政府作为招标人，通过招标代理机构福建某工程管理有限公司发布霞浦县柏洋乡 Y912 福塔线福寿亭至塔后公路改建工程招标文件。发布的招标文件中"投标人须知"第 3.4.4 条规定"反映投标文件个性特征的内容（含编制文件机器码、上传投标文件的 Mac 地址）出现明显雷同，视为投标违约行为"。投标保证金提交的金额：26 万元。

新海鑫公司通过其下属霞浦聚金分公司（坐落于霞浦县××街道××路××号××层）制作投标文件，并通过霞浦聚金分公司网卡 Mac 地址发送电子文档，并于 2018 年 5 月 29 日 15：21，通过新海鑫公司基本账户中国农业银行股份有限公司寿宁县支行转款 26 万元至霞浦县农村社会服务联动中心账户，并备注系柏洋乡政府招标的案涉工程投标保证金。另一参与投标的中济路桥（福建）有限公司租住在霞浦县××街道××路××号××层，有通过霞浦聚金分公司网卡 Mac 地址发送该工程招投标电子文档。

2018 年 5 月 31 日，霞浦县柏洋乡 Y912 福塔线福寿亭至塔后公路改建工程项目由四川宸源建筑工程有限责任公司中标。同日招标代理公司福建某工程管理有限公司发出"中标候选人公示"，公示内容第 4 点否决投标的情况说明，新海鑫公司未中标被否决投标的原因及依据：未有证据显示投标人以他人名义投标、与他人串通投标、以非法手段谋取中标；备注：与中济路桥（福建）有限公司 Mac 地址相同。

后双方因投标保证金是否因新海鑫公司违约应被没收产生争议，新海鑫公司向法院起诉请求：依法判令柏洋乡政府退还其工程投标保证金 26 万元并支付利息。

一审法院认为，因其他公司使用新海鑫公司分公司 Mac 地址发送邮件，没有影响到柏洋乡政府的招标，未中标的理由也未提新海鑫公司有违法、违规的情形；新海鑫公司对于其他公司使用其分公司 Mac 地址发送邮件也作了说

明，新海鑫公司虽未履行注意义务有瑕疵，但不足以造成基本违约，柏洋乡政府以新海鑫公司违反招投标合同约定占有招投标保证金，依据亦不足。故判决柏洋乡政府返还保证金及利息，后柏洋乡政府提起上诉。

二审法院认为，首先，本案涉案工程是霞浦县柏洋乡 Y921 福塔线福寿亭至塔后公路改建工程，应当按照交通行政监管部门对公路工程招投标规范的要求进行招投标。福建省交通厅闽交建〔2019〕3 号《福建省交通运输厅关于进一步强化公路水运工程招投标监管和省级补助资金审核工作的通知》第三条第（一）项关于"进一步强化处理问责"规定，对不同投标人的电子投标文件上传计算机的网卡 Mac 地址、CPU 序列号和硬盘序列号硬件信息均相同的（开标现场上传电子投标文件的除外），招标人应当没收投标保证金。该规定判断网上投标违法违规的标准是"电子投标文件上传计算机的网卡 Mac 地址、CPU 序列号和硬盘序列号硬件信息均相同的"，符合该情形的，投标保证金予以没收。被上诉人的电子投标文件只有发送电子文档的网卡 Mac 地址与中济路桥（福建）有限公司发送电子文档的网卡 Mac 地址雷同，不符合福建省交通厅对电子投标行为人是否违法违规的判断标准。其次，《霞浦县柏洋乡 Y921 福塔线福寿亭至塔后公路改建工程》招标公告"投标人须知"第 3.4.4 条关于"投标保证金不予退还的情形"载明"反映投标文件个性特征的内容（含编制文件机器码、上传投标文件的 Mac 地址）出现明显雷同"。上诉人认为没收投标保证金的条件为只要出现"编制文件机器码、上传投标文件的 Mac 地址"之一明显雷同即可，被上诉人则认为必须是"编制文件机器码、上传投标文件的 Mac 地址"均雷同的，才可没收投标保证金。由于该条内容的表述存在两种理解且该条款为上诉人预先拟定的格式条款，根据《中华人民共和国合同法》第四十一条（现为《中华人民共和国民法典》第四百九十八条）规定，应当作出不利于提供格式条款一方即上诉人方的解释，即编制文件机器码和上传投标文件的 Mac 地址均雷同的方为反映投标文件个性特征的内容出现明显雷同而没收投标保证金。再次，投标保证金的目的是规范招投标行为，遏制工程招投标过程中的违法违规行为。招标代理公司福建某工程管理有限公司发出"中标候选人公示"内容第 4 点对被上诉人公司未中标被否决投标的原因及依据为："未有证据显示投标人以他人名义投标、与他人串通投标、以非法手段谋取中标；备注：与中济路桥（福建）有限公司 Mac 地址相同"。在没有其他证据证明被上诉人以他人名义投标、与他人串通投标、以非法手段谋取中标的情况下，上诉人仅以"上传投标文件的 Mac 地址雷同"而没收投标保证金，不符合投标保证金的设立目的。综前所述，上诉人对此提出的上诉理由依据不足，不予采纳。上诉人应当返还被上诉人投标保证金。

——福建省宁德市中级人民法院（2020）闽 09 民终 1342 号

（二）合同条款过于概括

合同条款过于概括是指合同条款的内容不够具体，通过阅读合同的条款，无法直接判定合同条款所指向的目标或适用的情形。

比如，买卖合同约定标的物为"美的，电饭锅"，但并没有写明具体电饭锅的型号等具体信息，由于美的厂家有很多种不同型号的电饭锅。通过双方的约定，无法直接指向双方所要交易的标的物。

再比如，合同约定"甲方应为乙方提供家具"，"家具"本身是一个高度概括性的词汇，这里"家具"的具体内容是什么，是仅指床、柜、桌、椅，还是包括其他家里使用的器具。"甲方应为乙方提供家具"可以修改为："甲方应为乙方提供家具，具体包括：床、柜、桌、椅……"在使用概括性的词汇时，应对该概括性词汇的具体内容进行说明，避免引发纠纷。

（三）合同条款之间冲突

合同条款冲突是指合同条款之间相互矛盾，合同条款的意思相互不一致。合同条款冲突既可能发生在同一份合同中，也可能发生在同一日签订的多份合同之间。

　　比如，在签订的房屋买卖合同中，三方约定"自丙方（中介方）通知之日起3日内办理过户手续"，而买卖双方在同一日签订的房屋买卖合同中又约定为"自合同签订之日起90日内办理过户手续"。两份同一天签订的合同，对过户时间的约定相互不一致，导致买卖双方产生分歧。

　　在起草和审查合同时，一定要注意合同条款之间，不同合同之间是否存在冲突，避免此类冲突。

第五章

合同无效、被撤销的法律风险

合同无效是指已经成立的合同，因其缺乏生效要件而不产生法律上的约束力。合同被撤销是指已经生效的合同，因合同当事人意思表示不真实或意思表示存在瑕疵，而被撤销归于消灭。合同无效或被撤销，都将给合同当事人带来巨大的法律风险。

第一节　合同或合同条款无效的法律风险

《中华人民共和国民法典》第五百零八条规定："本编（合同编）对合同的效力没有规定的，适用本法第一编第六章的有关规定。"即关于合同的效力，除了《中华人民共和国民法典》合同编另有规定外，应适用《中华人民共和国民法典》第一编第六章关于民事法律行为效力的规定。《中华人民共和国民法典》第一百四十三条规定，"具备下列条件的民事法律行为有效：（一）行为人具有相应的民事行为能力；（二）意思表示真实；（三）不违反法律、行政法规的强制性规定，不违背公序良俗。"该条规定了民事法律行为有效的三个要素。总的来说，合同无效的法律风险主要体现在以下几个方面：

一、行为人缺乏相应的民事行为能力导致合同无效

1. 无民事行为能力人签订的合同

无民事行为能力人主要是指，不满 8 周岁的未成年人，以及不能辨认自己

行为的成年人和其他未成年人。无民事行为能力人欠缺签订合同的民事行为能力。因此，此类合同为无效合同。

2. 限制民事行为能力人签订与其民事行为能力不相适应的合同

限制民事行为能力人主要是指，8 周岁以上的未成年人，以及不能完全辨认自己行为的成年人。限制民事行为能力人签订的与其年龄、智力、精神健康状况不相适应的合同，且未经法定代理人代理或事后追认的，此类合同为无效合同。

二、以虚假意思表示签订的合同

《中华人民共和国民法典》第一百四十六条规定："行为人与相对人以虚假的意思表示实施的民事法律行为无效。以虚假的意思表示隐藏的民事法律行为的效力，依照有关法律规定处理。"

具体到合同来说，主要是指所谓的"阴阳合同"，即以表面合法的形式，来掩盖真实的非法目的。

比如，在房屋买卖合同中，合同当事人为达到违法逃税的目的，网签时，在登记备案的网签合同里约定一个较低房价，即所谓的"阳合同"。但在非登记备案的交易合同里，约定双方真实的交易房价，该真实交易房价高于登记备案合同里的房价，即所谓的"阴合同"。当网签合同的价格与交易合同的价格不一致时，"阳合同"（虚假的意思表示）往往会被认定为无效合同，而根据"阴合同"（隐藏的民事法律行为）约定的价格来认定交易的价格。

《最高人民法院关于适用〈中华人民共和国民法典〉合同编通则若干问题的解释》（法释〔2023〕13 号）第十四条对此作出了更为详细的规定，该条规定：

"当事人之间就同一交易订立多份合同，人民法院应当认定其中以虚假意思表示订立的合同无效。当事人为规避法律、行政法规的强制性规定，以虚假意思表示隐藏真实意思表示的，人民法院应当依据是否违反效力性的强制性规定来认定被隐藏合同的效力。

当事人为规避法律、行政法规关于合同应当办理批准等手续的规定，以虚假意思表示隐藏真实意思表示的，人民法院应当依据民法典第五百零二条第二款关于报批手续是否影响合同生效的规定来认定被隐藏合同的效力。依据前款规定认定被隐藏合同无效或者确定不发生效力的，人民法院应当以被隐藏合同为事实基础，依据民法典第一百五十七条关于合同无效或被撤销后法律责任的规定来确定当事人的民事责任。但是，法律另有规定的除外。

当事人就同一交易订立的多份合同均系真实意思表示，且不存在其他影响合同效力情形的，人民法院应当在查明各合同成立先后顺序和实际履行情况的基础上，认定合同内容是否发生变更。法律、行政法规禁止变更合同内容的，人民法院应当认定合同的相应变更无效。"

三、违反法律、行政法规的强制性规定或公序良俗的合同

《中华人民共和国民法典》第一百五十三条规定：

"违反法律、行政法规的强制性规定的民事法律行为无效。但是，强制性规定不导致该民事法律行为无效的除外。违背公序良俗的民事法律行为无效。"

具体到合同来说，主要是指违反法律、行政法规的强制性规定的合同和违背公序良俗的合同，这两类合同为无效合同。

关于违反法律、行政法规效力性强制性规定的内容，在法律对合同效力影响一节已经详细阐述，在此不赘述。

公序良俗，主要是指公共秩序和善良风俗。那么，究竟什么情形属于违反公序良俗呢？《最高人民法院关于适用〈中华人民共和国民法典〉合同编通则若干问题的解释》（法释〔2023〕13号）第十七条对此作出了明确的规定，该条规定："合同虽然不违反法律、行政法规的强制性规定，但是有下列情形之一，人民法院应当依据民法典第一百五十三条第二款关于公序良俗的规定认定合同无效：

（一）合同影响政治安全、经济安全、军事安全等国家安全的；

（二）合同影响社会稳定、公平竞争秩序或者损害社会公共利益等违背社会公共秩序的；

（三）合同背离社会公德、家庭伦理或者有损人格尊严等违背善良风俗的。

人民法院在认定合同是否违背公序良俗时，应当以社会主义核心价值观为导向，综合考虑当事人的主观动机和交易目的、政府部门的监管强度、一定期限内当事人从事类似交易的频次、行为的社会后果等因素，并在裁判文书中充分说理。当事人确因生活需要进行交易，未给社会公共秩序造成重大影响，且不影响国家安全，也不违背善良风俗的，人民法院不应当认定合同无效。"

参考案例： 违背公序良俗的协议无效

2008 年 11 月 27 日，张某与张某某订立协议。双方约定：张某出资 70 万元，以张某某名义购买杭州市的某房产，该房产的按揭余款由张某支付。张某某自愿做张某的情人，如果张某某违反承诺，则应退还张某已经支付的 70 万元及按揭款。如果张某提出解除与张某某的情人关系，则张某某有权不退还张某已经支付的 70 万元以及按揭款。2009 年 2 月 9 日，张某将张某某诉至杭州市萧山区人民法院，要求确认双方之间的协议无效，要求张某某归还借款 70 万元。

法院经审理认为，张某与张某某之间订立的协议违反了法律规定和公序良俗，损害了社会公德，破坏了公共秩序，应属无效行为。

——浙江省杭州市中级人民法院，（2009）浙杭商终字第 1138 号

四、损害他人合法利益的合同

《中华人民共和国民法典》第一百五十四条规定：

"行为人与相对人恶意串通，损害他人合法权益的民事法律行为无效。"具体到合同而言，主要是指合同双方当事人恶意串通，为损害他人合法权益而签订的合同，此类合同为无效合同。

但究竟什么是恶意串通？主张恶意串通一方的当事人应当举证到何种程度

呢？《最高人民法院关于适用〈中华人民共和国民事诉讼法〉的解释（2022 年修订）》第一百零九条规定：

"当事人对欺诈、胁迫、恶意串通事实的证明，以及对口头遗嘱或者赠与事实的证明，人民法院确信该待证事实存在的可能性能够排除合理怀疑的，应当认定该事实存在。"根据此规定，主张恶意串通一方的当事人应当举证到排除合理怀疑的程度，这个证明标准是非常高的。

此后，《最高人民法院关于适用〈中华人民共和国民法典〉合同编通则若干问题的解释》（法释〔2023〕13 号）第二十三条规定：

"法定代表人、负责人或者代理人与相对人恶意串通，以法人、非法人组织的名义订立合同，损害法人、非法人组织的合法权益，法人、非法人组织主张不承担民事责任的，人民法院应予支持。法人、非法人组织请求法定代表人、负责人或者代理人与相对人对因此受到的损失承担连带赔偿责任的，人民法院应予支持。

根据法人、非法人组织的举证，综合考虑当事人之间的交易习惯、合同在订立时是否显失公平、相关人员是否获取了不正当利益、合同的履行情况等因素，人民法院能够认定法定代表人、负责人或者代理人与相对人存在恶意串通的高度可能性的，可以要求前述人员就合同订立、履行的过程等相关事实作出陈述或者提供相应的证据。其无正当理由拒绝作出陈述，或者所作陈述不具合理性又不能提供相应证据的，人民法院可以认定恶意串通的事实成立。"

根据该条司法解释的规定，涉及恶意串通认定的问题，要先根据法人、非法人组织的举证证据判断法定代表人、负责人或者代理人与相对人是否存在恶意串通的高度盖然性，如果存在，再由前述人员就合同订立、履行的过程等相关事实作出陈述或者提供相应的证据，如果不能提供证据或陈述不合理的，可以认定恶意串通成立。实际上，该条将排除合理怀疑和高度盖然性的标准有机结合起来了，不再要求主张恶意串通一方必须证明到排除合理怀疑的程度，只要能证明存在恶意串通的高度盖然性，举证责任就转移到对方，由对方对不存在恶意串通提供证据或进行合理解释，如果不能提供证据或陈述不合理的，再认定恶意串通的成立。在主张恶意串通一方和对方当事人之间合理进行了举证责任的分配，有利于更有效地规制恶意串通行为。

比如，在最高人民法院（2012）民四终字第1号一案中，受让人明知转让人负有巨额债务，仍低价购买资产，构成恶意串通，损害第三人利益，转让协议无效。最高人民法院认为，关于福建金某公司、田某公司、汇某源公司相互之间订立的合同是否构成"恶意串通，损害第三人利益"的合同。

首先，福建金某公司、田某公司在签订和履行"国有土地使用权及资产买卖合同"的过程中，其实际控制人之间系亲属关系，且柳某、王某某夫妇分别作为两公司的法定代表人在合同上签字。因此，可以认定在签署以及履行转让福建金某公司国有土地使用权、房屋、设备的合同过程中，田某公司对福建金某公司的状况是非常清楚的，对包括福建金某公司在内的金某集团因"红豆事件"被仲裁裁决确认对嘉某公司（第三人）形成1 337万美元债务的事实是清楚的。

其次，"国有土地使用权及资产买卖合同"订立于2006年5月8日，其中约定田某公司购买福建金某公司资产的价款为2 569万元，国有土地使用权作价464万元、房屋及设备作价2 105万元，并未根据相关会计师事务所的评估报告作价。一审法院根据福建金某公司2006年5月31日资产负债表，以其中载明固定资产原价44 042 705.75元、扣除折旧后固定资产净值为32 354 833.70元，而"国有土地使用权及资产买卖合同"中对房屋及设备作价仅2 105万元，认定"国有土地使用权及资产买卖合同"中约定的购买福建金某公司资产价格为不合理低价是正确的。在明知债务人福建金某公司欠债权人嘉某公司巨额债务的情况下，田某公司以明显不合理低价购买福建金某公司的主要资产，足以证明其与福建金某公司在签订"国有土地使用权及资产买卖合同"时具有主观恶意，属恶意串通，且该合同的履行足以损害债权人嘉某公司的利益。

最终，认定该转让协议无效。

五、无效的免责合同条款

《中华人民共和国民法典》第五百零六条规定："合同中的下列免责条款无效：（一）造成对方人身损害的；（二）因故意或者重大过失造成对方财产损失的。"

对于此类合同，并不因其包含无效的免责条款而导致整个合同无效，只能导致相关条款无效，并不影响合同其他条款的效力。

比如，斗酒双方约定：自愿喝酒，后果自负。这种后果自负的约定就是无效的免责条款，如果一方因喝酒过度造成伤害的，喝酒的双方则需要按照各自的过错程度来承担责任。

六、无效的格式条款

《中华人民共和国民法典》第四百九十七条规定：

"有下列情形之一的，该格式条款无效：

（一）具有本法第一编第六章第三节和本法第五百零六条规定的无效情形；

（二）提供格式条款一方不合理地免除或者减轻其责任、加重对方责任、限制对方主要权利；

（三）提供格式条款一方排除对方主要权利。"

但格式条款无效，并不会影响整个合同的效力，合同的其他条款仍然有效。

而对于格式条款能否通过约定否认，以及格式条款提供一方应尽到什么程度的提示和说明义务的问题，《最高人民法院关于适用〈中华人民共和国民法典〉合同编通则若干问题的解释》（法释〔2023〕13号）第九条规定："合同条款符合民法典第四百九十六条第一款规定的情形，当事人仅以合同系依据合同示范文本制作或者双方已经明确约定合同条款不属于格式条款为由主张该条款不是格式条款的，人民法院不予支持。

从事经营活动的当事人一方仅以未实际重复使用为由主张其预先拟定且未与对方协商的合同条款不是格式条款的，人民法院不予支持。但是，有证据证明该条款不是为了重复使用而预先拟定的除外。"

该解释第十条规定："提供格式条款的一方在合同订立时采用通常足以引起对方注意的文字、符号、字体等明显标识，提示对方注意免除或者减轻其责任、排除或者限制对方权利等与对方有重大利害关系的异常条款的，人民法院可以认定其已经履行民法典第四百九十六条第二款规定的提示义务。

提供格式条款的一方按照对方的要求，就与对方有重大利害关系的异常条款的概念、内容及其法律后果以书面或者口头形式向对方作出通常能够理解的解释说明的，人民法院可以认定其已经履行民法典第四百九十六条第二款规定的说明义务。

提供格式条款的一方对其已经尽到提示义务或者说明义务承担举证责任。对于通过互联网等信息网络订立的电子合同，提供格式条款的一方仅以采取了设置勾选、弹窗等方式为由主张其已经履行提示义务或者说明义务的，人民法院不予支持，但是其举证符合前两款规定的除外。"

第二节　合同被撤销的法律风险

本节主要讨论因合同当事人意思表示存在瑕疵而导致合同可能被撤销的法律风险，主要包括：基于重大误解订立的合同、以欺诈的手段订立的合同、以胁迫的手段订立的合同和显失公平的合同。

一、基于重大误解签订的合同

《中华人民共和国民法典》第一百四十七条规定："基于重大误解实施的民事法律行为，行为人有权请求人民法院或者仲裁机构予以撤销。"

因此，基于重大误解签订的合同，合同当事人有权请求人民法院或者仲裁机构予以撤销。"重大误解"主要是指行为人因对行为的性质、对方当事人、标的物的品种、质量、规格和数量等产生错误认识，使行为的后果与自己的意思相悖，并造成了较大的损失。

参考案例：对于房屋是否为"满5年唯一住房"产生重大误解的，合同可撤销

2013年3月16日，任某（买受人）与吴某（出卖人）在某家公司的居间服务下签订"北京市存量房屋买卖合同"，约定房屋成交价187万元，该房家具、家电、装修及配套设施作价58万元；买受人在合同签订时给付定金5万元。同时，任某、吴某在某家公司出示的"房地产经纪服务事项告知书"上签字确认，该告知书载明："涉案房屋为出售人家庭名下的唯一住房，且房产证已满5年。"

2013年4月21日，任某（乙方）与吴某（甲方）、某家公司（丙方）签订补充协议，同日，任某给付首付款119万元，后在办理房屋过户手续时，得知吴某名下另有一套住房，按照国家政策调控需要缴纳个人所得的20%税款，各方对此进行协商，但未能达成一致意见，形成诉讼。

另查明：2011年12月，吴某购买位于大兴区团河××地块8号住宅楼4层4单元402号房屋。在就涉案房屋签订买卖合同前，吴某向某家公司告知了前述房屋情况，某家公司通过内部系统进行审核，显示截至2013年3月12日，吴某名下只有一套住房。但吴某、某家公司未将上述情况告知任某。任某起诉要求撤销合同。

法院经审理认为，行为人因对行为的性质、对方当事人、标的物的品种、质量、规格和数量等的错误认识，使行为的后果与自己的意思相悖，并造成较大损失的，可以认定为重大误解。根据已查事实，吴某在与任某签订"北京市存量房屋买卖合同"前，虽已向某家公司表明其名下有两套住房，但两者均未将该情况告知任某，且某家公司出示的"房地产经纪服务事项告知书"明确写

明涉案房屋为吴某名下已满 5 年且唯一住房，致使任某认为可以免征 20% 的差额税款。现因涉案房屋并非出卖人的唯一住房，按国家政策调控需要缴纳个人转让住房所得的 20% 税款，而合同约定税费由任某负担，客观上对当事人在房屋交易中的权利、义务产生了一定的影响。由此，法院认为，任某与吴某所签的"北京市存量房屋买卖合同"，存在民法规定的重大误解情形，应予撤销……

——北京市丰台区人民法院，（2013）丰民初字第 10504 号

参考案例：对"文物、古董"的年代产生误判，不属于重大误解

原告路某与被告胡某于 2010 年 10 月经朋友薛某介绍相识，后原告通过网络将西方三圣铜佛像的图片发给被告观看。次年 1 月，被告与薛某一同至原告家中验看实物并洽谈交易事宜，其间，被告另看上原告家中的碧玉千手观音佛像。双方最终商定，碧玉千手观音佛像交易价为 70 万元，西方三圣铜佛像交易价为 60 万元（20 万元/尊），合计 130 万元。被告当即付款 10 万元，余款 120 万元由被告向原告出具欠条。被告将四尊佛像运回南京，但未按约定给付余款，后原告向法院起诉要求被告支付剩余款项，被告认为对四尊佛像产生重大误解，应予撤销。

另查明：在交易过程中，薛某曾向被告介绍三尊铜佛像是明代的物件，碧玉千手观音佛像材质是碧玉且是唐代的物件。在薛某向被告作介绍时原告并不在场，且原告从未向被告介绍或承诺四尊佛像的年代。诉讼中，原告也自认千手观音佛像是碧玉材质。

再查明，诉讼中，被告申请对三尊铜佛像制作年代及碧玉千手观音佛像的材质和制作年代进行鉴定。经北京某古玩字画鉴定中心鉴定，西方三圣铜佛像质地均为黄铜，碧玉千手观音佛像质地为大理石，上述四尊佛像结论均为现代。

法院经审理认为，首先，原、被告均系民间收藏爱好者，交易的四尊佛像属艺术品范畴，其制作年代及品质等并未经相关权威机构或专家的鉴定，即使

鉴定，亦非绝对，故双方均应明知佛像的制作年代及内在品质等存在很大程度的不确定性。

其次，该类商品具有一定的特殊性，在交易中，双方系实物交易，作为出让者的原告方，法律要求其不得欺诈、诈骗，而无须、也不可能对商品的产地、性能、质地、年代等作详细而确切的说明，客观上原告对商品的认识程度也仅是凭借其自身的认知能力予以鉴别，并无权威的结论。原告的出让行为及报价应是基于其本人对标的物品质的认识，并承担相应的风险。同理，作为被告的买受者在交易时也应凭借自身积累的知识，通过对实物的鉴赏从而得出自己的评判结论，并承担相应的风险。

再次，该类商品主要是用于装饰、鉴赏，满足收藏者精神层面的某种需求，而不像粮食、布匹之类日用品那样重在物质消费价值，其交易价格往往是由收藏者或交易者个人对标的物的认可或喜好程度并同时参考市场认可度决定的，该类物品并无国家或行业指导价，不能以交易价格推断出双方订立的合同是否构成重大误解或显失公平。

最后，该类商品在交易中，双方均应持谨慎的交易态度，对于买受者的被告而言，其应凭借自身的认知能力，或采取向他人咨询、请教等方式，通过对实物的鉴赏分析，从而判断标的物的内在品质并决定是否交易，除非能够证明作为出让者的原告对标的物的制作年代、品质等明知而作出虚假的介绍、引导或承诺，否则法院实不能判令原告承担对标的物的保真责任，因为标的物之于原告而言也是市场流转中的过手之物。当然，有证据证明卖方明知而骗取钱财，其应由刑法规制，则另当别论。

本案争议的三尊铜佛像制作年代问题，因双方系实物交易，被告对其所买佛像的品质应有清楚的认知，原告并没有对佛像的制作年代作出介绍及承诺，故相应的交易风险应由被告自行承担。既长知识，也交学费，实属必然。故被告反诉主张其在订立合同时对西方三圣铜佛像制作年代产生了重大误解的诉请不成立。

——江苏省南京市白下区人民法院，（2011）白民初字第 2694 号

二、以欺诈手段签订的合同

《中华人民共和国民法典》第一百四十八条规定："一方以欺诈手段，使对方在违背真实意思的情况下实施的民事法律行为，受欺诈方有权请求人民法院或者仲裁机构予以撤销。"

第一百四十九条规定："第三人实施欺诈行为，使一方在违背真实意思的情况下实施的民事法律行为，对方知道或者应当知道该欺诈行为的，受欺诈方有权请求人民法院或者仲裁机构予以撤销。"

以欺诈手段签订的合同，包括两种情形：一种是，合同一方当事人以欺诈手段与对方当事人签订合同的，受欺诈的一方有权撤销合同；另一种是，因合同当事人之外第三人的欺诈行为，使合同一方当事人违背其意思签订合同，并且合同另一方当事人知道或应当知道该欺诈行为的，受欺诈的一方也有权要求撤销合同。

关于实施欺诈行为的第三人如何承担法律责任的问题，《最高人民法院关于适用〈中华人民共和国民法典〉合同编通则若干问题的解释》（法释〔2023〕13 号）第五条规定："第三人实施欺诈、胁迫行为，使当事人在违背真实意思的情况下订立合同，受到损失的当事人请求第三人承担赔偿责任的，人民法院依法予以支持；当事人亦有违背诚信原则的行为的，人民法院应当根据各自的过错确定相应的责任。但是，法律、司法解释对当事人与第三人的民事责任另有规定的，依照其规定。"

三、以胁迫手段签订的合同

《中华人民共和国民法典》第一百五十条规定："一方或者第三人以胁迫手段，使对方在违背真实意思的情况下实施的民事法律行为，受胁迫方有权请求

人民法院或者仲裁机构予以撤销。"

胁迫是指以给一方当事人的生命健康、荣誉、名誉、财产或者荣誉、名誉等造成损害为要挟，迫使合同当事人违背真实意思表示而签订合同。

需要注意的是，这里的胁迫行为，既可以由合同一方当事人实施，也可以由合同当事人以外的第三人实施，但无论哪种情形，受胁迫的一方当事人均有权撤销合同。

四、显失公平的合同

《中华人民共和国民法典》第一百五十一条规定："一方利用对方处于危困状态、缺乏判断能力等情形，致使民事法律行为成立时显失公平的，受损害方有权请求人民法院或者仲裁机构予以撤销。"

显失公平的构成要件是：

（1）一方存在危困状态或缺乏判断能力；

（2）另一方当事人利用了这种不利的情形，导致所签订合同的权利义务明显违反公平、等价有偿的原则。

需要注意的是，《中华人民共和国民法典》已将合同法中的显失公平和乘人之危（处于围困状态）两个撤销合同的理由合并为一个撤销理由，即显失公平。乘人之危情况下签订的合同，也必须达到显失公平时，处于不利地位的合同一方当事人才有权撤销合同。

而关于自然人"缺乏判断能力"如何认定的问题，《最高人民法院关于适用〈中华人民共和国民法典〉合同编通则若干问题的解释》（法释〔2023〕13号）第十一条规定："当事人一方是自然人，根据该当事人的年龄、智力、知识、经验并结合交易的复杂程度，能够认定其对合同的性质、合同订立的法律后果或者交易中存在的特定风险缺乏应有的认知能力的，人民法院可以认定该情形构成民法典第一百五十一条规定的'缺乏判断能力'。"关于法人"缺乏判断能力"的认定，可以根据法人订立合同的事项是否属于其经营范围、交易的复杂程度等方面来综合认定。

参考案例：交易价格与市场价格悬殊，并不当然构成显失公平

原告为某制纸（张家港）有限公司，被告为苏州某化工物资有限公司。2005 年 4 月 18 日，原告为试验新产品需要，向被告采购碳酸氢钠（小苏打），自 2005 年至 2008 年期间，原、被告先后进行碳酸氢钠 27 笔交易，单价为每千克 17 元或每千克 18 元，总货款 403 900 元。后原告以涉案碳酸氢钠（小苏打）明显高于市场价格为由请求法院撤销合同。在审理中，依原告申请，法院委托苏州市价格认证中心对本案所涉碳酸氢钠进行了价格鉴定。结论为：2005 年价格为每千克 1.6 元，2006 年价格为每千克 1.617 元，2007 年价格为每千克 1.55 元，2008 年价格为每千克 1.7 元，2009 年价格为每千克 1.6 元（上述价格未考虑每笔交易的实际成本、利润）。

法院经审理认为，认定显失公平可以从以下两个方面进行考察。一是考察合同对一方当事人是否明显不公平。公平原则的实质在于均衡合同双方当事人的利益。因此，对合同显失公平的认定应结合双方当事人权利义务是否对等、一方获得的利益或另一方所受损失是否违背法律或者交易习惯等方面综合衡量。同时，这种结果的不公平是在订约之时由合同的内容决定的，该合同一旦付诸履行，其结果将导致双方得到经济利益明显失衡，也就是说，评定双方权利义务是否显失公平，利益是否严重失衡，应以订立合同之时合约的内容为基础。

在原、被告双方多年的买卖过程中，双方均按约履行合同，虽双方约定的价格与市场价格存在差距，但是否双方的经济利益存在严重失衡也不是单纯依价格就可以认定，而应根据各种交易关系的具体情况加以认定，特别是要考虑到供求关系、价格的涨落、交易习惯、供应商的信誉、交易的成本等各种因素。本案中，价格鉴定结论也显示市场价格并未考虑交易的实际成本、利润等因素，且在市场经济环境下，制约价格的因素还有很多，尚不止上述两项，故难以仅凭双方成交价格与鉴定结论显示的市场价格存在差距，就认定双方经济

利益严重失衡。二是要考察合同订立中一方是否故意利用其优势或者对方轻率、没有经验。所谓利用优势，是指有利方利用其在经济上或其他方面的优势地位，使对方难以拒绝对其明显不利的合同条件。所谓没有经验，是指欠缺一般生活经验或者交易经验。显失公平的合同中，利益受损的一方往往因为无经验，或对合同的相关内容缺乏正确认识的能力，或者因为某种急迫的情况，并非出于真正的自愿而接受了对方提出的合同条件。

首先，从该合同的主体分析，双方的交易经验等是否明显失衡，一方是否比另一方有明显的交易优势。本案中，原告作为一家外资生产企业，被告是一家内资批发企业，就双方而言，在法律上是两个平等的企业法人，双方在缔约、交易时地位是平等的；而事实上，原告的经济实力和地位可能在某种程度上讲还优于被告，故不存在被告利用优势或地位不平等的情形。

其次，从合同的标的分析，合同中涉及的产品并无政府定价或者政府指导价格，原、被告双方交易的碳酸氢钠并非专营产品，也非紧俏商品，对该产品出售、购买并无限制或添加条件。原告提供的报价单等也说明了市场上也不是只有被告一家企业在经销碳酸氢钠，原告完全有条件充分了解该产品的市场行情和价格走势，且原告是合同的要约方，对此更应是熟知的，不存在处于劣势和缺乏经验的情形，签订的合同是双方真实意思的表示。

再次，从合同签订的过程来看，购买商品进行"询价""货比三家"是经营购销中的常识。本案中，从原告自己提供的网上产品报价、报价单证实，碳酸氢钠的市场价格是公开透明的，只要通过询价就能知道该产品的市场价格。作为一家成立于2003年1月24日的上规模的造纸企业，需要经常进行化工原料等造纸原料的采购，在已生产经营两年后，对采购原料、设备等应当具备的基本常识理应是了解和熟知的。双方所签订的合同均是由原告制作并盖章后交被告盖章的，合同中对货物名称、数量、价格，交货时间、方式，付款方式等表述简单明了，不存在不理解或不清楚的情形。

综上，原告（买方）有理由、有条件对货物的合理价值进行判断，没有理由过于依赖被告（卖方）。买方在订立合同时，有充分的选择权，完全可以作出有利于自己的选择。如果仅从结果判断价格过高就认定为显失公平的合同予以变更撤销，无疑会降低交易中买方的注意义务，加大交易的风险，不符合现代商法鼓励和促进交易的原则。仅凭结果对一方不利这一点是不能认定为显失公平的，因为并不存在一方利用优势或者对方没有经验之情形存在，不构成显失公平的合同。

——江苏省苏州市金阊区人民法院，（2009）金民二初字第 0486 号

五、合同撤销权行使相关的法律风险

合同当事人在享有撤销合同权利时，应当依法及时行使，如果不及时行使撤销权，将会导致撤销权的丧失。

《中华人民共和国民法典》第一百五十二条规定：

"有下列情形之一的，撤销权消灭：

（一）当事人自知道或者应当知道撤销事由之日起一年内、重大误解的当事人自知道或者应当知道撤销事由之日起九十日内没有行使撤销权；

（二）当事人受胁迫，自胁迫行为终止之日起一年内没有行使撤销权；

（三）当事人知道撤销事由后明确表示或者以自己的行为表明放弃撤销权。

当事人自民事法律行为发生之日起五年内没有行使撤销权的，撤销权消灭。"

根据该规定，显失公平和以欺诈手段签订合同的撤销权，应当自当事人知道或应当知道撤销事由之日起 1 年内行使。重大误解合同的撤销权应当自当事人知道或应当知道撤销事由之日起 90 日内行使。以胁迫手段签订的合同，当事人应当自胁迫行为终止之日起 1 年内行使。如果当事人未在前述规定期限内行使撤销权的，撤销权将消灭。如果自合同签订之日起 5 年后，合同当事人才知道撤销事由的，由于已经超过 5 年的最长保护期限，合同当事人的撤销权已经消灭，合同当事人不得撤销合同。

第三节　合同无效或撤销后的法律后果

《中华人民共和国民法典》：

第一百五十五条规定："无效的或者被撤销的民事法律行为自始没有法律约束力。"

第一百五十六条规定："民事法律行为部分无效，不影响其他部分效力的，其他部分仍然有效。"

第一百五十七条规定："民事法律行为无效、被撤销或者确定不发生效力后，行为人因该行为取得的财产，应当予以返还；不能返还或者没有必要返还的，应当折价补偿。有过错的一方应当赔偿对方由此所受到的损失；各方都有过错的，应当各自承担相应的责任。法律另有规定的，依照其规定。"

第五百零七条规定："合同不生效、无效、被撤销或者终止的，不影响合同中有关解决争议方法的条款的效力。"

第五百零八条规定："本编（合同编）对合同的效力没有规定的，适用本法第一编第六章的有关规定。"

根据上述规定，无效或被撤销的合同自始无法律约束力。合同无效或被撤销后，双方当事人应当互相返还因此取得的财产，不适合返还的，应当折价补偿，并按照各自的过错承担合同无效的责任。

已经依照无效合同或被撤销的合同办理了财产权利的变更登记或转移登记时，当事人能否因此主张合同有效？依据无效合同或被撤销合同，占用对方价款或报酬时，该价款或报酬的损失按照何种标准计算？对此，《最高人民法院关于适用〈中华人民共和国民法典〉合同编通则若干问题的解释》（法释〔2023〕13 号）第十三条规定："合同存在无效或者可撤销的情形，当事人以该合同已在有关行政管理部门办理备案、已经批准机关批准或者已依据该合同办理财产权利的变更登记、移转登记等为由主张合同有效的，人民法院不予支持。

该解释第二十五条规定：

"合同不成立、无效、被撤销或者确定不发生效力，有权请求返还价款或者报酬的当事人一方请求对方支付资金占用费的，人民法院应当在当事人请求的范围内按照中国人民银行授权全国银行间同业拆借中心公布的一年期贷款市场报价利率（LPR）计算。但是，占用资金的当事人对于合同不成立、无效、被撤销或者确定不发生效力没有过错的，应当以中国人民银行公布的同期同类存款基准利率计算。

双方互负返还义务，当事人主张同时履行的，人民法院应予支持；占有标的物的一方对标的物存在使用或者依法可以使用的情形，对方请求将其应支付的资金占用费与应收取的标的物使用费相互抵销的，人民法院应予支持，但是法律另有规定的除外。"

第六章

合同履行法律风险

合同履行是合同当事人按照合同约定全面履行合同义务的过程。合同履行是合同目的实现的重要环节，只有约定的合同得到全面的履行，合同当事人的意图和目的才能得以实现。但在合同交易过程中，由于各种原因，往往会出现一方当事人，甚至双方当事人不按照合同约定履行合同义务的情形，合同起草和审查人员只有充分了解合同履行过程中可能产生的法律风险，才能在起草和审查合同过程中设定有针对性的救济条款，有效避免或降低此类法律风险所造成的损失。

第一节　合同缺少基本条款时的履行

在订立合同时，各种原因使得订立的合同并不那么完美，可能会缺少一些关键性的基本条款。如，对质量或履行地点等内容没有约定。合同缺少基本条款，并不会导致合同不成立，也不会导致合同无法履行。缺少基本条款的合同仍是有效的合同，仍可以继续履行，但需要通过一定的原则和方法，对欠缺的合同条款进行填补。具体的原则和方法是由当事人事后协商或根据法律规定进行填补。

具体来说，当一份合同缺少某些基本、关键的条款时，应按照如下方法进行填补。

一、根据合同相关条款或交易习惯确定

当一份合同缺少某些基本、关键条款时，应由当事人协商，若当事人协商不成的，应根据合同相关条款或交易习惯确定。

《中华人民共和国民法典》第五百一十条规定："合同生效后，当事人就质量、价款或者报酬、履行地点等内容没有约定或者约定不明确的，可以协议补充；不能达成补充协议的，按照合同相关条款或者交易习惯确定。"

二、根据法律规定的原则进行漏洞填补

如果通过上述方式，仍无法确定欠缺的合同条款内容，则应根据法律规定的原则进行漏洞填补。

《中华人民共和国民法典》第五百一十一条规定，"当事人就有关合同内容约定不明确，依据前条规定仍不能确定的，适用下列规定：（一）质量要求不明确的，按照强制性国家标准履行；没有强制性国家标准的，按照推荐性国家标准履行；没有推荐性国家标准的，按照行业标准履行；没有国家标准、行业标准的，按照通常标准或者符合合同目的的特定标准履行。（二）价款或者报酬不明确的，按照订立合同时履行地的市场价格履行；依法应当执行政府定价或者政府指导价的，依照规定履行。（三）履行地点不明确，给付货币的，在接受货币一方所在地履行；交付不动产的，在不动产所在地履行；其他标的，在履行义务一方所在地履行。（四）履行期限不明确的，债务人可以随时履行，债权人也可以随时请求履行，但是应当给对方必要的准备时间。（五）履行方式不明确的，按照有利于实现合同目的的方式履行。（六）履行费用的负担不明确的，由履行义务一方负担；因债权人原因增加的履行费用，由债权人负担。"

第二节 合同抗辩权行使的法律风险

在合同履行过程中，根据合同一方的履行情况，另一方可行使抗辩权。抗辩权和请求权是相对的，抗辩权的行使意味着请求权就受到阻碍。但在行使抗辩权的时候，一定要充分考虑行使抗辩权的风险，确保抗辩权的行使具有充分、合理、合法的理由，且程序正当，避免因不当行使抗辩权而带来法律风险。

一、同时履行抗辩权

《中华人民共和国民法典》第五百二十五条规定："当事人互负债务，没有先后履行顺序的，应当同时履行。一方在对方履行之前有权拒绝其履行请求。一方在对方履行债务不符合约定时，有权拒绝其相应的履行请求。"

同时履行抗辩权，是指在双务合同中，如，买卖合同、租赁合同，若合同双方没有约定先后履行顺序且双方义务的履行具有牵连关系时，双方应同时履行，即俗话所说的"一手交钱，一手交货"。任何一方在履行义务前，无权要求另一方履行相应的义务。

需要注意的是，如果双方互负义务不对等，如，一方未履行的是主义务，另一方未履行的是从义务时，合同的主给付义务和从给付义务之间很可能会被认定为不存在同时履行的对等抗辩关系，合同当事人无法主张同时履行抗辩权。

《最高人民法院关于适用〈中华人民共和国民法典〉合同编通则若干问题的解释》（法释〔2023〕13号）第三十一条规定："当事人互负债务，一方以对方没有履行非主要债务为由拒绝履行自己的主要债务的，人民法院不予支持。但是，对方不履行非主要债务致使不能实现合同目的或者当事人另有约定的除外。当事人一方起诉请求对方履行债务，被告依据民法典第五百二十五条的规定主张双方同时履行的抗辩且抗辩成立，被告未提起反诉的，人民法院应当判决被告在原告履行债务的同时履行自己的债务，并在判项中明确原告申请强制执行的，人民法院应当在原告履行自己的债务后对被告采取执行行为；被告提起反诉的，人民法院应当判决双方同时履行自己的债务，并在判项中明确任何一方申请强制执行的，人民法院应当在该当事人履行自己的债务后对对方采取执行行为。"

二、先履行抗辩权

《中华人民共和国民法典》第五百二十六条规定："当事人互负债务，有先后履行顺序，应当先履行债务一方未履行的，后履行一方有权拒绝其履行请求。先履行一方履行债务不符合约定的，后履行一方有权拒绝其相应的履行请求。"

需要注意的是，关于先履行义务一方未履行的义务与后一方履行的义务是否需要具有对等性的问题，根据实践来看，主流观点认为是需要有对等性的。如果后履行义务一方仅以先履行义务一方未履行附随义务为由主张先履行抗辩权并拒绝履行主要合同义务的，可能不会得到法院支持。

对于当事人一方起诉请求对方履行债务，被告依据民法典第五百二十六条的规定主张原告应先履行的抗辩且抗辩成立的，由于先履行抗辩权的存在，人民法院应当驳回原告的诉讼请求，由原告先履行自己的义务，但是不影响原告履行债务后另行提起诉讼。

参考案例： 买方不能以卖方未开发票为由拒付货款，除非合同约定了先后顺序

原告为通某公司，被告为某钢公司。2012 年 12 月 11 日，原、被告双方签订了一份焦煤购销合同(合同编号×××煤-试供-27)，合同约定：由原告以单价 1 480 元/吨，向被告供应印尼洗煤 70 000 吨(以实际结算额为准)；数、

质量以 CCIC 商检结果按批次结算；原告办理商检报检并承担费用，商检报告原件送达被告后，被告按江船单船应付款的 80% 支付货款，全部货物发完后 5 日内双方完成结算，支付方式为 6 个月期银行承兑汇票。原告就×××煤-试供-27 号焦煤购销合同实际共向被告供应印尼煤 138 109.62 吨。本合同所涉及应付货款被告至今欠付金额为 58 581 609.82 元。

2013 年 1 月 18 日，原、被告双方又签订了一份工矿产品购销合同（合同编号×××煤-试供-01）。合同约定：由原告以单价 1 290 元/吨向被告供应美国洗煤 85 000 吨（以实际结算额准）；交货方式为南通港江船舱底交货；数、质量以 CCIC 商检结果为结算依据；货款支付为：原告办理商检报检并承担费用，每批次货物在被告检验发票无误后支付 85% 的货款，被告收到增值税发票、商检报告原件后办理结算，江船装船之日起 2 个月内结清余款；付款方式为 6 个月期银行承兑汇票。合同签订后，原告开始按约向被告供货，但被告拖欠原告货款，原告提起诉讼。在诉讼中，被告主张因原告未开具增值税专用发票导致其无法向原告付款。

最高人民法院再审认为，关于某钢公司应否支付未开具增值税发票的货款的问题，本案系买卖合同纠纷案件，作为出卖人的通某公司主要合同义务是交付货物，作为买受人的某钢公司主要合同义务是支付货款。现在通某公司已经向某钢公司交付了货物的情况下，某钢公司理应按照合同约定支付货款。开具增值税发票并非出卖人通某公司的主要合同义务，仅是附随义务，除非合同明确约定了先后履行顺序。本案中，双方当事人在 2012 年购销合同中并未约定通某公司出具增值税发票的义务，某钢公司以双方在合同实际履行中交易习惯是通某公司先开具增值税发票，某钢公司后支付货款，并据此主张付款条件未成就的理由不成立。双方在 2013 年购销合同中虽然约定某钢公司收到增值税发票、商检报告原件后办理结算，但同时也约定江船装船之日起 2 个月内结清余款，即对最后付款期限作出了明确的约定……故某钢公司关于通某公司未开具增值税发票的 38 037 097.55 元货款的付款条件不成就的理由，缺乏事实和法律依据，理由不成立。

——最高人民法院，（2017）最高法民申 1675 号

参考案例：先履行抗辩权的行使不得违反诚实信用原则

2011 年 4 月 29 日，原告（上海某文化演出有限公司）、被告（上海某文化传播有限公司）签订委托协议书一份。双方约定：被告委托原告作为"童乐故事汇—红色经典演出季"项目中一个剧目的执行方，并最终完成指定剧目的创作、排练和该剧目的至少 4 场公演；被告需支付原告100 000 元制作费，先期支付 20 000 元整作为定金，剩余款项在原告提交固定演员名单且完成舞美、道具、音乐制作及剧目排练并经被告认可，整出剧目的成品完成并经被告认可后，一次性付清。剧目正式演出时，演出费另计。

2011 年 7 月 7 日，原告举行了首场演出。之后原告又进行了多场演出，但被告未完全按照合同约定支付原告费用。

2012 年 8 月 10 日，在斜土社区文化中心演出当日，原告法定代表人发送短信给被告法定代表人，称被告不给原告 90 000 元，原告就不演出。演出前，原、被告因制作费、演出费支付问题在斜土社区文化中心发生纠纷，原告拒绝演出且未交出演出服和道具，后由被告的替补演员未着演出服完成了剧目的演出。

后原告起诉，要求被告支付费用并承担违约责任，被告反诉原告违约，原告抗辩认为，被告未履行在先付款义务其有权拒绝履行在后演出义务，其不构成违约。

法院经审理认为，被告付款条件是否成就。原告完成了首演及 7 场社区演出，被告对此从未提出异议，可视为被告已经认可整出剧目，当然这也意味着认可剧目中的舞美、道具、音乐制作及剧目排练，双方合同约定的付款条件已经成就，被告应该支付剩余制作费……

未付款，原告能否"罢演"。原告以被告未履行在先的付款义务为由行使抗辩权，虽然符合"由同一双务合同互负债务""双方互负的债务有先后顺序"

"先履行一方未履行或履行不适当"三个构成要件，但违背诚实信用原则，损害了广大观看演出的观众的利益，导致合同的目的无法实现。原告在此行使抗辩权，并不妥当，故对于原告提出的被告未履行在先付款义务其有权拒绝履行在后演出义务的抗辩理由不予采纳。

最终法院认为，原被告双方均存在违约行为。

——上海市闸北区人民法院，（2012）闸民二（商）初字第 144 号

三、不安抗辩权

《中华人民共和国民法典》第五百二十七条规定："应当先履行债务的当事人，有确切证据证明对方有下列情形之一的，可以中止履行：（一）经营状况严重恶化；（二）转移财产、抽逃资金，以逃避债务；（三）丧失商业信誉；（四）有丧失或者可能丧失履行债务能力的其他情形。当事人没有确切证据中止履行的，应当承担违约责任。"

不安抗辩权是为先履行合同义务一方设定的权利。当合同双方互负履行义务，且双方的义务履行有先后顺序时，如果先履行义务一方，有确切证据表明后履行义务一方因某种情形的出现，如，丧失商业信誉、破产、被注销、被吊销等，导致后履行义务一方丧失或可能丧失履行能力的。为了保护先履义务一方的利益，避免先履行义务一方履行义务后，后履行义务一方无法履行义务的情况出现，先履行义务一方有权中止履行，并有权要求后履行义务一方提供担保。如果后履行义务一方在合理期限内既未提供担保，也未恢复履行能力的，先履行义务一方可以解除合同，并要求对方承担违约责任。

需要注意的是，行使不安抗辩权时必须十分谨慎，要有确切的证据，否则，中止履行将构成违约。因此，有人将不安抗辩权称为"在违约的刀尖上跳舞的权利"。

行使不安抗辩权时还需要注意：行使不安抗辩权的义务，一般要求具有先后性和对价性；不安抗辩权的行使必须由合同当事人提出，法院不能主动援

引；构成不安抗辩权的理由一般要求是在合同成立后才出现，如果在合同成立之前就存在的事由，合同当事人不得以此为由主张抗辩权；如果合同相对方虽然出现某种可能影响其履行能力的情形，但仍具有履行主要义务能力的，先履行义务一方不能主张不安抗辩权；行使不安抗辩权的一方应及时通知另一方合同当事人。

参考案例： 后履行义务方丧失履行能力，先履行方有权行使不安抗辩权

原告为某英公司，被告为某途公司。被告自 2010 年上半年起向原告多次订购彩盒、拼图等产品。2011 年 3 月 2 日，被告确认截至 2011 年 2 月 18 日尚欠原告加工款 180 余万元。原告起诉后，于 2011 年 3 月 4 日向法院申请财产保全，并实际保全了被告对债务人某兆公司的到期债权 200 余万元。但此后，原告发现被告因欠案外人某华公司加工款 300 余万元，某华公司同时申请保全了被告对某兆公司的到期债权，而某兆公司的到期债权仅 300 余万元。后被告与某华公司达成协议，被告欠某华公司的 300 余万元欠款分两年半付清。之后原告申请法院调取了被告资产损益表及利润表，发现被告的经营状况出现恶化。而原告和被告双方对账时，尚有另外两份合同未履行完毕，分别为 1125 合同及 1211 合同。原告鉴于被告已实际拖欠其近 200 万元加工款，且存在丧失履行合同能力的情形，故行使不安抗辩权，于 2011 年 4 月 27 日向被告发送要求中止履行上述两份合同的通知，要求被告在接到通知之日起 5 日内提供等额担保，否则将解除上述合同。因被告未提供相应担保，原告于 2011 年 5 月 5 日再次向被告发函通知其解除 1125 合同及 1211 合同。原告起诉要求法院判令解除 1125 合同及 1211 合同，并要求被告赔偿原告损失。被告抗辩认为，其经营状况并未出现问题，不符合不安抗辩权行使条件。

法院经审理认为，根据原告提供的证据及本院查明的事实，被告的经营状况出现问题，已拖欠原告近 200 万元未及时支付，同时被告还存在巨额外债，其中被告欠案外人某华公司的外债 300 余万元经双方协商分两年半左右才能支付完毕，即被告的即时付款能力严重欠缺。被告提出其经营状况良好，但未提

供证据证明目前有足够的履约能力，且虽然其与某华公司之间就欠款达成和解，但也不能排除其在长达两年半的分期付款过程中会出现资产危机的可能，故法院认为被告对此提出的抗辩不成立，原告认为被告的履约能力不足并基于此行使不安抗辩权中止履行合同并要求被告提供担保，符合法律规定。被告在收到上述通知后，既未恢复履行能力也未提供相应担保，甚至还因此拒不提供1211 合同相应的彩盒设计稿，恶意明显，故原告据此要求解除双方签订的1125 合同及 1211 合同，合理合法，法院予以支持。合同解除后，原告有权要求被告赔偿其因履行上述两份合同所造成损失。

——浙江省宁波市中级人民法院，（2012）浙甬商终字第 30 号

第三节　涉及第三人的履行法律风险

合同第三人是合同当事人以外的人。与合同第三人有关的合同法律风险主要涉及债务人向第三人履行债务，第三人向债权人履行债务，第三人代债务人履行债务。

一、债务人向第三人履行债务

《中华人民共和国民法典》第五百二十二条规定：

"当事人约定由债务人向第三人履行债务，债务人未向第三人履行债务或者履行债务不符合约定的，应当向债权人承担违约责任。

法律规定或者当事人约定第三人可以直接请求债务人向其履行债务，第三人未在合理期限内明确拒绝，债务人未向第三人履行债务或者履行债务不符合约定的，第三人可以请求债务人承担违约责任；债务人对债权人的抗辩，可以向第三人主张。"

如果合同双方约定由债务人向第三人履行债务，债务人未履行债务或履行

债务不符合约定的，基于合同相对性原则，债务人仍应当向债权人承担违约责任。但如果法律规定（如保险法规定的人寿保险合同中的受益人）或当事人约定第三人可以直接请求债务人向其履行债务，且第三人在合理的期限内未明确拒绝的，那么，第三人可以直接请求债务人承担违约责任。

根据《最高人民法院关于适用〈中华人民共和国民法典〉合同编通则若干问题的解释》（法释〔2023〕13 号）第二十九条的规定，虽然第三人可以直接请求债务人向自己履行债务，但基于合同的相对性原则，当债务人违反约定不向第三人履行债务时，第三人不能行使解除合同或撤销合同的权利，除非法律另有规定。但当合同被依法撤销或者解除后，同样基于合同的相对性原则，债务人有权请求债权人返还财产。

当债务人按照约定向第三人履行债务，但第三人拒绝受领时，债权人可以要求债务人向自己履行债务，但是债务人已经采取提存等方式消灭债务的除外。第三人拒绝受领或者受领迟延，债务人可以请求债权人赔偿因此造成的损失。

二、第三人向债权人履行债务

《中华人民共和国民法典》第五百二十三条规定："当事人约定由第三人向债权人履行债务，第三人不履行债务或者履行债务不符合约定的，债务人应当向债权人承担违约责任。"

比如，A 和 B 签订粉刷服务合同，约定 A 向 B 支付粉刷费用，但由 B 指定的第三人 C 为 A 粉刷房屋。如果第三人 C 不履行粉刷义务或粉刷不符合合同约定的，则应由 B 向 A 承担违约责任。

三、第三人代为履行债务

《中华人民共和国民法典》第五百二十四条规定："债务人不履行债务，第三人对履行该债务具有合法利益的，第三人有权向债权人代为履行；但是，根据债务性质、按照当事人约定或者依照法律规定只能由债务人履行的除外。债权人接受第三人履行后，其对债务人的债权转让给第三人，但是债务人和第三人另有约定的除外。"

如果根据债务性质、当事人约定或者法律规定，未履行的债务并非只能由债务人履行，那么，对履行债务具有合法利益的第三人可以直接根据《中华人民共和国民法典》该条的规定代为履行，债权人一般不得拒绝。但第三人在什么情况下才属于对债务履行拥有合法利益呢，对此，根据《最高人民法院关于适用〈中华人民共和国民法典〉合同编通则若干问题的解释》（法释〔2023〕13 号）第三十条的规定：

"下列民事主体，人民法院可以认定为民法典第五百二十四条第一款规定的对履行债务具有合法利益的第三人：

（一）保证人或者提供物的担保的第三人；

（二）担保财产的受让人、用益物权人、合法占有人；

（三）担保财产上的后顺位担保权人；

（四）对债务人的财产享有合法权益且该权益将因财产被强制执行而丧失的第三人；

（五）债务人为法人或者非法人组织的，其出资人或者设立人；

（六）债务人为自然人的，其近亲属；

（七）其他对履行债务具有合法利益的第三人。

第三人在其已经代为履行的范围内取得对债务人的债权，但是不得损害债权人的利益。"

比如，A 与 B 签订房屋买卖合同，A 购买 B 所有的房屋，A 已经向 B 支付购房款，但房屋尚未过户，由于该房屋的抵押贷款尚未还清，该房屋被银行查封，此时，A 作为房屋买卖合同的买方系 B 与银行抵押贷款合同的第三人，A 对偿还贷款解除抵押，避免房屋被拍卖，具有合法的利益，若此时 A 代 B 向银行偿还了贷款后，银行的债权就直接转让给 A，A 有权要求 B 偿还相应的贷款。

第七章

合同变更、转让的法律风险

合同变更是指已经生效的合同，在未开始履行前或虽已开始履行但尚未履行完毕前，由于某一法律事实的出现，导致合同权利义务关系的内容发生了变化。合同转让是在不改变原有合同内容的情况下，将合同的权利、义务或权利和义务转让给第三人享有、承担。合同变更或转让过程中，如果处理不当，也会产生相应的法律风险。

第一节　合同变更的法律风险

合同变更发生在合同生效后，原则上，合同生效后，合同当事人应按照合同的约定履行合同，不得随意变更，但合同当事人可以通过协商一致变更合同，或因某种情势变更导致合同签订时的基础发生重大变化时，合同当事人可申请法院或仲裁机构对合同进行变更。如果变更不当，则可能会存在法律风险。

一、协商一致的变更

《中华人民共和国民法典》第五百四十三条规定："当事人协商一致，可以变更合同。"根据意思自治和合同自由原则，只要合同当事人协商一致的，双方可以对合同的内容进行变更。

二、因情势变化导致的变更

《中华人民共和国民法典》第五百三十三条规定："合同成立后，合同的基础条件发生了当事人在订立合同时无法预见的、不属于商业风险的重大变化，继续履行合同对于当事人一方明显不公平的，受不利影响的当事人可以与对方重新协商；在合理期限内协商不成的，当事人可以请求人民法院或者仲裁机构变更或者解除合同。人民法院或者仲裁机构应当结合案件的实际情况，根据公平原则变更或者解除合同。"

这种合同变更主要是因为合同的基础条件发生了在合同订立时无法预见的重大变化，而且这种重大变化已经超出正常商业风险的范畴，如果继续履行合同，将会造成明显的不公平。但什么情况才属于"重大变化"呢？《最高人民法院关于适用〈中华人民共和国民法典〉合同编通则若干问题的解释》（法释〔2023〕13 号）第三十二条规定："合同成立后，因政策调整或者市场供求关系异常变动等原因导致价格发生当事人在订立合同时无法预见的、不属于商业风险的涨跌，继续履行合同对于当事人一方明显不公平的，人民法院应当认定合同的基础条件发生了民法典第五百三十三条第一款规定的'重大变化'。但是，合同涉及市场属性活跃、长期以来价格波动较大的大宗商品以及股票、期货等风险投资型金融产品的除外……"

当合同的基础条件发生了《中华人民共和国民法典》第五百三十三条第一款规定的重大变化时，合同应当变更还是解除，应以当事人的请求为准，当事人请求变更合同的，人民法院不得解除合同；当事人一方请求变更合同，对方请求解除合同的，或者当事人一方请求解除合同，对方请求变更合同的，人民法院应当结合案件的实际情况，根据公平原则判决变更或者解除合同。人民法院判决变更或者解除合同的，应当综合考虑合同基础条件发生重大变化的时间、当事人重新协商的情况以及因合同变更或者解除给当事人造成的损失等因素，在判项中明确合同变更或者解除的时间。

情势变更属于法定的变更或解除合同的事由，当事人事先约定排除《中华人民共和国民法典》第五百三十三条适用的，人民法院应当认定该约定无效。

需要注意的是，与原合同法司法解释二（现已废止）关于情势变更的规定相比较，《中华人民共和国民法典》关于情势变更的规定，删除了"非不可抗力造成的"的限定描述，由"发生了当事人在订立合同时无法预见的、非不可抗力造成的不属于商业风险的重大变化"，修改为"发生了当事人在订立合同时无法预见的、不属于商业风险的重大变化"。也就是说，造成基础条件重大变化的原因，并非必须由"非不可抗力造成"，也可能由不可抗力造成。这种修改非常及时，避免了对不可抗力和非不可抗力进行区分造成的混乱。如，特殊传染病疫情，既可能属于导致合同不能履行的不可抗力，也可能是导致合同变更或解除的情势变更，不能人为地将客观事实区分为"不可抗力"或"非不可抗力"，而要根据其对合同履行造成的影响来判定。

参考案例： 情势变更不同于商业风险

2013 年 11 月 15 日，华某公司与生某红公司签订补偿合同。合同约定，就生某红公司拥有土地使用权的，位于乌鲁木齐市××区土地上的全部房屋拆迁补偿和生某红公司企业及人员再生产和再就业安置补偿事宜达成协议。土地性质为工业用地，土地证号为国用（2007）第××××××号，使用权类型为出让，使用权面积 33 250.73 平方米。拆迁房屋现状及面积：厂房 4 284 平方米、办公室 864 平方米、生活用房 5 139.90 平方米、附属用房 615.36 平方米、锅炉房 480 平方米、厨房 6 294 平方米，总建筑物面积 17 676.56 平方米。房屋拆迁补偿金额 7 000 万元；生某红公司企业及人员再生产和再就业安置补偿金额 2 000 万元，拆迁补偿及安置补偿总计金额 9 000 万元。

华某公司向生某红公司支付 5 000 万元，生某红公司将房产证、土地证均交付给华某公司。在取得乌鲁木齐市经济技术开发区管委会同意该宗土地变性挂牌出让，用于商住开发的批件（或会议纪要）三日内（此项工作由华某公司负责并承担费用），办理上述土地使用权质押给华某公司指定的具有合法抵押权的法人名下。华某公司开始办理土地变性及规划条件，生某红公司须配合华某公司办理各项相关事宜并出具华某公司办理该宗地所需的各项相关文件。同日，华某公司向生某红公司交纳预付款项 5 000 万元。华某公司向生某红公司出具收条，载明收到生某红公司国有土地使用证壹本，此证不得转让、不得抵押，只作为双方协议质押，如有问题均由本公司负责。

2019 年 1 月 8 日，华某公司向生某红公司送达关于提供宗地拆迁安置相关资料的函，要求生某红公司在收到函起 7 个工作日内按照拆迁补偿协议提供宗地拆迁安置房屋及人员的相关资料；4 月 9 日，华某公司诉至法院提起诉讼，要求解除补偿拆迁安置合同。华某公司二审提交了《乌鲁木齐经济技术开发区（头屯河区）二期局部用地控制性详细规划图》，主张案涉土地发生了客观变化，可开发面积不足双方签订合同时约定开发面积的一半，依据《最高人民法院关于适用〈中华人民共和国合同法〉若干问题的解释（二）》第二十六条关于情势变更的规定，案涉补偿拆迁安置合同应予以解除。二审法院未予支持华某公司的主张，华某公司申请再审。

最高人民法院经审理认为，《最高人民法院关于适用〈中华人民共和国合同法〉若干问题的解释（二）》第二十六条（现为《最高人民法院关于适用〈中华人民共和国民典法〉合同编若干问题的解释》第三十二条）规定："合同成立以后客观情况发生了当事人在订立合同时无法预见的、非不可抗力造成的不属于商业风险的重大变化，继续履行合同对于一方当事人明显不公平或者不能实现合同目的，当事人请求人民法院变更或者解除合同的，人民法院应当根据公平原则，并结合案件的实际情况确定是否变更或者解除。"该条规定的是情势变更原则，情势变更原则的适用将发生合同变更或解除的后果，适用不当将成为对合同自治的干涉，严重影响合同的效力和履行，因此其适用必须遵守严格的条件，主要包括：1. 在主观上，情势变更事由的发生是当事人不能预见和避免的，如果变更事由的发生是因为合同当事人的过错，则应根据合同约定和相关法律规定进行处理；2. 在客观上，需有情势变更的客观事实，且该客观事实导致合同据以成立的基础或环境发生了重大变化，以至于合同履行发生困难，合同目的无法实现；3. 在时间上，情势变更事由必须发生在合同有效成立之后至履行完毕这段时间内，否则情势变更事由便不是不可预见的或不可能对合同履行发生影响；4. 在法律后果上，继续履行合同会造成显失公平的结果，导致双方利益失衡；5. 在适用前提下，情势变更原则的适用应以当事人的主张为前提，法院不应直接适用。本院认为，情势变更不同于商业风险。其一，商业风险属于从事商业活动所固有的风险，作为合同成立基础的客观情况的变化未达到异常的程度，一般的市场供求变化、价格涨落等属此类；而情势变更则是作为合同成立基础的环境发生了异常变动。其二，对商业风险，法律推定当事人有所预见，能预见；对情势变更，当事人未预见，不能预见。其三，商业风险带给当事人的损失，可归责于当事人；而情势变更则不可归责于当事人。华某公司作为房地产开发企业，与生某红公司签订拆迁安置补偿合同书，将原属生某红公司所有的工业用地通过变性挂牌出让方式变成商业用地，继而在上面开发房地产用于销售，其应对案涉土地因变性而导致规划部门规划时面积缩水应该有所预见，由此不能证明案涉合同成立以后客观情况发生了当事人在订立合同时无法预见的、非不可抗力造成的不属于商业风险的重大变化。本案不属于该条司法解释所规定的应当解除合同的情形。因此，华某公司该项申请再审理由不成立，不予支持。

——最高人民法院（2021）最高法民申 1591 号

第二节　合同转让的法律风险

合同转让是指将合同的权利或义务，或者全部权利和义务转让给第三方的行为。合同转让包括债权转让、债务转移、债权债务一并转让等行为。合同当事人在从事合同转让行为时，必须符合法律的规定和当事人的约定，否则，将会存在法律风险。

一、债权转让

根据合同自由原则，尽管合同当事人有权自愿处分自己的权利，可以自由转让自己的合同权利，但某些合同权利是不能转让的。《中华人民共和国民法典》第五百四十五条规定："债权人可以将债权的全部或者部分转让给第三人，但是有下列情形之一的除外：（一）根据债权性质不得转让；（二）按照当事人约定不得转让；（三）依照法律规定不得转让。当事人约定非金钱债权不得转让的，不得对抗善意第三人。当事人约定金钱债权不得转让的，不得对抗第三人。"

虽然当事人可以约定某些债权不得转让，但实践中，有的合同当事人无视合同约定，仍将合同债权转让给第三方。在这种情况下，需要对各方的利益进行平衡。如果转让的债权是非金钱债权，如，要求他人提供服务的权力，则这种不得转让的约定不得对抗善意第三人。如果转让的是金钱债权，如，要求他人给付金钱的权利，则这种约定不得对抗第三人，但并不仅是"善意"第三人，即便受让第三人知道或应当知道合同当事人双方有关于不得转让该给付金钱债权的约定，该债权转让行为仍然有效。

债权人转让债权的，除法律另有规定外，不需要债务人的同意，但应当通知债务人，自通知债务人时生效，若未通知债务人的，该转让对债务人不发生效力。

根据《最高人民法院关于适用〈中华人民共和国民法典〉合同编通则若干问题的解释》（法释〔2023〕13号）第四十八条至五十一条的规定，在债权转让时，需要注意以下几点：

1. 债权转让何时对债务人发生效力

在接到债权转让通知前，债务人应向债权的让与人（原债权人）履行债务，受让人无权请求债务人履行。但如果债务人在接到债权转让通知后仍然向让与人履行，此时，债权转让因通知到达债务人已经对债务人发生效力，因此，受让人请求债务人履行的，人民法院应予支持。

如果让与人未通知债务人，受让人直接起诉债务人请求履行债务，人民法院经审理确认债权转让事实的，应当认定债权转让自起诉状副本送达时对债务人发生效力。债务人主张因未通知而给其增加的费用或者造成的损失从认定的债权数额中扣除的，人民法院依法予以支持。

2. 转让债权本身是否合法有效对债权转让效力的影响

债务人接到债权转让通知后，让与人以债权转让合同不成立、无效、被撤销或者确定不发生效力为由请求债务人向其履行的，人民法院不予支持。但是，该债权转让通知被依法撤销的除外。

受让人基于债务人对债权真实存在的确认受让债权后，债务人又以该债权不存在为由拒绝向受让人履行的，人民法院不予支持。但是，受让人知道或者应当知道该债权不存在的除外。

3. 同一债权被转让给两个以上受让人时，债务人应如何履行债务

让与人将同一债权转让给两个以上受让人，债务人以已经向最先通知的受让人履行为由主张其不再履行债务的，人民法院应予支持。债务人明知接受履行的受让人不是最先通知的受让人，最先通知的受让人请求债务人继续履行债务或者依据债权转让协议请求让与人承担违约责任的，人民法院应予支持；最先通知的受让人请求接受履行的受让人返还其接受的财产的，人民法院不予支持，但是接受履行的受让人明知该债权在其受让前已经转让给其他受让人的除外。

前款所称最先通知的受让人，是指最先到达债务人的转让通知中载明的受让人。当事人之间对通知到达时间有争议的，人民法院应当结合通知的方式等因素综合判断，而不能仅根据债务人认可的通知时间或者通知记载的时间予以认定。当事人采用邮寄、通信电子系统等方式发出通知的，人民法院应当以邮戳时间或者通信电子系统记载的时间等作为认定通知到达时间的依据。

参考案例： 债权转让未通知债务人不影响债权转让协议的效力，但债务人享有抗辩权

2002 年 11 月 25 日，中某公司与东某公司广州办事处签订一份债权转让协议，约定：一、东某公司广州办事处向中某公司转让包括本案债权在内的 44 亿多元债权，转让总价款为 318 622 497 元。但东某公司广州办事处没有及时向债务人和担保人发出债权转让通知。在案件诉讼中，当事人就没有及时向债务人和担保人发出债权转让通知是否影响债权转让协议的效力发生争议，未通知债务人的债权转让协议是否为无效协议。

最高人民法院经审理认为，关于债权转让通知义务的履行是否影响债权转让协议的效力的问题。《中华人民共和国合同法》第八十条第一款（注：现为《中华人民共和国民法典》第五百四十六条）规定："债权人转让权利的，应当通知债务人。未经通知的，该转让对债务人不发生效力。"据此，债权人未通知债务人的，则该转让对债务人不发生效力，并非影响该债权转让的效力。最高人民法院《关于审理涉及金融资产管理公司收购、管理、处置国有银行不良贷款形成的资产的案件适用法律若干问题的规定》第六条第二款规定："在案件审理中，债务人以原债权银行转让债权未履行通知义务为由进行抗辩的，人民法院可以将原债权银行传唤到庭调查债权转让事实，并责令原债权银行告之债务债权转让的事实。"

可见，债权转让通知义务在案件审理中仍可履行，债权转让通知义务未及时履行只是使债务人享有对抗受让人的抗辩权，它并不影响债权转让人与受让人之间债权转让协议的效力。因此，向债务人发出债权转让通知并非债权转让协议的生效要件，东某公司广州办事处没有及时向债务人和担保人发出债权转让通知并不影响其与中某公司签订的债权转让协议的效力，也不能因此认为中某公司未取得本案债权。

——最高人民法院，（2004）民二终字第 212 号

二、债务的转移

债务的转移，是指将债务的全部或部分转让给第三人的行为。虽然债权的转让不需要债务人同意，但债务的转移必须经过债权人同意。因为，债务一旦转移给第三方后，第三方履行债务的能力、实力或信誉将直接影响到债权人债权能否实现。

如果接受债务的第三人的履行能力明显低于原债务人的话，这种债务的转移将直接损害债权人的利益。因此，债务的转移，必须经过债权人的同意。如果债权人对于能否转让债务迟迟不表态的，债务人或者第三人可以催告债权人在合理期限内予以同意，债权人未作表示的，应视为不同意。

三、第三人自愿加入债务

第三人自愿加入债务是第三人自愿代债务人履行债务的行为，也就是说，如果原债务人是一人的话，第三人加入债务后，债务人由一个人变为两个人。《中华人民共和国民法典》第五百五十二条规定："第三人与债务人约定加入债务并通知债权人，或者第三人向债权人表示愿意加入债务，债权人未在合理期限内明确拒绝的，债权人可以请求第三人在其愿意承担的债务范围内和债务人承担连带债务。"

加入债务必须向债权人作出意思表示，要么第三人与债务人约定加入债务并通知债权人，要么第三人直接向债权人表示愿意加入债务。如果在作出意思表示后，债权人在合理期限内未明确拒绝的，视为接受，债权人可以要求债务加入人和原债务人承担连带责任。

关于自愿加入债务并已实际履行债务的第三人能否向债务人追偿的问题，《最高人民法院关于适用〈中华人民共和国民法典〉合同编通则若干问题的解释》（法释〔2023〕13 号）第五十一条规定，第三人加入债务并与债务人约定了追偿权，其履行债务后有权向债务人追偿。如果没有约定追偿权的，第三人可以依照民法典关于不当得利等规定，在其已经向债权人履行债务的范围内请求债务人向其返还，但是如果第三人知道或者应当知道加入债务会损害债务人利益的除外。债务人就其对债权人享有的抗辩同样可以对抗加入债务的第三人。

四、债权债务的一并转让

当事人一方经对方同意，可以将自己在合同中的权利和义务一并转让给第三人。对于债权债务一并转让的，适用债权转让、债务转移的有关规定。

第八章

合同解除的法律风险

合同解除是指已经生效的合同在符合约定解除条件或法定解除条件时，因享有合同解除权的当事人行使合同解除权或因法院（仲裁机构）判定合同解除，而使合同自始消灭的行为。合同解除权必须在符合解除条件时，按照程序依法行使，否则，将会给合同当事人带来重大风险。

第一节　协商解除、约定解除和法定解除

协商解除是合同当事人协商一致而解除合同。约定解除是指当合同约定的解除条件成就时，享有约定解除权的一方合同当事人可以解除合同。法定解除是无须合同当事人事先约定条件，当出现符合法律规定的情形时，合同当事人即享有合同解除权。无论是约定解除还是法定解除，解除权人都必须依法行使解除权，否则，将会产生法律风险。

一、协商解除

《中华人民共和国民法典》第五百六十二条第一款规定："当事人协商一致，可以解除合同。"根据《最高人民法院关于适用〈中华人民共和国民法典〉合同编通则若干问题的解释》（法释〔2023〕13 号）第五十二条的规定："当事人就解除合同协商一致时未对合同解除后的违约责任、清算和清理等问题作

出处理，一方主张合同已经解除的，人民法院应予支持。但是，当事人另有约定的除外。

有下列情形之一的，除当事人一方另有意思表示外，人民法院也可以认定合同解除：

（一）当事人一方主张行使法律规定或者合同约定的解除权，经审理认为不符合解除权行使条件但是对方同意解除；

（二）双方当事人均不符合解除权行使的条件但是均主张解除合同。"

关于未约定的违约责任、结算和清理等问题，人民法院应当依据《中华人民共和国民法典》第五百六十六条、第五百六十七条和有关违约责任的规定处理。

二、约定解除

（一）约定解除的规定

《中华人民共和国民法典》第五百六十二条第二款规定："当事人可以约定一方解除合同的事由。解除合同的事由发生时，解除权人可以解除合同。"该条规定与《中华人民共和国合同法》第九十三条的规定基本相同，不同的是将"解除合同的条件"改为"解除合同的事由"。进行如此修改可能是为了与附条件的合同中的"条件"进行区分，避免混淆。

（二）约定解除的限制

根据合同自由原则，尽管当事人可以协商约定合同解除的事由，一旦合同约定解除事由发生时，解除权人可以解除合同。但实践中，为了限制合同当事人滥用合同解除权，法院对合同当事人的合同解除权会进行适当限制。

《全国法院民商事审判工作会议纪要》（法〔2019〕254号）第47条规定："合同约定的解除条件成就时，守约方以此为由请求解除合同的，人民法院应当审查违约方的违约程度是否显著轻微，是否影响守约方合同目的实现，根据诚实信用原则，确定合同应否解除。违约方的违约程度显著轻微，不影响守约方合同目的实现，守约方请求解除合同的，人民法院不予支持；反之，则依法予以支持。"

虽然《中华人民共和国民法典》将《中华人民共和国合同法》中约定解除权的"条件"修改为"事由"，但二者含义并无实质不同，该会议纪要的规定和精神在实践中仍可能继续被法院适用。

但该会议纪要的规定，可能会使约定合同解除权的行使变得更加复杂，更加不确定。因为，"合同目的的实现""违约程度显著轻微"都需要主观的判断，究竟何种程度的违约情况出现时，合同当事人行使约定解除权的主张才能不被法院否定，可能合同当事人在订立合同时也很难判断。法院在审理合同纠纷时该纪要的规定很可能被作为裁判的理由，因此，合同起草和审查人员应尽量避免此类不必要的法律风险。

在起草和审查合同时，应尽量注意各方利益的平衡，不约定过于失衡或不利于另一方的约定合同解除事由。如果合同约定的解除事由是非常轻微的违约行为，根本不影响合同继续履行，那么，在行使这种约定的解除权时，可能存在被法院否定的法律风险。

三、法定解除

合同的法定解除，是指在合同履行过程中，当出现法律规定的情形时，合同当事人可以依法解除合同。

《中华人民共和国民法典》第五百六十三条规定："有下列情形之一的，当事人可以解除合同：（一）因不可抗力致使不能实现合同目的；（二）在履行期限届满前，当事人一方明确表示或者以自己的行为表明不履行主要债务；（三）当事人一方迟延履行主要债务，经催告后在合理期限内仍未履行；（四）当事人一方迟延履行债务或者有其他违约行为致使不能实现合同目的；（五）法律规定的其他情形。以持续履行的债务为内容的不定期合同，当事人可以随时解除合同，但是应当在合理期限之前通知对方。"

第二节　合同解除权的消灭与行使

合同解除权必须及时行使，否则，将会导致解除权消灭。合同解除权的行使也必须符合法定的程序，否则，将会给合同解除权人带来法律风险。

一、合同解除权的消灭

《中华人民共和国民法典》第五百六十四条规定："法律规定或者当事人约定解除权行使期限，期限届满当事人不行使的，该权利消灭。法律没有规定或者当事人没有约定解除权行使期限，自解除权人知道或者应当知道解除事由之日起一年内不行使，或者经对方催告后在合理期限内不行使的，该权利消灭。"

当合同约定或法律规定的解除合同事由出现时，为避免合同交易一直处于不确定状态，合同当事人应及时行使合同解除权。如果合同约定了解除权的行使期限，如，约定一方在对方出现某种违约行为时 60 日内行使合同解除权，如果享有解除权的当事人未在合同约定的 60 日内行使合同解除权的，合同解除权消灭。

如果合同当事人没有约定解除权行使期限的，应当自解除权人知道或者应当知道解除事由之日起一年内，或者经对方催告后在合理期限内行使，否则，合同解除权消灭。

那么这里的"合理期限"如何确定？

《最高人民法院关于审理商品房买卖合同纠纷案件适用法律若干问题的解释》第十一条："根据民法典第五百六十三条的规定，出卖人迟延交付房屋或者买受人迟延支付购房款，经催告后在三个月的合理期限内仍未履行，解除权人请求解除合同的，应予支持，但当事人另有约定的除外。法律没有规定或者当事人没有约定，经对方当事人催告后，解除权行使的合理期限为三个月。对方当事人没有催告的，解除权应当在解除权发生之日起一年内行使；逾期不行使的，解除权消灭。"

该条规定了催告后解除权行使的合理期限为三个月，但该司法解释主要适用于商品房买卖纠纷，对于商品房买卖之外的其他合同是否能够参照适用，目前尚无定论。有最高人民法院的案例就认为，该条不适用于其他的合同纠纷，其他合同的"合理期限"应由法院根据具体情况确定，如下面的参考案例。但也有最高人民法院的案例认为在股权转让合同中，约定解除权行使的合理期限不确定时，可以参照商品房买卖合同司法解释的规定，不能认为适用法律错误，如，（2016）最高法民申 3544 号。

参考案例： 非商品房买卖合同催告后解除权行使的"合理期限"由法院根据具体情况确定

2004 年 3 月 8 日，某海公司与某益公司签订××商贸大世界 B 座商业楼转让协议（以下简称"转让协议"），将案涉房屋转让给某益公司。2005 年 7 月 11 日，某海公司与某益公司及王某某签订补充协议，三方约定改由以王某某的名义办理购房、贷款及产权过户手续，某益公司、王某某负责自行办理按揭贷款，并应当于协议签订之后 30 日内支付剩余房款 5 100 万元，但某益公司、王某某未能依约履行。2005 年 12 月 18 日，某益公司法定代表人王某向某海公司发出通报函，声明某益公司不同意将首付款 3 400 万元转为王某某个人的付款，亦不能在约定期限内办理贷款，并提议解除合同。2006 年 6 月 28 日，某海公司提起诉讼，请求解除转让协议及补充协议。某益公司申请再审称，参照《商品房买卖合同司法解释》第十五条第二款的规定，某海公司未在某益公司通报函发出后 3 个月内行使解除权，其解除权已在起诉前消灭。

法院经审理认为，首先，《商品房买卖合同司法解释》第一条明确规定：

"本解释所称的商品房买卖合同，是指房地产开发企业将尚未建成或者已竣工的房屋向社会销售并转移房屋所有权于买受人，买受人支付价款的合同。"某海公司并非房地产开发企业，其系向特定的对象某益公司及王某某出售房屋，而非向社会销售，故案涉协议并非该司法解释所称的商品房买卖合同，本案不适用上述司法解释。解除权行使期限属于除斥期间，超过权利行使期限，解除权消灭，故该期限的确定对当事人的权利义务具有重大影响。在法无明文规定的情况下，某益公司请求参照适用上述司法解释就商品房买卖合同所规定的解除权行使期限，缺乏事实与法律依据。其次，根据《中华人民共和国合同法》第九十五条（注：现为《中华人民共和国民法典》第五百六十四条第一款）的规定，法律没有规定或者当事人没有约定解除权行使期限，经对方催告后在合理期限内不行使的，该权利消灭。对房屋买卖合同的解除权行使期限，法律没有规定，本案当事人在合同中亦未约定，何为"合理期限"，应当由人民法院结合具体案情予以认定。

——最高人民法院，（2012）民再申字第 310 号

二、合同解除权的行使

《中华人民共和国民法典》第五百六十五条规定："当事人一方依法主张解除合同的，应当通知对方。合同自通知到达对方时解除；通知载明债务人在一定期限内不履行债务则合同自动解除，债务人在该期限内未履行债务的，合同自通知载明的期限届满时解除。对方对解除合同有异议的，任何一方当事人均可以请求人民法院或者仲裁机构确认解除行为的效力。当事人一方未通知对方，直接以提起诉讼或者申请仲裁的方式依法主张解除合同，人民法院或者仲裁机构确认该主张的，合同自起诉状副本或者仲裁申请书副本送达对方时解除。"

合同解除原则上应当以通知的方式作出，通知到达对方时合同解除。如果合同当事人在解除通知中催告债务人在一定期限履行债务的，债务人逾期不履行的，合同在该期限届满后自动解除。但如果合同当事人没有以通知方式解除

合同，而直接提起诉讼或仲裁的，若解除合同的请求得到支持的，合同自起诉状副本或者仲裁申请书副本送达对方时解除。

需要注意的是，行使合同解除权的前提是，发出解除通知的当事人享有合同解除权。如果合同一方当事人本身不享有合同解除权，那么即便其发出了解除合同的通知，且对方当事人也未及时对合同解除提出异议，仍不发生合同解除的法律后果。

《全国法院民商事审判工作会议纪要》（法〔2019〕254号）第46条规定："审判实践中，部分人民法院对合同法司法解释（二）第24条的理解存在偏差，认为不论发出解除通知的一方有无解除权，只要另一方未在异议期限内以起诉方式提出异议，就判令解除合同，这不符合合同法关于合同解除权行使的有关规定。对该条的准确理解是，只有享有法定或者约定解除权的当事人才能以通知方式解除合同。不享有解除权的一方向另一方发出解除通知，另一方即便未在异议期限内提起诉讼，也不发生合同解除的效果。人民法院在审理案件时，应当审查发出解除通知的一方是否享有约定或者法定的解除权来决定合同应否解除，不能仅以受通知一方在约定或者法定的异议期限届满内未起诉这一事实就认定合同已经解除。"

《最高人民法院关于适用〈中华人民共和国民法典〉合同编通则若干问题的解释》（法释〔2023〕13号）第五十三条规定："当事人一方以通知方式解除合同，并以对方未在约定的异议期限或者其他合理期限内提出异议为由主张合同已经解除的，人民法院应当对其是否享有法律规定或者合同约定的解除权进行审查。经审查，享有解除权的，合同自通知到达对方时解除；不享有解除权的，不发生合同解除的效力。"第五十四条规定："当事人一方未通知对方，直接以提起诉讼的方式主张解除合同，撤诉后再次起诉主张解除合同，人民法院经审理支持该主张的，合同自再次起诉的起诉状副本送达对方时解除。但是，当事人一方撤诉后又通知对方解除合同且该通知已经到达对方的除外。"

参考案例：收到对方解除通知后起诉要求继续履行，应视为对合同解除提出异议

2010 年 12 月 9 日，无锡某化公司将其旧生产设备、地上建构筑物的处置委托某招标公司进行招标。2010 年 12 月 27 日，招标公司召开招标会，某生公司以 9 800 万元的价格中标。2011 年 1 月 10 日，无锡某化公司与某生公司签订处置合同一份，合同约定了旧生产设备、地上建构筑物处置范围，以及设备、地上建构筑物交付后，由某生公司自行拆除、包装和搬运。2011 年 4 月 2 日，无锡市环境保护局所属环境监察局对某生公司施工现场进行施工监察，因环保问题，要求某生公司立即停止拆除工作，并要求该公司制定安全处置方案及相关应急预案，并组织相关专家进行论证，确保各项方案实施和预案的科学合理。未通过专家审核的，一律不得实施。无锡某化公司生产设备和地上建构筑物拆除施工项目被责令停工后，某生公司与无锡某化公司多次协商无果。某生公司于 2011 年 5 月 29 日向无锡某化公司发出解除合同通知书，以自己公司没有处置资质为由提出解除合同。2011 年 6 月 16 日，某生公司以无锡某化公司存在根本违约行为，造成某生公司前期投入的大量人力、物力损失等为由，诉至江苏省高级人民法院。2011 年 7 月 7 日，无锡某化公司以某生公司违约为由，将某生公司诉至无锡市南长区人民法院，请求判令某生公司继续履行合同。江苏省高级人民法院要求无锡市南长区人民法院将案件移送该院审理。一审判决后，当事人提起上诉。

最高人民法院二审经审理认为，关于某生公司是否享有合同解除权及合同是否已经解除的问题。某生公司主张，其 2011 年 5 月 29 日发出的解除合同的通知送达无锡某化公司后，其与无锡某化公司之间的处置合同即已解除。但某生公司的解除通知若要产生合同解除的效力，应当以某生公司享有处置合同的解除权为前提。根据《中华人民共和国合同法》第九十三条、第九十四条（注：现为《中华人民共和国民法典》第五百六十二、第五百六十三条）的规定，本案不存在合同双方协商一致解除合同及合同约定解除的条件成就的情形，亦不存在

不可抗力、对方明示或者以行为表示不履行、迟延履行，经催告仍不履行、迟延履行或有其他违法行为致使合同目的不能实现的情形。某生公司以无处理残留危化物的资质致使合同目的不能实现为由要求解除合同，并不符合法律规定的行使解除权的条件。而且，本案中双方的合同目的是处置无锡某化公司的旧生产设备及地上建构筑物，如前所述，虽然某生公司没有处置残留危化物的资质，但现行法律法规并未禁止其委托具备相关资质的第三方对残留危化物进行处置，故该目的并非不能实现。原审判决对某生公司解除处置合同的诉讼请求未予支持，事实和法律依据充分，本院予以维持。

《中华人民共和国合同法》第九十六条规定，当事人一方依照本法第九十三条第二款、第九十四条的规定主张解除合同的，应当通知对方。合同自通知到达对方时解除。对方有异议的，可以请求人民法院或者仲裁机构确认解除合同的效力（注：现为《中华人民共和国民法典》第五百六十五条）。2011年5月29日，某生公司向无锡某化公司发出解除合同通知后，无锡某化公司即于2011年7月7日以某生公司违约为由，向无锡市南长区人民法院诉请某生公司继续履行本案争议合同。无锡某化公司要求某生公司继续履行的诉请已包含了否定某生公司解除通知的效力的意思。因在立法的条文表述上，《中华人民共和国合同法》第九十六条对就解除通知有异议的当事人的救济方式的规定为"可以"，即赋予当事人"可以"通过请求人民法院或者仲裁机构确认解除合同效力的方式来救济，而未采用"必须"，即并未限定此为唯一的救济方式。该规定亦未否定除请求确认解除通知效力之外的通过诉讼否认解除通知、解除效力的其他救济方式。故某生公司有关其2011年5月29日发出的解除合同的通知送达无锡某化公司后合同即已解除，如无锡某化公司对解除有异议，须首先向法院提起确认解除合同的效力后，方可请求法院判令继续履行合同的主张，本院不予支持。

——最高人民法院，（2012）民二终字第 116 号

第三节 合同解除的法律后果

《中华人民共和国民法典》第五百六十六条规定："合同解除后，尚未履行的，终止履行；已经履行的，根据履行情况和合同性质，当事人可以请求恢复原状或者采取其他补救措施，并有权请求赔偿损失。合同因违约解除的，解除权人可以请求违约方承担违约责任，但是当事人另有约定的除外。主合同解除后，担保人对债务人应当承担的民事责任仍应当承担担保责任，但是担保合同另有约定的除外。"

合同解除后，对于已经履行的部分，根据履行情况和合同性质，可以请求恢复原状或者采取其他补救措施，并有权请求赔偿损失。对于将来尚未履行的部分，终止履行，当事人无须再履行。

需要注意的是，关于因一方违约解除后当事人能否主张违约责任的问题，此前在实践中一直存在争议，但《中华人民共和国民法典》对此给出了明确的答案，即合同因违约解除的，解除权人可以请求违约方承担违约责任，但是当事人另有约定的除外。

《全国法院民商事审判工作会议纪要》（法〔2019〕254号）第49条规定："合同解除时，一方依据合同中有关违约金、约定损害赔偿的计算方法、定金责任等违约责任条款的约定，请求另一方承担违约责任的，人民法院依法予以支持。"

因此，因一方违约，对方解除合同时，仍可要求违约方承担违约责任。

第九章

与违约责任有关的法律风险

违约责任是合同当事人不履行合同义务或者履行合同义务不符合约定时应承担的民事责任，是对合同守约方的一种救济措施。合同约定的违约责任必须符合法律的规定，必须具有针对性，否则，将会产生相应的法律风险。

第一节 预 期 违 约

《中华人民共和国民法典》第五百七十八条规定："当事人一方明确表示或者以自己的行为表明不履行合同义务的，对方可以在履行期限届满前请求其承担违约责任。"

原则上，只有在合同约定的履行期限届满时，合同当事人才有权要求对方当事人履行合同义务，若对方不按约定履行合同义务时，才能要求对方承担违约责任。而预期违约则突破了这种原则，当法律规定情形出现时，合同当事人在对方履行期限尚未届满前就可以要求对方承担违约责任。

之所以这样规定，是因为，如果在履行期限届满前，对方已经明确表示或以自己的行为表示不履行义务的，此时仍要求另一方当事人在期限届满后才能主张违约责任，对另一方当事人来说，无疑是不公平的。

参考案例：守约方可要求预期违约方承担违约责任

　　2008 年 2 月 6 日，区某受朋友之托到中某研公司所属三星级宾馆预订标准客房一间。中某研公司于当日向区某出具研究生院接待中心客房预订单，内容为：区某，预定间数 1 间，抵店及离店日期为 2008 年 8 月 16 日至 24 日，房价每间 298 元，押金 100 元，如预定时间不到，赔偿 1 天房费的 30％。2008 年 5 月 6 日，区某得知中某研公司不能为其保留预订房间，双方遂起纠纷。后区某诉至法院，起诉要求判令中某研公司赔偿住房损失 10 064 元，并双倍返还定金 200 元。

　　一审法院在审理中，经了解，北京市三星级宾馆、饭店在北京奥运会期间每天每间客房的价格在 1 600 元左右。

　　一审法院判决认为，在合同履行过程中，中某研公司已明确表示不能继续履行合同义务，其行为构成违约，应当承担相应的违约责任，赔偿给区某造成的经济损失。区某提前数月预订房间，首先是为了到时有客房保障，其次是考虑到北京奥运会期间客房价格上涨因素。根据区某的证据及法院的调查，北京奥运会期间三星级饭店的价格在 1 600 元左右，故区某不可能以 298 元的价格享受到三星级饭店的服务，价格差应由中某研公司负责赔偿。区某要求中某研公司赔偿经济损失有合法依据，应当予以支持。中某研公司同意双倍返还定金，法院不持异议。故根据合同法第一百零七条之规定，判决：中某研公司于本判决生效后 7 日内赔偿区某经济损失人民币 10 064 元，并双倍返还定金 200 元。后中某研公司不服一审判决提起上诉。

　　二审法院经审理认为，根据合同的约定，履约期间为 2008 年 8 月 16 日至 24 日，但是在合同履行期到来之前，因将客房全部包给某旅行社，中某研公司即肯定、明确地向区某表示将不履行合同义务，中某研公司的行为构成预期违约。作为非违约方，区某有权请求违约方中某研公司承担相应的违约责任……

　　但是，区某实际入住宾馆并发生费用应是中某研公司对其进行赔偿的前提之一，原审法院在区某未能提交相关入住证明的情况下，以 2008 年 8 月的电话查询关于三星级宾馆收费标准作为判决依据，不妥。另外，区某在预订房间时交纳的 100 元现金，其性质明确约定为押金，原审法院将其认定为定金，并适用双倍返还的定金罚则，亦不妥，本院对上述内容予以改判。根据相关法律规定，当事人一方不履行合同义务，给对方造成损失的，损失赔偿额应当相当于因违约所造成的损失。本案中，可以确定区某明确知道中某研公司预期违约事实的时间为 2008 年 5 月 6 日，与其预定的入住时间 2008 年 8 月 16 日还距 3 个月有余。需要指出的是，在存在预期违约的情况下，非违约方应当抓住时机，积极寻找替代方法，以保证其能够获得如合同按约履行的效果，并尽量避免损失的扩大。作为非违约方，区某在获知中某研公司将不再为其保留房间的时候即应当及时预订其他三星级宾馆。区某未能及时再行预订房间，对此应承担相应责任；对于区某所称最终入住未定星级标准的宾馆，没有享受到三星级待遇的情况，区某亦因其自身未能及时重新预订房间而负有一定的责任。故对于区某获赔的数额，法院将综合考量上述情况，并结合中某研公司就其违约行为存在的主观过错、区某实际支出的房费以及原审法院电话查询的结果等内容酌情判定。

最终法院判决中某研公司赔偿区某经济损失人民币 8 000 元，并退还 100 元押金。

——北京市第一中级人民法院，（2008）一中民终字第 15749 号

参考案例： 合同双方协商过程中一方明确表示"不卖了"，构成预期违约

2017 年 1 月 15 日，李某（甲方、出卖人）与彭某（乙方、买受人）签订存量房屋买卖合同，约定出售房产坐落于北京市房山区拱辰街道办事处 05-13-02、05-13-04、05-13-09 地块项目的 19 号楼 1 层 3 单元 102 号房屋（以下简称案涉房屋），房屋总成交价为 720 万元。房屋预售合同编号为京房售证字（2014）62 号（Y1736833）。买受人于 2017 年 3 月 31 日前向出卖人支付第一期房款 330 万元，买受人拟申请贷款 390 万元；出卖人应于 2017 年 3 月 31 日前办理向银行申请提前还款手续。出卖人用买受人首付款专项支付全部解押款

项。买受人于签订合同当日支付购房定金 10 万元。若买受人未按照合同约定期限付款逾期超过 15 天的，出卖人有权解除合同，买受人应按总房价款 20% 向出卖人支付违约金。合同签订后，因买受人或者出卖人拒绝履行合同或者根本违约导致合同无法履行，对方有权解除合同，违约方按总房价款的 20% 支付违约金。后双方签订补充协议，约定第一期房款的支付时间不晚于 2017 年 4 月 15 日。合同签订当日，彭某向李某支付了 10 万元购房定金。2017 年 1 月 17 日，彭某向汇某伟业公司交纳了 10.8 万元中介服务费。

案涉房屋尚未取得房屋所有权证。2017 年 2 月 14 日，北京某房地产开发有限公司向业主发出房屋产权办理告知函，告知因案涉小区存在违规私建致使政府相关管理部门暂停办理相应楼栋大产权证，因此可能导致案涉房屋产权证办理亦需延期。

2017 年 4 月 14 日，彭某、张某（李某女婿，代表李某处理房屋买卖事宜）及汇某伟业公司工作人员就付款金额及付款方式等进行协商。协商中张某主张买方应付首付款为 400 万元左右、剩余贷款由买方承担，理由为双方存在口头协议，不能以合同上数据为准；彭某以按照卖方的计算方式得出的总房款已超过合同约定的总房款为由不同意卖方提出的变更方案。双方未协商成功。卖方张某在协商中有"如果按照合同走，那就别谈了""如果今天谈不成，把定金退给买方，咬牙不卖了""等房本下来我再卖，可以告我违约，如果赢了，给 100 多万"等相关意思表示。根据录音内容显示，双方所谈案涉房屋剩余贷款应为 360 万元左右。双方谈话后期，买方坚持卖方违约，曾询问何时退定金、中介费应由出卖方承担等语言，卖方否认违约，并表示定金可以退、不负担中介费。2017 年 4 月 15 日，彭某未支付首付款。同年 7 月，彭某诉至北京市房山区人民法院。请求：1. 解除李某、彭某双方签订的存量房屋买卖合同；2. 李某支付违约金 144 万元；3. 李某赔偿彭某支付的购房中介费损失 10.8 万元；4. 诉讼费由李某负担。

诉讼中李某认为双方商定的房价应为 760 万元，首付款应为 420 万元，合同上的价格是为了给买方避税，对此李某未提供证据。一审诉讼中中介公司表示类似案涉房屋现报价约为 850 万元至 1 000 万元，同时表示成交较少。

北京市房山区人民法院一审认为，在合同履行过程中，当事人一方明确表示或者以自己的行为表明不履行主要债务，当事人可以解除合同。当事人一方明确表示或者以自己的行为表明不履行合同义务的，对方可以在履行期限届满之前要求其承担违约责任。

彭某与李某签订的房屋买卖合同系双方真实意思表示，不违反法律、行政法规的强制性规定，合法有效。合同签订后，李某一方要求增加首付款金额、变更付款方式，并存在欲拒绝履行合同的意思表示，构成违约。彭某要求解除房屋买卖合同及要求李某支付违约金的诉讼请求，于法有据，法院予以支持。因李某存在违约行为，彭某因此未支付首付款存在合理理由，不构成违约。李某以彭某未支付首付款违约为由要求其支付违约金的反诉请求，法院不予支持。彭某主张的中介费损失应包含在违约金中。

据此，北京市房山区人民法院一审判决：一、解除彭某与李某于 2017 年 1 月 15 日签订的存量房屋买卖合同。二、李某于判决生效之日起 10 日内给付彭某违约金 144 万元。三、驳回彭某的其他诉讼请求。四、驳回李某的反诉请求。

李某不服该判决，上诉至北京市第二中级人民法院。

北京市第二中级人民法院二审认为，虽然李某与彭某签订的存量房屋买卖合同约定出卖人应于 2017 年 3 月 31 日前办理解押事项，但同时约定应用买受人首付款办理，买受人首付款支付时间为 2017 年 4 月 15 日前，因此，在买受人未支付首付款情况下，出卖人未办理解押事宜，不构成违约。

根据本案查明的事实，因案涉小区存在违规私建致使政府相关管理部门暂停办理相应楼栋大产权证，致使彭某与李某签订的房屋买卖合同产权证办理也要暂停，并且影响到后续房款的支付，在此情况下，2017 年 4 月 14 日彭某、张某及汇某伟业公司工作人员就房屋买卖情况进行协商，不应认定出卖人明确表示不履行合同义务，而且双方协商时，出卖人主要义务履行期限未到期，因此不应认定出卖人违约。因 2017 年 4 月 14 日张某的相关表述，按照常理，彭某对后续首付款支付产生不安，故彭某未支付首付款亦不构成违约。由于案涉房屋产权证因案涉小区违规私建暂停办理，双方签订的买卖房屋的合同目的已无法实现，并且可导致合同相应条款履行不能，而双方重新协商以后又有分歧，故该存量房屋买卖合同在彭某请求下可解除。合同解除后，彭某所交定金，由于未在本案提出诉讼请求，双方可另行处理。

综上，北京市第二中级人民法院二审判决：一、维持北京市房山区人民法院（2017）京 0111 民初 15670 号民事判决第一项；二、撤销北京市房山区人民法院（2017）京 0111 民初 15670 号民事判决第二项；三、撤销北京市房山区人民法院（2017）京 0111 民初 15670 号民事判决第三项；四、驳回彭某的其他诉讼请求；五、驳回李某的反诉请求。

彭某因不服二审判决，向北京市高级人民法院申请再审，后北京市高级人民法院提审本案。

北京市高级人民法院再审认为，根据查明的事实，案涉小区存在违规私建致使政府相关管理部门暂停办理相应楼栋大产权证，导致彭某与李某签订的房屋买卖合同产权证办理也要暂停，并且影响到后续房款的支付，在此情况下，双方当事人进行协商，张某代表李某进行协商。在协商过程中张某不仅单方表示要求增加首付款金额、变更付款方式，还明确有"如果按照合同走，那就别谈了""如果今天谈不成，把定金退给买方，咬牙不卖了""等房本下来我再卖，可以告我违约，如果赢了，给 100 多万"等拒绝履行合同的意思表示。由此可以看出，李某在合同签订后，单方要求增加首付款金额、变更付款方式，并存在拒绝履行合同的意思表示，其行为已构成违约。诉讼中李某拒不认可张某的代理行为。但从整个案件事实看，张某从合同签订到双方协商沟通均参与其中而且是主要行为人，李某对其行为没有任何异议，现以没有授权为由不认可张某的代理行为，无事实和法律依据，对其抗辩，本院不予支持。根据《中华人民共和国合同法》（以下简称《合同法》）第九十四条（现为《中华人民共和国民法典》第五百六十三条）的规定，在履行期限届满前，当事人一方明确表示或者以自己的行为表明不履行主要债务，当事人可以解除合同。以及《中华人民共和国合同法》第一百零八条（现为《中华人民共和国民法典》第五百七十八条）的规定，当事人一方明确表示或者以自己的行为表明不履行合同义务的，对方可以在履行期限届满之前要求其承担违约责任。彭某要求解除双方当事人签订的存量房屋买卖合同及要求李某支付违约金的诉讼请求，于法有据。因李某存在违约行为，彭某因此未支付首付款存在合理理由，其行为不构成违约。二审法院以双方在协商过程中表示的不履约不构成违约的观点错误，本院再审予以纠正。另，双方在合同中约定，出卖人保证出售房屋物权方面无任何权利瑕疵，因物权瑕疵导致无法履行而解除和终止合同，出卖人承担违约责任。现履行过程中出现产权证无法办理，导致合同无法继续履行，按照约定，出卖人也应该承担违约责任。

——北京市房山区人民法院（2017）京 0111 民初 15670 号

——北京市第二中级人民法院（2018）京 02 民终 10115 号

——北京市高级人民法院（2020）京民再 9 号

第二节 违约责任的承担方式

《中华人民共和国民法典》第五百七十七条规定："当事人一方不履行合同义务或者履行合同义务不符合约定的，应当承担继续履行、采取补救措施或者赔偿损失等违约责任。"根据该条规定，违约责任的承担主要有三种方式：继续履行、采取补救措施和赔偿损失。当然这几种违约责任的承担方式既可以单独适用，也可以并用。如，在要求继续履行的同时，也可以要求赔偿因违约行为造成的损失。

一、继续履行

《中华人民共和国民法典》第五百七十九条规定："当事人一方未支付价款、报酬、租金、利息，或者不履行其他金钱债务的，对方可以请求其支付。"

第五百八十条规定："当事人一方不履行非金钱债务或者履行非金钱债务不符合约定的，对方可以请求履行，但是有下列情形之一的除外：（一）法律上或者事实上不能履行；（二）债务的标的不适于强制履行或者履行费用过高；（三）债权人在合理期限内未请求履行。有前款规定的除外情形之一，致使不能实现合同目的的，人民法院或者仲裁机构可以根据当事人的请求终止合同权利义务关系，但是不影响违约责任的承担。"

第五百八十一条规定："当事人一方不履行债务或者履行债务不符合约定，根据债务的性质不得强制履行的，对方可以请求其负担由第三人替代履行的费用。"

当一方合同当事人违反合同约定时，守约方可以根据合同约定解除合同，不再要求继续履行合同。如果继续履行对守约方来说意义更大，守约方也可以要求对方继续履行合同，但不是所有的合同债务都可以要求继续履行。一般来说，给付金钱的债务，如，给付价款、报酬、租金、利息等，可以要求继续履行。非金钱债务可以要求继续履行，但如果非金钱债务法律上已经不能履行，如，房屋已经被第三人善意取得；或者事实上履行不能，如，房屋已经因损毁灭失而不存在；或者因履行费用过高继续履行已经没有实际意义；再或者债权人未在合理期限内请求继续履行的，则此类非金钱债务无法要求继续履行。在不能履行的情况下，守约方可以要求解除合同并追究对方的违约责任。

需要注意的是，如果合同债务具有某些人身属性，根据债务的性质是不适合强制履行的，守约方可以请求第三方替代履行，并由违约方承担由此产生的费用。

根据《最高人民法院关于适用〈中华人民共和国民法典〉合同编通则若干

问题的解释》（法释〔2023〕13 号）第五十九条的规定："如果当事人一方依据民法典第五百八十条第二款的规定请求终止合同权利义务关系的，人民法院一般应当以起诉状副本送达对方的时间作为合同权利义务关系终止的时间。根据案件的具体情况，以其他时间作为合同权利义务关系终止的时间更加符合公平原则和诚信原则的，人民法院可以以该时间作为合同权利义务关系终止的时间，但是应当在裁判文书中充分说明理由。"

二、采取补救措施

《中华人民共和国民法典》第五百八十二条规定："履行不符合约定的，应当按照当事人的约定承担违约责任。对违约责任没有约定或者约定不明确，依据本法第五百一十条的规定仍不能确定的，受损害方根据标的的性质以及损失的大小，可以合理选择请求对方承担修理、重作、更换、退货、减少价款或者报酬等违约责任。"

1. 未约定违约责任的补救措施

一般来说，合同中都会对违约责任作出明确约定，一旦发生违约行为，守约方可要求对方按照合同约定来承担违约责任。

合同当事人可以在合同中根据违约行为的性质和程度明确约定由违约方承担继续履行、赔偿损失或者采取修理、重作、更换、退货等违约责任。但如果双方对违约责任没有约定或约定不明确，且又无法通过协商达成一致意见的，在履行不符合合同约定时，受损方可以合理选择对方承担修理、重作、更换、退货、减少价款或者报酬等违约责任。也就是说，这些补救措施，既可以因合同当事人的明确约定而适用，也可以因合同当事人对违约责任没有约定或约定不明确，在合同履行不符合约定时，直接根据法律规定来选择适用。

2. 补救措施与损害赔偿的关系

《中华人民共和国民法典》第五百八十三条规定："当事人一方不履行合同

义务或者履行合同义务不符合约定的，在履行义务或者采取补救措施后，对方还有其他损失的，应当赔偿损失。"

因此，采取补救措施和损害赔偿是可以并用的，采取补救措施的目的是减少因违约造成的损失，但如果在违约方采取补救措施后，守约方仍有损失的，违约方仍应赔偿守约方的损失。

三、损害赔偿

《中华人民共和国民法典》第五百八十四条规定："当事人一方不履行合同义务或者履行合同义务不符合约定，造成对方损失的，损失赔偿额应当相当于因违约所造成的损失，包括合同履行后可以获得的利益；但是，不得超过违约一方订立合同时预见到或者应当预见到的因违约可能造成的损失。"

第五百八十五条规定："当事人可以约定一方违约时应当根据违约情况向对方支付一定数额的违约金，也可以约定因违约产生的损失赔偿额的计算方法。约定的违约金低于造成的损失的，人民法院或者仲裁机构可以根据当事人的请求予以增加；约定的违约金过分高于造成的损失的，人民法院或者仲裁机构可以根据当事人的请求予以适当减少。当事人就迟延履行约定违约金的，违约方支付违约金后，还应当履行债务。"

违反合同约定一方应向守约方承担损害赔偿责任，该损害赔偿责任的主要目的在于填补守约方的损失，数额应相当于违约造成的损失，而且这种违约所造成的损失必须是违约方在订立合同能预见到或者应当预见到的损失。

合同当事人可以在合同中约定违约金的数额，或者损失的计算方法。如果约定的违约金，过分高于或低于违约造成的实际损失的，合同当事人可以请求予以适当减少或增加。如果合同双方没有约定违约金或损失的计算方法的，对于守约方来说是不利的，因为守约方需要证明其因违约造成的实际损失，这将会增加守约方的举证责任。

根据《最高人民法院关于适用〈中华人民共和国民法典〉合同编通则若干

问题的解释》（法释〔2023〕13 号）第六十条至六十六条的规定，关于损害赔偿的问题，在实践中，应注意以下问题：

1. 可得利益计算的一般方法

人民法院依据《中华人民共和国民法典》第五百八十四条的规定确定合同履行后可以获得的利益时，可以在扣除非违约方为订立、履行合同支出的费用等合理成本后，按照非违约方能够获得的生产利润、经营利润或者转售利润等计算。

如果非违约方依法行使了合同解除权并已经实施了替代交易的，可以按照替代交易价格与合同价格的差额确定合同履行后可以获得的利益。但如果替代交易的价格明显偏离替代交易发生时当地的市场价格，违约方可以要求按照市场价格与合同价格的差额确定合同履行后可以获得的利益。

如果非违约方依法行使了合同解除权但是未实施替代交易的，非违约方可以要求按照违约行为发生后合理期间内合同履行地的市场价格与合同价格的差额确定合同履行后可以获得的利益。

2. 以持续履行的债务为内容的定期合同可得利益计算的特殊性

在以持续履行的债务为内容的定期合同中，比如，长期租赁合同，一方不履行支付价款、租金等金钱债务，对方请求解除合同，人民法院经审理认为合同应当依法解除的，可以根据当事人的主张，参考合同主体、交易类型、市场价格变化、剩余履行期限等因素确定非违约方寻找替代交易的合理期限，并按照该期限对应的价款、租金等扣除非违约方应当支付的相应履约成本确定合同履行后可以获得的利益。

非违约方主张按照合同解除后剩余履行期限相应的价款、租金等扣除履约成本确定合同履行后可以获得的利益的，人民法院不予支持。但是，剩余履行期限少于寻找替代交易的合理期限的除外。

比如，2022 年 1 月 20 日，甲乙双方签订了一份租赁合同，租赁期限为 10

年，至 2032 年 1 月 20 日。2023 年 1 月 20 日，因乙方拖欠租金，甲方根据合
同约定解除了租赁合同。此时，甲方可得利益的计算，是根据甲方自 2023 年
1 月 20 日起，可以找到类似替代交易的合理时间计算的。如果甲方找到类似
替代交易租户的时间为 6 个月，那么，甲方的可得利益，就是这 6 个月对应的
价款、租金并扣除甲方相应的履约成本，而不是按照租赁合同剩余期限（9
年）来计算可得利益的，除非租赁合同的剩余履行期限少于寻找替代交易的合
理期限。

3. 可得利益难以通过计算确定时，法院如何处理

非违约方在合同履行后可以获得的利益难以根据前述第 1 种和第 2 种方法
予以确定的，人民法院可以综合考虑违约方因违约获得的利益、违约方的过错
程度、其他违约情节等因素，遵循公平原则和诚信原则确定。

4. 违约一方订立合同时预见到或者应当预见到的因违约可能造成的损失
如何认定

在认定《中华人民共和国民法典》第五百八十四条规定的"违约一方订立
合同时预见到或者应当预见到的因违约可能造成的损失"时，人民法院应当根
据当事人订立合同的目的，综合考虑合同主体、合同内容、交易类型、交易习
惯、磋商过程等因素，按照与违约方处于相同或者类似情况的民事主体在订立
合同时预见到或者应当预见到的损失予以确定。

除合同履行后可以获得的利益外，非违约方主张还有其向第三人承担违约
责任应当支出的额外费用等其他因违约所造成的损失，并请求违约方赔偿，经
审理认为该损失系违约一方订立合同时预见到或者应当预见到的，人民法院应
予支持。

在确定违约损失赔偿额时，违约方主张扣除非违约方未采取适当措施导致
的扩大损失、非违约方也有过错造成的相应损失、非违约方因违约获得的额外
利益或者减少的必要支出的，人民法院依法予以支持。

5. 请求违约金调整的方式、举证责任，以及能否事先通过约定排除

当事人一方可以通过反诉或者抗辩的方式，请求调整违约金。

违约方主张约定的违约金过分高于违约造成的损失，请求予以适当减少的，应当承担举证责任。非违约方主张约定的违约金合理的，也应当提供相应的证据。

当事人仅以合同约定不得对违约金进行调整为由主张不予调整违约金的，人民法院不予支持。也就是说，当事人不能通过事先约定排除法院对违约金的调整。

6. 违约金是否过高的判断标准

当事人主张约定的违约金过分高于违约造成的损失，请求予以适当减少的，人民法院应当以《中华人民共和国民法典》第五百八十四条规定的损失为基础，兼顾合同主体、交易类型、合同的履行情况、当事人的过错程度、履约背景等因素，遵循公平原则和诚信原则进行衡量，并作出裁判。

约定的违约金超过造成损失的百分之三十的，人民法院一般可以认定为过分高于造成的损失。

恶意违约的当事人一方请求减少违约金的，人民法院一般不予支持。

7. 法院对当事人是否请求调整违约金的释明

当事人一方请求对方支付违约金，对方以合同不成立、无效、被撤销、确定不发生效力、不构成违约或者非违约方不存在损失等为由抗辩，未主张调整过高的违约金的，人民法院应当就若不支持该抗辩，当事人是否请求调整违约金进行释明。第一审人民法院认为抗辩成立且未予释明，第二审人民法院认为应当判决支付违约金的，可以直接释明，并根据当事人的请求，在当事人就是否应当调整违约金充分举证、质证、辩论后，依法判决适当减少违约金。

被告因客观原因在第一审程序中未到庭参加诉讼，但是在第二审程序中到庭参加诉讼并请求减少违约金的，第二审人民法院可以在当事人就是否应当调

整违约金充分举证、质证、辩论后，依法判决适当减少违约金。

参考案例：违约赔偿损失的责任应以订立合同时能预见到的损失为限

2001 年 12 月，某某酱油厂与杨某签订承包合同，约定：杨某每月向酱油厂缴纳 500 元，酱油厂的酱油渣全部归杨某；如果酱油厂中途停止供给酱油渣，造成杨某中断各养殖场用料，损失由酱油厂负责赔偿。2002 年 1 月，杨某分别与三家养殖场签订供销协议，供销协议约定：杨某向养殖场提供酱油渣作为饲料，如杨某中途停送，养殖场有权拒付全部货款。2006 年 11 月，酱油厂停产并停止向杨某提供酱油渣。2007 年，杨某起诉三家养殖，要求给付 2006 年全年货款共计 93.5 万元。三家养殖场均认可所欠数额，但认为根据合同约定有权拒付全部货款。法院均判决驳回杨某要求三家养殖场支付货款的诉讼请求。后杨某依据三份判决起诉，要求该酱油厂赔偿因停止供应酱油渣给其造成的损失 93.5 万元。

法院经审理认为，合同法第一百一十三条规定："当事人一方不履行合同义务或者履行合同义务不符合约定，给对方造成损失的，损失赔偿额应当相当于因违约所造成的损失，包括合同履行后可以获得的利益，但不得超过违反合同一方订立合同时预见到或者应当预见到的因违反合同可能造成的损失。"（注：现为《中华人民共和国民法典》第五百八十四条）因此，违约损害赔偿应遵循可预见性原则。本案中，杨某与酱油厂签订承包合同在先，与养殖场签订供销协议在后，杨某从未告知酱油厂其与养殖场约定的协议内容，故在订立合同时，酱油厂不可能预见到若杨某停止供货将需承担养殖场拒付全部货款的违约责任。杨某与养殖场关于违约责任的约定，导致杨某承担的违约责任明显超过养殖场的实际损失，该损失并非正常可预见的损失，包含了杨某自愿多承担的损失，而此类损失对于酱油厂来说具有不可预见性，故杨某不能要求酱油厂赔偿其货款的损失，但酱油厂应赔偿因中途停止供应酱油渣给养殖场造成的实际损失。

参考案例：可得利益损失，如何计算

2016 年 3 月 31 日，旻某物流公司与华某电商公司签订了"仓库保管及物流运输合同"。约定：华某电商公司要求在旻某物流公司设在娄底市经济技术开发区××街××南华某钢铁电子商务湘中基地仓库保管的货物，其货权一律属于华某电商公司，以华某电商公司名义入库，仓储费 19 元/吨；旻某物流公司应根据提货单上注明的有效信息仔细核对后发送相应货物。旻某物流公司应积极配合华某电商公司的库存核对工作。旻某物流公司在没有收到华某电商公司有效的提货单或无指定人员签字的情况下，不得擅自将华某电商公司物资出库，由此造成华某电商公司任何损失的，由旻某物流公司负责全部赔偿及承担一切法律后果；在合同期内，如旻某物流公司不能满足华某电商公司仓储所需硬件、软件、各项业务服务以及对华某电商公司的业务情况未进行保密等情况下，华某电商公司有权单方面解除合同，旻某物流公司如果能满足上述条件，华某电商公司不能在娄底区域与第三方（含华某电商关联企业）开展同类业务合作；本合同有效期自 2015 年 8 月 1 日至 2020 年 3 月 31 日止；等等。

2016 年 8 月 24 日，华某电商公司出具"项目情况简介"，"项目情况简介"记载：根据华某电商公司的要求，经娄底市经开区管委会协调，旻某物流公司先后投资 4 800 多万元，建设专为湖南华某电子商务湘中基地仓储物流服务的三万平方米大型仓储中心，经华某电商公司认可，于 2015 年 7 月 15 日启用，简介上华某电商公司加盖了公章，华某电商公司的员工李某签了名。

2015 年 12 月开始，华某电商公司有部分钢材没有存入湘中基地仓库，而是存放在涟钢公司仓库，从涟钢公司仓库直接发往目的地。2016 年 7 月、8 月开始，华某电商公司没有钢材存入湘中基地，而是从涟钢公司仓库直接发往目的地。

2016 年 12 月 8 日，华某电商公司以"仓储保管及物流运输合同"签订后，旻某物流公司未能按合同约定履行，造成公司仓储物资丢失，拒不按公司指令出库发货，旻某物流公司的严重违约行为已使合同目的无法实现为由，作出了解除合同通知书，要求解除"仓储保管及物流运输合同"，该通知书虽有邮寄的单据，但并没有相应的查询记录，旻某物流公司称未收到通知书。

后旻某物流公司将华某电商公司起诉至法院，请求判令被告华某电商公司支付原告旻某物流公司湘中基地投资款项 4 800 万元，后变更为判令被告赔偿原告经济损失 4 800 万元；被告赔偿原告经营成本 180 万元（暂计算至 2016 年 9 月 30 日，具体金额应计算至解除"仓库保管及物流运输合同"之日止）。

审理过程中，根据旻某物流公司的申请，对湘中基地仓库的实际建造成本进行了鉴定。

一审法院经审理后认为，华某电商公司的行为已经构成合同根本违约，在案证据不足以证明旻某物流公司存在丢失货物、未按指令及时发货的违约行为。旻某物流公司有权解除合同。1. 关于损失如何赔偿的问题，旻某物流公司设在娄底市经济技术开发区群乐街的湖南华某电子商务湘中基地只能仓储华某电商的货物，湘中基地系根据华某电商公司的要求专为其修建，旻某物流公司要求华某电商公司赔偿基地建设损失的理由成立，予以支持，但应扣除旻某物流公司已使用期间。根据鉴定报告，湘中基地的建设成本应为 19 012 348.58 元。经计算，华某电商应赔偿旻某物流建设成本为 14 471 752.39 元［19 012 348.58 元×（1 700 天－406 天）÷1 700 天］。2. 关于旻某物流公司要求赔偿经营成本的问题。旻某物流公司诉请的经营成本系其公司开展经营活动的必要支出，应当由其自行承担且没有提供相应证据，不予支持。

双方均不服一审判决，提起上诉。二审补充查明：湘中基地仓库于 2015 年 7 月开始启用，2016 年 9 月后闲置。根据旻某物流公司提供的 2015—2016 年钢材仓储情况显示，2015 年 7 月入库钢材重量为 29 649.123 吨，2015 年 8 月入库重量为 16 210.153 吨，2015 年 9 月入库重量为 20 823.304 吨，2015 年 10 月入库重量为 11 640.559 吨，2015 年 11 月入库重量为 17 843.307 吨。自 2015 年 12 月份华某电商公司将部分钢材存于涟钢公司仓库时起至 2016 年 9 月止，湘中基地仓库近十个月入库钢材重量总计仅为 21 845.531 吨。

　　湖南省高级人民法院二审认为，本案中，华某电商公司的根本违约行为导致涉案"仓库保管及物流运输合同"无法继续履行，根据上述规定，应向无过错的守约方旻某物流公司赔偿因此所造成的履行利益损失，即可得利益损失。旻某物流公司提出，湘中基地仓库系应华某电商公司的要求，专为履行涉案"仓库保管及物流运输合同"而建造。现因华某电商公司的违约行为导致湘中基地仓库的建造成本无法收回，故应由华某电商公司赔偿其建造成本损失。对此，因涉案合同并未约定在华某电商公司违约的情形下应向旻某物流公司赔偿湘中基地仓库建造成本，且该损失系华某电商公司在订立合同时无法预见的损失，故旻某物流公司的该主张无相应事实与法律依据。

　　对于旻某物流公司的可得利益损失如何认定的问题，因旻某物流公司的可得利益系以钢材的实际存储数量为计算基础，而本案所涉合同由于华某电商公司的违约行为并未履行完毕，实际应存钢材的数量无法确定，故旻某物流公司至合同期满的可得利益无法精确计算。鉴于双方已实际正常履行合同四个半月左右，且旻某物流公司在该期间的经营收益能够确定，故在合同未明确约定损失赔偿额的计算方法的情形下，本案应采取类比法，即以双方正常履行合同时旻某物流公司已经获得的收益作为参照，来类比确定合同未实际履行时旻某物流公司的可得利益。

　　根据查明的事实，2015 年 7 月中旬至 2015 年 11 月底，湘中基地仓库每月的钢材平均存储量为 19 233.289 吨，按 19 元/吨的价格计算，旻某物流公司每月平均可获得经营收益 365 432.5 元。故至合同期满，旻某物流公司因华某电商公司违约所造成的可得利益损失应认定为 18 587 424.9 元［365 432.5 元/月×52 个月（合同期限 4 年 8 个月－已正常履行的 4 个月，即 2015 年 8 月 1 日至 2015 年 11 月底）－2015 年 12 月至 2016 年 9 月合同非正常履行合同期间旻某物流公司已获得的营业收益 415 065.1 元（21 845.531 吨×19 元/吨）］。

　　根据《中华人民共和国合同法》第一百一十九条的规定（现为《中华人民共和国民法典》第五百九十一条），在华某电商公司违约的情形下，旻某物流公司具有防止损失扩大的义务，故就扩大部分的损失旻某物流公司无权要求华某电商公司予以赔偿。同时，因涉案合同尚未履行完毕，旻某物流公司并未实际产生税务、人工、水电等经营成本支出，参照《最高人民法院关于审理买卖合同纠纷案件适用法律问题的解释》第三十一条规定的损益相抵原则，旻某物流公司因华某电商公司违约而产生的该部分消极利益也应在损失赔偿额中予以扣除。因《中华人民共和国合同法》所规定的赔偿损失本身兼具补偿与惩罚功能，考虑到本案纠纷系因华某电商公司的根本违约行为引起，旻某物流公司系无过错的守约方；同时考虑到湘中基地仓库系专为存储钢材而建造，而华某电商公司的违约行为客观上使得旻某物流公司难以再次寻找交易机会等因素，本院根据公平原则和诚信原则，酌情确定由华某电商公司对旻某物流公司的可得利益损失承担 60％的赔偿责任，即 11 152 455 元（18 587 424.9 元×60％）。旻某物流公司提出应由华某电商公司赔偿损失的请求成立，本院予以支持。但其提出应赔偿湘中基地仓库建造成本损失 4 800 万元的上诉请求不能成立，本院不予支持。华某电商公司提出不应赔偿损失的上诉请求不能成立，本院不予支持。至于旻某物流公司提出应由华某电商公司赔偿其 180 万元经营成本损失的上诉请求，因本院已支持了旻某物流公司的可得利益损失，故对该上诉请求本院亦不予支持。

二审判决后，华某电商公司申请再审，认为可得利益数额的计算错误。

最高人民法院再审认为，原审法院计算得出的旻某物流公司可得利益损失并无不当。

首先，对于原审法院的计算依据，旻某物流公司提交的 2015 年 7 月中旬至 2015 年 11 月底湘中基地仓库每月的钢材存储量统计数据，华某电商公司虽不认可该数据，但其在原审法院规定的举证时间内未提交证据予以反驳，其应承担举证不能的后果，原审法院采用上述数据并无不当。华某电商公司在再审申请中提交的《2015 年结算清单及旻某物流发票汇总》不属于新证据，亦不能推翻原审法院的计算依据。

其次，自 2015 年 12 月开始，华某电商公司有部分钢材没有进入湘中基地仓库，而是存放在涟钢公司仓库。据此，2015 年 7 月中旬至 2015 年 11 月底的钢材存储量最能反映华某电商公司的实际钢材存储量。原审法院选取上述时间段的钢材存储量作为类比依据，并无不当。

再次，可得利益损失，是指当事人订立合同时能够合理预见到的，合同在履行以后可以实现和得到的利益。在计算和认定可得利益损失时，应当综合运用可预见规则、减损规则、损益相抵规则以及过失相抵规则等，从非违约方主张的可得利益赔偿总额中扣除违约方不可预见的损失、非违约方不当扩大的损失、非违约方因违约获得的利益、非违约方亦有过失所造成的损失以及必要的交易成本。原审法院采取类比法即以双方正常履行合同时旻某物流公司已经获得的收益作为参照，来类比确定合同未实际履行时旻某物流公司的可得利益，此后再综合考虑旻某物流公司未实际产生的经营成本支出、消极利益部分的扣减、旻某物流公司为无过错的守约方，根据公平原则和诚实信用原则，酌情确定的由华某电商公司对旻某物流公司的可得利益损失承担 60% 的赔偿责任中，已经扣除了华某电商公司不可预见的损失、旻某物流公司不当扩大的损失、旻某物流公司因违约获得的利益及必要成本。因此，原审法院认定华某电商公司应向旻某物流公司赔偿经济损失 11 152 455 元，于法有据，并无不当。

——湖南省高级人民法院（2019）湘民终 837 号

——最高人民法院（2020）最高法民申 6383 号

四、定金与违约金的关系

《中华人民共和国民法典》第五百八十八条规定："当事人既约定违约金，又约定定金的，一方违约时，对方可以选择适用违约金或者定金条款。定金不足以弥补一方违约造成的损失的，对方可以请求赔偿超过定金数额的损失。"

定金和违约金不能同时适用，当一方出现违约行为时，另一方当事人可以选择适用定金或违约金条款。但如果定金不足以弥补实际损失的，守约方可以在定金数额之外要求赔偿实际损失，也就是说，定金和赔偿损失可以并用。

根据《最高人民法院关于适用〈中华人民共和国民法典〉合同编通则若干问题的解释》（法释〔2023〕13号）第六十七条和第六十八条的规定，对于适用定金的问题，应注意以下几点：

1. 未明确约定定金时不能适用定金罚则

合同当事人交付留置金、担保金、保证金、订约金、押金或者订金等，但是没有约定定金性质，一方主张适用《中华人民共和国民法典》第五百八十七条规定的定金罚则的，人民法院不予支持。

2. 虽约定为定金，但就定金的具体类型未明确约定时如何认定

当事人约定了定金性质，但是未约定定金类型或者约定不明，一方主张为违约定金的，人民法院应予支持。

当事人约定以交付定金作为订立合同的担保，一方拒绝订立合同或者在磋商订立合同时违背诚信原则导致未能订立合同，对方主张适用《中华人民共和国民法典》第五百八十七条规定的定金罚则的，人民法院应予支持。

当事人约定以交付定金作为合同成立或者生效条件，应当交付定金的一方未交付定金，但是合同主要义务已经履行完毕并为对方所接受的，人民法院应当认定合同在对方接受履行时已经成立或者生效。

当事人约定定金性质为解约定金，交付定金的一方主张以丧失定金为代价解除合同的，或者收受定金的一方主张以双倍返还定金为代价解除合同的，人民法院应予支持。

3. 合同双方均存在违约时，定金罚则如何适用

双方当事人均具有致使不能实现合同目的的违约行为，其中一方请求适用定金罚则的，人民法院不予支持。当事人一方仅有轻微违约，对方具有致使不能实现合同目的的违约行为，轻微违约方主张适用定金罚则，对方以轻微违约方也构成违约为由抗辩的，人民法院对该抗辩不予支持。

当事人一方已经部分履行合同，对方接受并主张按照未履行部分所占比例适用定金罚则的，人民法院应予支持。对方主张按照合同整体适用定金罚则的，人民法院不予支持，但是部分未履行致使不能实现合同目的的除外。

因不可抗力致使合同不能履行，非违约方主张适用定金罚则的，人民法院不予支持。

第三节　违约责任的免除和守约方的义务

违约责任的免除，是指在合同履行过程中，因出现法定的或约定的不可归责于债务人的免责事由而导致合同不能履行、迟延履行，债务人免予承担违约责任。本节我们主要讨论因不可抗力导致的违约责任免除。当一方当事人违约时，依据诚信原则，守约方仍有防止损失扩大的义务。如果守约方违反了减损义务，对因此扩大的损失，将无权要求违约方承担。

一、违约责任的免除——不可抗力

《中华人民共和国民法典》第五百九十条规定："当事人一方因不可抗力不能履行合同的，根据不可抗力的影响，部分或者全部免除责任，但是法律另有规定的除外。因不可抗力不能履行合同的，应当及时通知对方，以减轻可能给对方造成的损失，并应当在合理期限内提供证明。当事人迟延履行后发生不可抗力的，不免除其违约责任。"

不可抗力是不能预见、不能避免且不能克服的客观情况。如，地震、台风等自然灾害。因不可抗力造成合同不能履行的，可以根据造成影响的程度，部分或者全部免除责任，但因不可抗力不能履行合同的一方应当及时通知对方，并提供相应的证明。如果是在迟延履行后发生不可抗力的，不能履行合同的当事人已经存在违约行为，此时，不可抗力不能免除其违约责任。

二、守约方的减损义务

《中华人民共和国民法典》第五百九十一条规定："当事人一方违约后，对方应当采取适当措施防止损失的扩大；没有采取适当措施致使损失扩大的，不得就扩大的损失请求赔偿。当事人因防止损失扩大而支出的合理费用，由违约方负担。"

虽然守约方有权向违约方主张违约责任，但根据诚实信用原则，无论守约方还是违约方都负有避免损失扩大的义务。在违约行为发生后，守约方也应当采取适当的措施防止损失扩大，不能对可能扩大的损失置之不理，企图以此来惩罚违约方。否则，对因此扩大的损失，守约方无权要求违约方赔偿。

参考案例：守约一方应及时采取措施减少损失，否则无权就扩大损失要求赔偿

2003 年 5 月 5 日，某川公司与某宇公司签订建筑施工协议，该协议约定，某宇公司将其开发的大连铁道学院大学生公寓工程发包给某川公司施工，付款方式为：2#、3#、44 楼的工程款，某宇公司用 1# 楼建筑面积和 3# 楼公建部分抵顶。2004 年 2 月 22 日，陈某与某川公司签订房屋销售合同，约定陈某购买某宇公司抵给某川公司的位于辽宁省大连市沙河口区西南路大连铁道学院大学生公寓 3 号楼南端地上一层、二层约 600 平方米的公建一处，单价为每平方米 5 000 元，总价款 300 万元。合同签订之日起 3 日内交付首付款 150 万元，余款通过银行按揭的方式，在 2004 年 9 月 1 日房屋交付使用前支付。合同签订当日，陈某即向某川公司交付首付款 150 万元，后某川公司与某宇公司因建设工程施工合同产生纠纷，某宇公司没有与陈某签订正式的商品房销售合同，致使陈某无法办理按揭贷款。某宇公司于 2005 年 7 月将案涉房屋出售给案外人。2012 年，陈某起诉某川公司和某宇公司，要求某川公司返还购房款 150 万元及利息，解除与某川公司签订的房屋销售合同，并要求某川公司与某宇公司连带赔偿房屋增值损失（按照案涉房屋在 2012 年 8 月 16 日的市场价格赔偿房屋增值损失）。

最高人民法院经再审认为：……某川公司按约应在 2004 年 9 月 1 日前向陈某交付案涉房屋，某宇公司业于 2004 年 9 月 2 日取得包括案涉房屋在内的开发项目的商品房预售许可证。此后，某川公司依约履行交付房屋并协助陈某与某宇公司签订正式商品房销售合同等合同义务的期限均已届满。在某川公司已经构成违约的情况下，陈某已可依法行使要求某川公司承担继续履行、赔偿损失等违约责任或者解除案涉房屋销售合同的权利。陈某主张在交房期限届满后，某川公司一再承诺能够协调某宇公司与陈某签订商品房买卖合同并交付房屋，但并未提供相关证据。第三，按照陈某所述，其在 2010 年某川公司与某宇公司诉讼后才知道案涉房屋已经被某宇公司另行出售，即便截至当时，某川公司迟延履行合同义务也已将近 6 年。而陈某通过诉讼方式主张权利的时间则为 2012 年。现陈某要求某川公司按照案涉房屋在 2012 年 8 月 16 日的市场价格赔偿房屋增值损失，但若其能够及时行使权利则该损失并非必然发生。亦即，尽管某川公司存在违约行为，但该违约行为并不必然造成陈某所诉该项损失。陈某此项主张不符合合同法第一百一十三条（注：现为《中华人民共和国民法典》第五百八十四条）规定精神。第四，根据合同法第一百一十九条第一款规定（注：现为《中华人民共和国民法典》第五百九十一条），在对方当事人违约甚至根本违约的情况下，当事人仍负有基于诚实信用原则的合同义务，即应采取适当措施防止损失的扩大，如果当事人没有采取适当措施致使损失扩大的，不得就扩大的损失要求赔偿。最后，按照案涉房屋销售合同第九条的规定，某川公司非因不可抗力原因造成未能按时交房，陈某有权按已付房款的日万分之一向某川公司追究逾期期间的违约金。根据二审判决，某川公司需承担陈某已付购房款 150 万元自 2004 年 2 月 22 日起至判决确定的给付之日止，按照中国人民银行同期同类银行贷款利率标准计算的利息，该民事责任已经高于某川公司按照合同约定所应承担的违约责任。综上，二审判决驳回了陈某要求赔偿其房屋增值损失 886.98 万元的诉讼请求，在认定事实和适用法律方面并无不当。

——最高人民法院，（2014）民申字第 644 号

第三编

合 同 起 草

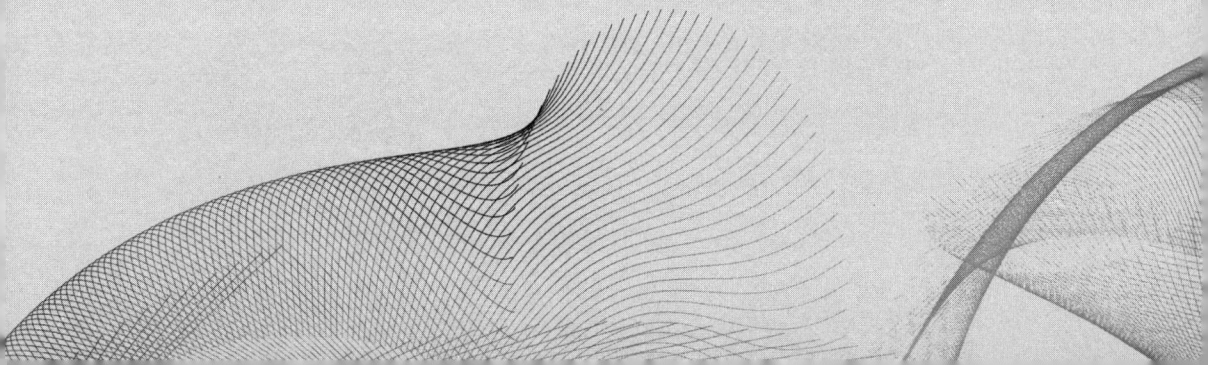

合同起草是合同起草人在充分了解交易背景和合同当事人的交易目的后，将合同双方当事人达成的交易内容，准确地以文字的形式表达出来的过程。本编将在介绍合同结构构成、合同条款构成、影响合同起草因素、合同起草方法和步骤的基础上，针对合同起草中常见的通用合同条款，从示范条款、条款功能和条款起草实务等方面进行详细阐述，并对每一个通用合同条款给出具体的实务建议。

第十章

合同起草的基本知识

在起草合同之前，合同起草人员首先必须知道一份完美的合同是由哪些部分构成的、由哪些条款组成的，只有在此基础上，合同起草人员才有可能起草出一份完美的合同。

第一节　合同的构成

本节介绍合同结构构成和合同条款构成。合同的结构构成是指从结构上来看，合同由哪几部分构成。合同的条款构成则是指从内容上看，合同的条款由哪些类型的条款构成，哪些是基本条款，哪些是必备条款。合同的结构构成和条款构成是合同起草和审查人员必须了解的基本知识。

一、合同的结构构成

一份合同从结构上来说，一般是由首部、正文、尾部和附件组成。

1. 合同首部

合同首部，是指合同正文之前的内容，主要包括标题、合同编号、合同当事人信息、签订时间和地点、合同签订背景或过程的描述和过渡条款。

（1）标题

标题是指合同名称，如"机动车买卖合同"。合同名称一般要能体现交易的内容和性质，要能让他人在看到合同名称时，就能明白交易内容。如，房屋买卖合同，房屋租赁合同。

（2）合同编号

合同编号一般是为了方便合同的管理和查找，合同签订单位根据自己内部的需要设定或由系统自动生成的一串字符，大多是由字母和数字组成。但也有不少合同签订单位，由于合同管理不规范或者由于合同比较少，并不会设定相应的合同编号，所以有很多的合同是没有编号的。

（3）合同当事人信息

合同当事人信息，主要是指合同签订双方当事人的基本信息。如，当事人的名称或姓名、统一社会信用代码、法定代表人、联系地址、联系方式和联系人等。

有些合同会将联系地址、联系方式和联系人放在合同尾部的签字页，至于联系地址、联系方式和联系人究竟是应该放在首部还是尾部，可以根据合同起草人或合同当事人的习惯确定，但在同一份合同里不要在首部和尾部重复出现联系地址、联系方式和联系人等信息。

（4）签订时间和地点

有些合同会将签订时间和地点放在合同的首部，比如，放在合同名称下方，表述为，××公司与××公司××合同，然后另起一行为合同签订日期：某年某月某日，合同签订地点为：某某地。

合同签订时间放在合同首部存在一个弊端，如果合同签订时间连同合同文本一并打印时，一旦合同当事人的实际签字、盖章存在延误，将会导致打印的签订时间与合同当事人实际签字、盖章的时间不一致。比如，合同中打印的签订时间为 2020 年 9 月 3 日，但由于合同当事人内部的审批流程，导致合同双方当事人实际签字、盖章的时间为 2020 年 9 月 10 日，这会产生不必要的法律风险。

如果在合同首部预留空白的签订时间，由合同当事人在实际签订合同时手写签订时间，如，预留合同签订时间为＿＿年＿月＿日。因为是在签订合同时同一时间手写，合同签订时间可能不会与当事人实际签字、盖章时间不一致，但在合同首部预留一个签订时间，在合同尾部预留一个当事人实际签字、盖章时间，而且这两个时间是相同的，会导致内容上的重复。

一般来说，当事人实际签字、盖章的时间就是合同的签订时间，也是合同的生效时间，只在合同尾部预留一个当事人实际签字、盖章的时间即可，无须重复约定。

合同签订地点放在首部，尽管不会出现像合同签订时间放在首部时的不一致。但在合同签订时间不适合放在首部的情况下，若单独将合同签订地点放在首部，不仅会影响合同排版上的美观，也违背了合同中将相同内容放在同一模块的起草和审查原则，不利于合同当事人或第三人的阅读。因此，合同签订时间和地点，最好与当事人的签字一起放在合同尾部。

（5）签订背景或过程的描述

合同签订背景或过程的描述，一般是指鉴于条款，主要是描述合同双方的依法成立和存续情况，合同双方的交易关系，合同双方之前的交易情况等与合同签订背景有关的内容。

（6）过渡条款

过渡条款，一般是在鉴于条款之后合同正文之前，主要目的是介绍合同的正文，可以避免直接进入合同正文所造成的前后顺序上的突兀和衔接上的不连贯。因此，过渡条款一般都是"套话"，并没有与合同相关的实质内容，主要起到承上启下的作用。如"基于以上内容，甲乙双方根据《中华人民共和国民法典》的有关规定，达成如下协议，以资信守"。

2. 合同正文

合同正文是从合同正式条款开始一直到合同最后签字部分的内容。合同正文是一份合同的核心部分，其主要内容包括：合同标的，交易内容，数量，质量，合同中涉及相关术语的定义，合同双方的权利义务条款，价款及其支付时间、方式和条件，合同解除和终止，违约责任，保密和知识产权条款，争议解决等条款。合同正文的内容直接决定着合同双方当事人的权利义务内容，如果合同正文内容不明确、不具体或缺少相关内容，将会给合同履行带来极大的不确定性。

（1）正文框架

合同正文框架的安排应具有逻辑性，正文的各个部分，以及每个部分的各个条款之间应按照适当的逻辑顺序进行安排。如果正文内容能按照适当的逻辑安排，这种逻辑性将会使合同正文具有更强的可读性，能使阅读者更容易阅读和理解合同正文的内容。相反，如果合同正文框架的安排缺乏逻辑性，合同内容的各个部分穿插表述，无逻辑顺序，这将会给阅读者带来阅读困难。

通常来说，合同正文可以按照标的，数量，质量，价款或者报酬，履行期限、地点和方式，违约责任，解决争议的方法这样的逻辑顺序来安排，但不同类型的合同对正文内容有不同的或特殊的要求，也不能一概而论。

合同起草和审查人员可以根据交易内容、交易特点和合同当事人的要求对合同正文进行扩展并适当调整逻辑顺序，但必须保持逻辑性，相关内容或涉及同一话题的内容应放在同一板块，不能将相关的合同内容穿插安排，这样会使合同变得杂乱无章，缺乏条理性。如，没有将合同的解除权放在同一章节或条款进行约定，而是把合同的解除条款与权利义务条款放在一起，每约定一个义务就约定一个未履行义务的合同解除权，另外，合同还专门设定有解除权的条款，使关于合同解除权的约定散见于不同章节或条款。

（2）正文编号

合同正文编号有不同的体例，有的合同按照国家法律规范的体例编号，将合同的内容分为章、节、条、款、项，结构层次的序号按第一层为"一、"第二层为"（一）"，第三层为"1."，第四层为"（1）"来排列。而有的合同则采用阿拉伯数字序号，如，按第一层为"1"第二层为"1.1"，第三层为"1.1.1"，第四层为"1.1.1.1"，依次排列。英文合同多采用后一种方式。

合同正文编号采取何种格式，并没有统一的规定或统一的要求，可以根据合同内容的复杂程度，灵活地采用不同的编号形式。只要逻辑清晰、标号明确即可。

3. 合同尾部

合同尾部是正文之后附件之前的内容。这部分主要是合同的签署栏，一般合同签署栏包括：合同双方当事人的签名或盖章，签字或盖章日期，签订地点，合同签订双方的授权代表、职务及其联系方式，法定代表人签字，合同双方当事人的通信地址、联系电话、传真号码、电子邮箱地址等内容。

如果已将合同双方当事人的通信地址、联系电话、传真号码、电子邮箱地址等内容放在合同首部关于合同当事人信息部分时，就无须在合同尾部重复约定。

4. 合同附件

合同附件，一般在合同尾部之后，往往是在正文中被提及或引用的内容。合同附件原则上具有与合同条款同等的效力，如果合同附件内容与合同条款内容产生冲突或存在不一致，就需要进行合同解释，一旦涉及合同解释，就可能存在不确定性。因此，在合同中最好约定：当附件内容与合同条款内容产生冲突时，以哪一内容为准。这样可以有效地控制法律风险。

合同附件的作用主要体现在以下几个方面：

（1）补充说明合同标的。此类附件主要是为了更详细地补充说明合同交易标的的内容和信息，使合同的交易标的更加明确、具体。如，作为建设施工合同附件的设计图纸，作为房屋买卖合同附件的房产证复印件，作为买卖合同附件的产品明细表（列明买卖产品的型号、品牌、规格、数量、单价、尺寸等内容）等。

（2）证明合同当事人的身份和资格。此类附件主要是为了证明合同当事人的合法经营资格、从事某种特定活动的资质，或者厂家的代理授权等。如，营业证复印件等。

（3）指向合同中交叉引用的文件。此类附件主要是在合同中交叉引用合同之外的另一个单独文件时使用。如，合同中引用双方之前的交易合同，引用某一方合同当事人与第三方签订的合同。

（4）对与合同有关的其他内容进行补充或说明。

另外，要注意合同附件与补充合同的区别。合同附件和补充合同虽然对合同当事人都具有法律效力，但二者仍存在不同之处，主要体现在以下几方面。

（1）时间不同。合同附件一般是作为合同的一部分与合同同时存在，而补充合同是指在合同履行过程中，对合同未尽事宜进行约定或因发生新情况而对合同内容的另行约定，补充合同的形成时间晚于合同本身。

（2）与合同本身的关系不同。合同附件一般是用来补充说明合同的内容，是对合同内容的进一步细化。而补充合同往往是填补之前合同未约定的内容或者变更之前合同的内容。

二、合同的条款构成

1. 合同必备条款

合同必备条款是每一份合同都必须具备的条款，没有这些条款，合同就不成立。根据《最高人民法院关于适用〈中华人民共和国合同法〉若干问题的解释（二）》第一条的规定（尽管该司法解释在民法典生效后已被废止，但仍具有参考意义），当事人的名称或姓名、标的、数量这三个条款，是每一份合同的必备条款，如果一份合同不具备这三个条款，将直接影响合同的成立。

2. 合同基本条款

《中华人民共和国民法典》第四百七十条第一款规定："合同的内容由当事人约定，一般应包括下列条款：（一）当事人的姓名或者名称和住所；（二）标的；（三）数量；（四）质量；（五）价款或者报酬；（六）履行期限、地点和方式；（七）违约责任；（八）解决争议的方法。"

虽说这些条款都是合同的基本条款，但除了当事人的名称或姓名、标的、数量条款外，其他都不是合同必备条款。也就是说，一份完善的合同基本上应包括（一）至（八）的内容，但如果缺少（四）至（八）这些基本条款的话，也并不影响合同的成立。

若合同缺少（四）至（八）这些基本条款的内容，合同当事人可以根据《中华人民共和国民法典》第五百一十条的规定进行事后协商补充。如果当事人事后协商仍达不成一致的，还可以根据合同相关条款或者交易习惯确定。如果根据合同相关条款或交易习惯仍无法确定的，合同当事人还可以根据《中华人民共和国民法典》第五百一十一条的规定直接进行漏洞填补。

3. 其他合同条款

除了前述的合同必备条款和基本条款外，根据合同当事人的要求和交易的复杂程度或特点，一份合同还可能包括其他合同条款。如，有的合同包括：定义条款，担保条款，生效条件与解除条件条款，转让与变更条款，保密和知识产权条款，陈述与保证条款，不可抗力条款，可分割条款，管辖法律条款，语言条款，通知条款等条款。总之，除了合同必备条款和合同基本条款外，合同当事人可以通过协商一致添加其他的合同条款内容。

第二节　影响合同起草的因素

合同在本质上是商业交易内容的文字化，一个交易能否成功会受到诸多因素的影响，一份合同的起草同样也会受到诸多因素的影响。合法性是合同起草的最基本要求。因此，在法律层面上，一份合同的起草要受到相关法律法规的影响。当然，除了法律层面，一份合同的起草还会受到商业层面的诸多因素影响。如，受到双方的合作关系，双方的风险承受能力，双方的信誉和信用等的影响。本节所讲的影响合同起草的因素，主要是指法律层面之外的其他可能影响合同起草的因素。

一、合同双方当事人合作关系的性质

合同双方当事人合作关系的性质对合同起草会产生一定影响。合同双方当事人合作关系是长期的、持续的，还是短期的、一次性的；合同双方当事人是第一次合作，还是之前已经多次合作，这都会影响合同的内容和双方达成一致的可能性。

如果合作关系是长期的、持续的，那么双方可能更看重交易的达成，为维持双方交易关系，双方可能都愿意对某些合同条款作出让步，以达成交易。此时，双方对存在分歧的合同条款达成一致的可能性就相对较大。

如果双方是短期的、一次性合作，双方相互不了解，又可能没有维持双方长期交易关系的愿望，都更看重自己目前的利益，更注重当前的风险控制。此时，双方对存在分歧的合同条款可能都会寸步不让，可能需要对合同草稿进行多次协商修改，才能达成一致。

如果合同交易双方之前已多次合作，由于双方在之前在交易中已经基本确定了双方的权利义务，双方对交易的风险点也相对比较明确。在之前合同的履行过程中，可能对已经出现的问题及时进行了沟通，并协商确定了解决方案，再加上双方在之前在合同履行过程中建立的相互信任，此时，合同的起草就相对比较容易。

二、合同当事人的谈判能力和市场地位

合同起草一般是在双方对交易主要内容达成一致的情况下进行的，但很多合同是在起草合同的法律专业人员未参与交易谈判的情况下起草的，起草的合同可能因未准确表述合同当事人的意图，或者因文字表述的内容与合同当事人的谈判内容有偏差，抑或者因与口头承诺相比，合同当事人对白纸黑字的内容

更加敏感等，使得合同双方当事人对起草的合同文本内容产生分歧，提出异议。在这种情况下，需要对合同的某些关键条款再次进行谈判、协商。

在很多情况下，合同起草和交易谈判是同时进行的，边谈边起草，边起草边谈，再修改。这样一来，合同当事人的谈判能力和市场地位将会对合同的起草产生影响。谈判能力强或市场地位占优势的一方可能会主导合同起草的主要内容，如果该方是合同的起草方，其则可能会坚持原有的合同条款，而另一方为了达成交易就会作出妥协、让步。

三、双方对合同风险的承受能力

合同双方当事人在起草合同的时候，都希望最大限度地降低合同的风险。但由于交易的性质或特定客观条件的限制，有些合同风险可能并不一定能够完全避免。

如果某一方合同当事人对风险具有较强的承受能力，能够在合同出现风险后承担由此带来的法律后果，在合同起草和谈判时，为避免给交易的达成带来过多的障碍，为达成交易，在考虑某些风险属于其可以承受的能力范围后，就更容易就某些分歧条款作出让步。

如果合同当事人对风险承受能力较弱，一旦出现合同风险，可能无法承担由此带来的法律后果，则合同当事人更加关注合同条款本身的内容和风险，不愿意就某些分歧条款作出让步。

四、涉及交易的标准化程度

涉及交易的标准化程度将直接影响合同起草工作的难易程度。

如果合同所涉及的交易标准化程度高，所有涉及交易的合同都已经形成固定的条款、格式或模板，那么合同的起草工作就相对容易。在保持主要条款和内容不变的情况下，只需要根据所涉交易的特定内容进行修改即可。如，修改合同的主体等信息。

如果合同涉及的交易是一项全新的交易，标准化程度很低，没有形成固定的条款、格式或模式，那么合同起草的难度可能就比较大，因为合同的大部分条款都要重新起草，从零开始。此时，合同的起草就要求具有更高的独创性。

五、双方的商誉和信用

合同双方当事人的商誉和信用也会对合同的起草产生影响。如果合同双方当事人的商誉和信用都比较好，相互之间也彼此信任的话，双方就更容易对某些分歧合同条款达成一致，达成共识。

某些合同条款尽管存在一定风险，但如果合同当事人认为这些风险并非主要或重大风险时，基于双方的良好信誉和信任，双方可能仍会就该条款达成一致意见。如，合同约定合同纠纷的诉讼管辖地为合同一方所在地法院，尽管该约定会给另一方合同当事人带来不利影响——增加诉讼成本等。但由于双方的商誉和信用都比较好，合同的一方当事人也可能对此作出妥协，进而达成交易。

如果合同某一方当事人的商誉和信用不好，且必须进行此交易时，那么合同另一方当事人可能就会对合同条款进行比较严苛的约定，并考虑到所有可能的法律风险，约定相应的违约责任或解决办法，以避免法律风险或尽量降低法律风险所带来的损失。

六、谁更可能违约

合同一方当事人违约可能性也会对合同的起草产生影响。如果合同某一方当事人违约的可能性更高，那么合同另一方当事人则希望对违约责任作出更详细，更具有可操作性，更易执行的规定，以降低可能由此带来的法律风险。但违约可能性更高的一方合同当事人则希望对违约责任进行比较概括的约定，以避免承担法律责任。

比如，一个预付费的服务合同，付费一方已经履行了主要合同义务，违约的可能性很小，付费一方就希望对违约责任规定得更加详细。而提供服务的一方在已经提前收取服务费的情况下，违约的可能性更大，特别是对于服务期限较长的合同而言更是如此，提供服务一方就希望对违约责任规定得更加概括。

以上仅列举了一些可能影响合同起草的因素，并不能穷尽这些因素。合同的起草人员在起草合同时，应当考虑所有可能影响合同起草的因素，并根据具体情况作出具有针对性的约定，在促成交易和风险防范之间找到平衡点。

第十一章

合同起草的方法与步骤

合同起草的方法是指为起草一份合同而采取的途径和手段等。合同起草的步骤是指为起草一份合同所需要经过的程序。

第一节　合同起草逻辑和方法——三步法

合同起草应当遵循一定的逻辑和方法。在起草合同时，如果你不懂得合同起草的方法，不遵循合同起草的逻辑，那么你会感到无所适从，没有头绪，总是觉得心中思绪万千，却不知道从何写起。所以，掌握正确的合同起草方法，对起草一份完美的合同来说至关重要。

一、三步法概述

合同起草是围绕当事人的交易内容和交易诉求来进行的，合同起草是为促成交易服务的，同时合同起草也要为交易提供法律保障。因此，合同起草不仅要符合合同当事人的交易需求，还要符合法律的规定。合同起草实际上是将合同当事人的交易背景、合同目的和交易内容（简称交易需求）与交易需求相关的法律法规和类似的合同范本（简称"法律和合同范本"）进行比较、分析、参考和结合后，进而确定双方的权利义务和其他合同内容，起草一份完整的合同。本书将这种逻辑和方法称为三步法。

具体来说，三步法是指，第一步，了解当事人提供的背景材料、合同目的和利益诉求，确定交易需求；第二步，搜索并查阅与合同起草相关的法律文件和合同范本；第三步，将交易需求与法律文件和合同范本进行结合、比对调整、分析和参考，确定合同的权利义务和其他合同内容。

简单来说，合同起草就是一个确定交易需求到搜索法律文件和合同文本，再到确定合同内容的过程。

二、三步法应用

举例来说，假设某政府机关为其信息备份中心采购一套信息集成系统，作为该政府机关的法务人员或外聘律师，需要就该信息集成系统采购事项，起草一份采购合同。

按照合同起草的三步法，应当按照以下逻辑顺序进行合同的起草工作。

第一步，了解当事人提供的背景材料、合同目的和利益诉求，确定交易需求。

通过充分了解此次采购的背景信息、采购事项和采购需求，确定采购合同的目的和交易需求。此次是为信息备份中心采购一套信息集成系统，某政府机关的交易需求可能包括：信息集成系统提供者必须符合政府采购的主体资格；具有一定的保密性要求；采购的内容包括信息集成系统、相关的硬件配套设施及其安装；采购价格；采购的信息集成系统及相关的硬件配套设施能够实现要求的特定功能，并能达到要求的技术标准和参数；信息集成系统及相关的硬件配套设施的升级、维修和运营等内容。

第二步，搜索法律文件和合同文本。

根据合同目的和交易需求，搜索、查找与此次采购有关的法律、行政法规、行政规章及其他相关的法律规范，核实该机构之前是否起草或使用过类似交易的合同范本或文本，并搜索其他类似的合同范本。原则上来说，合同起草人搜索到的与此次采购有关的法律规范和合同范本越全面、越详尽，在阅读这些法律规范和合同范本后，合同起草人对此次采购法律风险点的理解就越全面，起草的采购合同就越有针对性、越完善。

具体到这份合同，这是一个政府机关的采购活动，需要搜索查询与政府采购方式有关的法律《中华人民共和国政府采购法》《中华人民共和国招标投标法》《国务院办公厅关于印发中央预算单位政府集中采购目录及标准》等文件，以确定此次采购是采用招投标方式，还是采用竞争性磋商等其他方式；是集中采购，还是分散采购，以确定采购方式的合法性。

由于此次采购的是政府机关信息备份中心信息集成系统，其是否涉及相关的国家秘密，采购对象是否需要具备相应的资质，需要搜索查询《中华人民共和国保守国家秘密法》等与保守秘密相关的法律规范，同时还应搜索查询《涉密信息系统集成资质管理办法》《市场准入负面清单》等法律规范文件，以确定提供服务的供应商是否需要特殊的资格或资质。

关于合同的内容及其合法性，还需要查阅《中华人民共和国民法典》及其他相关法律文件，并研读相关的合同范本或之前的交易文本，确定此采购合同是否合法，确定合同框架，确定双方当事人的权利义务及其他合同内容。类似的合同范本或之前的交易文本可为起草合同提供一个参考性的合同结构框架和大概的合同权利义务内容，然后结合此次采购的具体需求和合同当事人的其他要求，构思此次采购合同的框架，设定具体的合同条款。

第三步，比对调整、分析、参考和结合。

将该政府机关采购的具体需求和交易内容与搜索到的相关法律文件和合同文本进行比对调整，分析交易的关键风险点，参考相关合同文本的内容，设定相应的合同条款，明确双方的权利义务关系，将相关法律文件和合同文本与此次交易内容相结合，形成此次采购合同的文稿。

第二节　合同起草具体步骤

合同起草是一个完整的活动过程，包含：合同起草方的确定；获取并了解合同的背景资料和信息；了解合同目的和合同当事人的具体需求；拟定合同提纲，确定合同起草的重点内容；相关法律资料和合同文本、范本以及相关案例的搜集；确定合同框架及相应的合同模块；形成合同初稿，排版，与合同当事人交流沟通初稿内容；修订；定稿；定稿后的校对、格式调整等内容。

一、确定合同起草方——由谁来起草合同

合同双方当事人经过谈判、协商就交易的主要内容达成基本一致后，下一个首要的问题就是起草合同，将合同当事人双方所达成的基本内容通过文字的方式用法律的语言表述出来，作为双方权利义务的依据和证据。那么，合同交易双方应由哪一方来起草合同呢？

合同起草是一项工作，由合同交易的某一方当事人起草合同，意味着该合同交易方要安排或聘请专业人员负责合同的起草。虽然负责起草合同意味着一种负担，但这种负担相对于起草合同可能给起草方所带来的优势和好处来说，是完全可以忽略不计的。

虽然在合同起草时，合同交易双方当事人可能在谈判中已经就交易的基本内容达成了一致，但由于语言和文字的有限性，以及起草合同一方当事人对合同内容的设计和安排，通过文字表述出来的合同内容往往可能与双方在谈判中达成的基本内容并不完全一致，甚至在某些情况下会大相径庭，这种不一致性可能会极大不利于非起草合同的一方当事人。

尽管非起草合同的一方可以通过合同审查来降低此类风险，但相对于合同起草方通过字句选择、框架设计、条款安排等诸多手段使合同的字里行间都体现其利益或目的来说，非起草合同的一方仍处于较大的不利地位。

比如，买卖的交易，一般情况因为买方在此类合同签订、履行中承担的风险相比卖方来说可能更大，所以一般会由买方负责起草合同，但如果改由卖方来起草合同的话，那么卖方很可能会起草一份非常简单的合同，并尽可能地删除那些保护买方并对卖方不利的条款。当然买方在拿到合同草稿后可以提出非

常详细的逐条修改意见，但此时买方所处的地位仅仅是要求卖方对合同草稿进行修改，而不是通过由自己设定所需要的条款来保护自己的利益，而且此时任何的修改，都必须在卖方同意的情况下方可达成一致，买方的逐条修改意见实际上也在变相提醒卖方注意买方为何会提出此类修改意见，一旦按照买方的意见修改后会对卖方产生何种不利影响，这无疑会影响到卖方接受买方修改意见的程度。但如果一开始就由买方来起草合同，买方将自己对卖方所起草合同的修改意见直接转化为合同的条款，卖方对此的接受程度可能会更高。这可能是因为卖方没有注意到相关的问题，也可能是因为卖方为了达成交易而不愿过多地修改买方提供的合同，破坏双方的良好合作氛围。

当然，如果非起草合同的一方在交易中具有更大优势地位、更多主动权和话语权的话，仍可以通过彻底的合同审查来修改合同，甚至可以在原起草合同的基础上修改出一份对其更有利的新合同。但这不仅会造成合同起草工作的不必要重复，而且也不利于双方合作关系的维持，毕竟出于自己的利益完全推翻另一方起草的合同，在一定程度上体现出该合同当事人的强势或不友好。与其如此，该方合同当事人何不直接负责合同的起草，使合同符合其目的或利益。

基于此，合同的交易双方都应尽量争取由自己一方来起草合同，因为负责起草合同的一方当事人不仅能将其关心或想要涉及的交易内容体现在合同条款中，而且这些内容能以一种更好地服务其利益和目的的方式来体现。

一般来说，在合同谈判和交易中具有优势地位和话语权的一方，或者一旦合同交易失败将承担更大法律风险的一方，会要求由自己一方起草合同。基于合同起草将会给合同当事人带来的优势和好处，如果可能的话，合同当事人都要尽量争取由自己一方起草合同。

二、获取并了解合同的背景资料和信息

获取并了解合同的背景资料和信息，是能够起草一份完美合同的前提和基础。只有合同起草人获得并充分了解合同的背景信息和资料，才能充分地了解

合同双方的交易目的和内容，才能根据合同双方的交易目的和内容设计出符合合同当事人需求的条款，才能真正实现合同服务交易的目的和功能。这里的合同背景资料和信息，包括一切与合同交易有关的资料和信息，既可以是发起此次合同交易的动机，也可以是此次合同交易的宏观经济背景和行业背景。

比如，一份涉及股权收购的合同，合同起草人应当首先了解此次股权收购的动机和目的是什么，是为了通过股权收购获得目标公司的"壳"，还是为了获得目标公司的无形资产，如，商标、专利或其他商业秘密；抑或是为了通过股权收购避开某些行业法律法规或政策的限制，如，采矿权的转让受到限制，需要经过相关国家机关的批准，但某一方合同当事人可以通过整体收购的方式收购目标公司的全部股权，成为该目标公司的股东，进而间接达到控制采矿权的目的。

另外，合同起草人还需要充分了解目标公司所在的行业及背景，根据目标公司所在的行业特点，确定此次合同交易的重大风险点和重要内容。如果目标公司所在行业的涉税问题或环保问题比较突出，那么在设计股权交易合同内容时就应当设置相应的合同条款，约定若尽职调查不能发现全部可能存在的问题，在交易后一旦发现涉税或环保问题如何解决，如何承担法律责任等。

总之，获取和了解的合同背景资料和信息越全面、越详尽，越有利于合同的起草人员充分了解交易的目的和内容，越有利于合同起草人员发现此次合同交易的风险点和重点，设计出更加符合此次交易特点的、有针对性的合同条款。

三、了解合同目的和合同当事人的具体需求

了解合同签订目的和当事人的具体需求，是确定合同性质和名称，以及确定合同双方主要权利和义务的基础。只有明确合同当事人签订合同的目的和具体需求，才能明白合同当事人希望哪些事情发生，不希望哪些事情发生；哪些行为是合同当事人要禁止的，哪些行为是合同当事人必须要做的，哪些行为是

合同当事人可以做也可以不做，具有一定选择性的。

合同起草人只有在了解合同签订目的和合同当事人的具体需求后，才能列出合同双方的主要权利和义务，才能根据这些主要权利和义务，设定合同的框架和结构，设置具体的合同条款。

一般来说，合同起草人起草的合同可能会涉及不同的行业。合同当事人无疑对自己所在的行业有更全面、更深刻的了解，而且合同当事人对于自己交易所想要达到的目的，想要什么、想要避免什么，是最清楚的。因此，合同起草人了解合同签订目的和合同当事人具体需求的最好途径就是与合同起草的委托人进行充分的交流和沟通。

这种沟通的方式有很多种，在获得合同交易的背景资料和信息后，合同起草人可以通过电话、电子邮件或面谈等方式，确定合同当事人签订合同的目的和具体需求。在这个阶段充分的沟通是十分重要的，在沟通过程中，掌握相应的沟通技巧也是十分必要的。

由于在合同的起草过程中，公司内部不同的部门有不同的部门利益，如，需求部门希望尽快签订合同，而法务部门希望按程序起草和审查合同，避免法律风险。有时需求部门认为根本不是问题的问题往往会被法务部门反复不断地询问、核实，需求部门可能会因此认为法务部门是在吹毛求疵或故意刁难。此时，沟通的方式和方法非常重要，如果沟通不当，不仅会影响两个部门的后续沟通和合作，甚至会影响合同的起草，产生不必要的合同风险。

同样，委托人和作为受托人的律师之间也存在各自的利益，律师希望能够尽快把自己的工作完成，并尽可能地减少自己的工作负担，而委托人认为聘请律师就是为了完全避免自己的法律风险，律师不应该考虑时间成本。

因此，通过恰当的沟通技巧和适当的沟通方式，了解合同的签订目的和合同当事人的具体需求，对合同的起草人员来说，是至关重要的。如果合同起草人员与合同需求部门或合同当事人沟通不畅，意思的传达仅局限于合同起草的书面资料，合同起草人很可能会因为信息的缺乏或偏差而导致起草的合同存在重大法律风险。

在合同起草实践中，了解合同签订目的和合同当事人具体需求的一个有效方式，是请求需求部门或委托人按照他们对交易的理解，为合同起草人员列出本次合同交易的关键点。这些关键点既可以书面列出，也可以通过双方的口头交流传达。需求部门或委托人列出的关键点，不仅会使合同起草人明白什么是合同当事人关心的重点，还会由此引起合同起草人对与关键点关联的法律风险的注意。

一般来说，合同当事人所列举的关键点往往是从商业角度考虑的，但合同起草人员可以通过合同当事人提出的关键点，设置针对性的违约条款，以确保合同当事人目的的实现。

比如，买卖合同的买方当事人，列出的一个关键点是所购货物必须在某年某月某日之前交付，否则，将会影响其正常的生产经营，将会造成其他间接损失。合同起草人员可以依据该关键点，根据合同赔偿损失的可预见性原则，在合同中约定，若卖方无法及时交货将会给买方造成间接损失，使卖方在订立合同时就能够预见到此类间接损失，并通过设置合同违约条款，约定由卖方赔偿该间接损失，以确保买方合同利益的实现。

合同起草人员在正式起草合同前，必须充分了解合同当事人签订合同的目的和具体需求，这样才能有的放矢，起草的合同才能真正满足合同当事人的需求。

四、确定合同起草的类型、性质、名称和重点内容，拟定合同提纲

在了解了合同交易背景资料、合同目的和合同当事人的具体需求后，合同起草人应当根据前述的内容，确定合同起草的类型和性质。如，确定是买卖合同还是租赁合同，是资产收购合同还是股权转让合同，是有名合同还是无名合同等。

确定一个将要起草的合同是有名合同还是无名合同，对于合同起草人来说意义重大。《中华人民共和国民法典》在第三编第二分编典型合同中，分别规定了买卖合同，供用电、水、气、热力合同，赠与合同，借款合同，保证合同，租赁合同，融资租赁合同，保理合同，承揽合同，建设工程合同，运输合同，技术合同，保管合同，仓储合同，委托合同，物业服务合同，行纪合同，中介合同，合伙合同等有名合同。

如果合同起草人确定欲起草的合同属于上述某一有名合同后，可以直接按照此类有名合同的规定来设定合同当事人的权利义务，这样不仅能使起草的合同具有更强的针对性和专业性，还能为合同起草人节省大量构思合同条款的时间。

如果欲起草的合同不属于上述任何一种有名合同，合同起草人则可以根据《中华人民共和国民法典》第四百六十七条："本法或者其他法律没有明文规定的合同，适用本编（合同编）通则的规定，并可以参照适用本编（合同编）或者其他法律最相类似合同的规定"，参照适用最相类似合同的规定来起草合同。

在确定合同类型和性质后，合同起草人还应为合同确定一个准确的合同名称。合同名称作为一份完整合同的重要组成部分，在一定程度上可以直接反映出合同的交易标的、交易内容以及合同的性质。一个描述准确的合同名称对于确定合同当事人双方权利义务关系的内容和性质也有很大的帮助，后面在合同起草的实务中，将具体介绍如何正确地给一份合同命名。

在确定合同类型、性质和名称后，合同起草人应结合交易的内容和特点，以及合同当事人的需求，拟定合同提纲，确定合同当事人的主要权利、义务内容，列出合同起草的重点、难点，尽可能全面地考虑和预见一切可能发生的情况，并根据这些考虑或预见，设计相应的解决办法，设定有针对性的法律救济条款。

五、搜集相关法律资料、案例

拟定合同提纲后，合同起草人下一步需要做的就是，审查合同内容是否完全符合相关法律法规的规定，确定与合同相关的争议或疑难法律问题的结论，核实是否忽略或遗漏了重大合同风险点。

在这一阶段，合同起草人应尽可能全面地搜集并阅读一切与此次合同起草有关的法律、行政法规、司法解释、行政规章、地方性法规以及相关的政策等文件。

法律文件在内容安排上往往具有很强的逻辑性，对某一类型的法律问题规定得也比较全面，某些操作性很强的行政法规、规章和司法解释更是如此。因此，通过阅读所搜集到的这些法律文件，合同起草人能够对合同交易内容有一个更加完整、更加全面的理解和认识，如，针对此次合同交易，法律禁止什么、允许什么、授权什么，合同交易风险点是什么，合同当事人主要权利义务内容是什么。

合同起草人根据这些理解和认识，可以进一步完善合同提纲和合同框架结构，调整合同内容和模块次序，确认合同当事人权利义务的核心内容，同时查漏补缺，补充约定被忽略或遗漏的重要合同条款、内容或法律风险点。

比如，合同起草人将要起草一份预付费的消费合同。此时，合同起草人可以搜集《中华人民共和国民法典》《中华人民共和国消费者权益保护法》《关于规范商业预付卡管理的意见》《单用途商业预付卡管理办法（试行）》《北京市预付式消费服务合同行为指引》等法律文件，通过阅读这些文件，能够了解到预付费合同一般应包括：（一）经营者的名称、负责人、注册地址、联系方式、统一社会信用代码与备案编号；（二）单用途卡的名称、种类和功能，购买、充值、余额查询、使用、退卡的方式，记名卡还应包括挂失、转让方式；（三）收费项目和标准；（四）当事人的权利、义务；（五）预收资金管理方式；（六）纠纷处理原则和违约责任；（七）相关法律法规、规章和规范性文件规定的其他事项等内容。了解到预付费合同双方当事人的主要风险点和主要权利义务的内容，然后根据自己所起草的预付费合同的内容，参考这些法律文件，起草一份有针对性、内容全面的预付费合同。

在搜集和阅读前述法律文件的基础上，针对某些无法理解或难以理解的法律条款，或针对合同涉及的争议或疑难问题，合同起草人应重点搜集与此相关的案例。案例是对相关法律的具体应用，案例的案件事实更加具体、直观，而且法官在案例中也会对如何理解和适用某一法律条文进行解释和说明，这对合同起草人员理解某一法律条款的含义，确定争议或疑难法律问题的结论，将有极大的帮助，可以避免合同起草人员因对某些争议或疑难法律问题的结论模棱两可、含糊不清而导致起草的合同存在重大缺陷，产生重大法律风险。

根据《最高人民法院关于统一法律适用加强类案检索的指导意见（试行）》的规定，检索案例时，可以按照以下顺序进行案例检索：（一）最高人民法院发布的指导性案例；（二）最高人民法院发布的典型案例及裁判生效的案件；（三）本省（自治区、直辖市）高级人民法院发布的参考性案例及裁判生效的案件；（四）上一级人民法院及本院裁判生效的案件。

除指导性案例以外，应优先检索近三年的案例或者案件。针对合同起草涉及的争议或疑难法律问题，如果仍存在某些尚无法明确的风险点，必要时，可以向相关方面的专家进行咨询或向相关的政府部门电话咨询或现场咨询，切忌在对某一法律问题模棱两可或含糊不清的情况下起草合同。

在搜集法律文件和案例时，一定要注意法律文件的有效性和案例的可适用性，避免以失效的法律文件或不适用的案例作为指引起草合同，给合同当事人带来巨大法律风险。

目前，搜索法律文件和案例的网站主要有：北大法宝，全国人大常委会办公厅运营的国家法律法规数据库，中国裁判文书网，威科先行法律信息库等网站。

六、搜集类似的合同文本或范本

类似的合同文本或范本是合同起草人起草合同的重要参考资料。合同起草人可以将搜集到的类似合同文本或范本当作原始资料，参考其原有的合同框架、结构和布局，利用某些典型或通用的条款和措辞。

搜集和参考类似的合同文本或范本不仅能大大加快起草合同的速度，而且能使合同起草人通过对比类似的合同文本或范本发现正在起草的合同是否存在结构和布局的不合理，条款之间是否缺乏逻辑性，合同内容是否存在重大遗漏，遣词造句是否准确，是否存在法律术语使用不正确等问题或不足，能使起草的合同更加完善。

（一）类似的合同文本或范本的来源

在互联网十分发达的今天，合同起草人很容易能通过互联网搜集到类似的合同文本或范本，数量十分可观，但同时也良莠不齐。

对于合同起草人来说，并不是所有的类似合同文本或范本都适合作为原始资料或参考资料，类似合同文本或范本的起草人和制定者不同，该合同文本或范本所体现的合同双方的权利义务内容也不同，有的倾向于某一方当事人，有的则相对中立和平衡。合同起草人应根据本次合同的性质和特点，选择水平较高的适合的类似合同文本或范本作为起草合同的原始资料或参考资料。

（二）类似的合同文本或范本的种类

一般来说，类似的合同文本或范本主要分为以下三种：

1. 合同起草委托方的类似交易合同文本或范本

这类合同文本或范本往往被合同起草的委托方在进行类似交易时所使用。对合同起草人来说，将这类合同文本或范本作为参考是相对安全的。

合同起草人采用此类合同文本或范本作为合同起草的基础，在此基础上进行修改和定稿，容易让合同起草的委托人产生一种舒适感和风险可控感，毕竟人都是习惯性的动物，没有特别强大力量的驱动，往往都不愿做出改变，尤其在合同的起草上，更是如此。

之前的合同文本或范本可能已经经过多次修改，相对比较完善了，在以往的交易中已经经过实践检验切实可行且风险可控，而改变合同文本或范本则意味着不确定性，意味着风险产生的可能性。因此，合同起草的委托方更容易接受之前类似交易所采用的合同文本或范本。

2. 政府制定的示范文本

政府部门为了引导和规范某类交易行为，平衡合同当事人的权利义务，减少合同双方因为合同条款本身问题而产生的纠纷，会针对某种交易行为制定相应的合同示范文本。

由于政府部门的中立立场以及平衡合同当事人权利义务的目的，政府部门制定的合同示范文本，相对比较公平，合同内容不会过分倾向某一方合同当事人，从而导致双方权利义务的失衡。因此，政府部门制定的合同示范文本，不适合在合同交易中处于较大优势地位的合同当事人。使用政府部门制定的合同示范文本，会使处于较大优势地位的一方合同当事人丧失通过合同条款获得更大经济利益的机会。而对于处于劣势地位的合同当事人来说，如果合同相对方同意使用此类合同示范文本，这无疑是十分有利的，可以避免对方通过优势地位签订不利于自己的合同。

3. 其他机构的类似合同文本或范本

其他机构的类似合同文本或范本，有可能是由这些机构内部法务部门起草的，也可能是由外聘律师起草的，由法务部门和外聘律师起草的合同，各自有各自的特点。因此，合同起草人员应根据所起草合同的特点，选择适合自己的类似合同文本或范本。

需要注意的是，在使用类似的合同文本或范本时，一定要删除或修改之前合同文本或范本中与本合同内容不相关的内容，避免在起草的合同中出现与此次交易不相关的内容。另外，一定要根据此次合同交易的内容和特点，对类似的合同文本或范本内容进行有针对性的修改，切忌完全照抄。

七、确定合同框架及相应的合同模块

确定合同框架及相应的合同模块，主要解决的是合同具体由哪些部分组成，各个组成部分之间的逻辑关系如何确定，各个组成部分的层次如何划分。

一般来说，合同框架和合同模块的确定，都会遵循一定的逻辑顺序。合同框架和合同模块的确定往往从签订合同的依据和目的（如，合同引导语）开始，然后依次是合同标的，即双方交易的内容；之后是数量；质量；价款或者报酬；履行期限、地点和方式；合同权利义务的转让；合同权利义务的终止；违约责任；合同的变更；解决争议方法等内容。

当然，合同框架或模块并没有固定的模板，也不是一成不变的，不同的合同应根据其性质或交易内容和特点来调整合同框架或增加、减少合同的模块。如，涉及无形资产交易的合同，可以增加与知识产权相关的合同模块；涉及保密义务的合同，可以增加保密或竞业限制义务的模块。除此之外，还存在一些通用的合同模块。一般合同都具备的通用合同模块，如，争议管辖选择；不可抗力免责事由；合同生效；通知送达；合同正副本份数及保存等内容。

在确定合同框架和模块的时候，一定要按照一定的逻辑顺序来进行。如，可以按照从铺垫到正文，从重要到次要，从一般到特殊，从早到晚的顺序来安排，将合同的条款进行合理的划分、归类，尽可能地将同一类性质的内容和条款安排在同一模块，并为每一个合同模块确定一个能够准确反映该模块核心内容的简短标题，这将非常便于合同的阅读和理解。如，针对违约责任模块将标题设置为合同违约责任，针对合同解除权的模块将标题设置为合同解除权。

在合同框架和模块确定以后，合同起草者要考虑每一个合同模块的排列布局形式，是按照"章、节、条、款、项"的方式进行排列布局，还是直接按照阿拉伯数字的层级进行排列布局。合理的排列布局形式，不仅会让起草的合同具有可读性，还能让起草的合同看起来更加美观。

需要注意的是，合同体例因人而异、因事而异，而非千篇一律。在确定合同布局形式时，既要根据委托人的要求和委托人的情况而定，又要与合同的性质和交易特点保持一致。

八、形成合同初稿，并进行通读、校对和排版

在完成以上七个步骤的工作后，合同起草人员要综合在合同起草步骤中获得的信息、收集的资料，根据合同当事人的具体需求，结合相关的法律文件和合同范本，用语言文字的形式将合同交易内容和合同当事人的权利义务关系完整地表述出来，形成合同初稿。合同初稿形成，只是完成了合同起草中比较艰难的一步，离完成尚远。

合同初稿只是将合同起草人所要起草的内容通过文字的方式表达出来。尽管在起草合同初稿的过程中，合同起草人也会考虑到语法、遣词造句和标点符号的使用，但由于在合同初稿起草的过程中，合同起草人关注的重点在于，将所思所想用文字方式表达出来，因此，合同起草人并没有太多的精力去考虑过于细节的问题，如排版和标点符号等。

所以，在合同初稿形成后，在将合同初稿发送给委托人前，对合同初稿进行通读、校对和排版是非常重要的一个环节，这可能直接影响到合同当事人对合同初稿的第一印象，进而可能影响合同当事人对合同起草人专业性的判断。俗话说，"细节决定成败"，合同作为对严谨性和准确性要求比较高的文书，更应该注重细节问题。

在合同初稿形成后，合同起草人首先要对合同初稿进行通读。通过通读，合同起草人能够再一次审视合同初稿的谋篇布局、篇章结构设置、各个部分的

逻辑关系和一致性，能够再次从宏观上对合同初稿进行一次全面的审阅，一旦发现问题，可以及时进行修改。

校对主要解决微观和细节性的问题。通过校对，合同起草人能够针对性地检查合同初稿中是否存在错别字、语法错误、标点符号错误、序号错误、表述不当、表述不准确或用词错误等问题，并及时进行相应的修改。

通读、校对虽然可以由合同起草人自己进行，但毕竟"不识庐山真面目，只缘身在此山中"，作为合同起草人在通读、校对的过程中会受到既定思维和角度的影响，并不一定能够全面地发现合同初稿存在的问题。因此，如果条件允许的话，可以让合同起草人的助手、秘书或者同事帮助进行通读、校对，毕竟"横看成岭侧成峰，远近高低各不同"，由不同的人从不同的视角和不同的关注点对合同初稿进行审阅，能够更全面地发现合同初稿可能存在的问题和错误，这对于起草一份完美的合同来说至关重要。

当然，除了上述的方法之外，合同起草人还可以借助科技工具进行审阅。如，可以利用专门的审阅、校对工具，也可以使用专业文字编辑软件中的组词和语法检查功能来完成。如，Word 中的组词和语法检查功能。

如果时间充裕，在校对时，最好分重点依次进行，一次关注一个方面集中检查。如，第一遍，检查标点符号；第二遍，检查文字表述和语法错误等。依次进行，这样的校对更具有针对性，更能彻底、全面地检查出合同初稿中存在的问题。

一份完美的合同，不仅要求内容具体、准确，能够反映合同当事人的需求，保障交易的顺利进行，还要求外观上、排版上简洁、整齐，美观和易读。一份合同的排版涉及字体的选用，字体的加黑加粗，段落间距和页边距的设置，字体和段落的缩进，页码的设置等诸多方面的内容。

合同排版并没有统一的标准和要求，更多的是根据合同当事人的要求，或合同起草人起草文书的规范或习惯来进行排版，无论按照哪种方式排版，最重要的一点就是要保持一致性，不要一会儿采用这种格式，一会儿采用那种格式，这样会让合同文本显得杂乱无章，不易于他人阅读。

九、向合同委托人或合同当事人提交合同初稿，并就初稿进行充分的沟通

在对合同初稿进行通读、校对和排版后，合同起草人可以正式向合同的委托人或合同当事人提交合同初稿。在合同初稿提交后，应就初稿的内容与合同委托人以及对方合同当事人进行充分沟通，以确定合同草稿内容是否符合合同当事人的要求，是否全面反映合同当事人达成的合意，是否准确地体现了交易的内容和合同当事人双方的权利义务关系。

一般来说，合同起草人仅代表某一方合同当事人的利益，起草的合同初稿在一定程度上会倾向于保护自己所代表一方的利益。在对方合同当事人阅读合同初稿后，可能会对合同初稿提出各种修改意见，双方就修改意见还要进行多轮的磋商或讨价还价。因此，合同起草人应与合同委托人或合同当事人保持充分的沟通，及时根据合同当事人的磋商结果对合同初稿进行修订，既要使合同初稿符合合同当事人的交易需求，又要能保持专业性，最大限度降低法律风险。

需要注意的是，在将合同初稿提交给委托人或对方当事人审阅时，一定要提醒对方采用 Word 修订模式或提醒对方采用其他方式明确标注有异议或需要修订的合同内容，以便此后对合同进行针对性的修改。

十、修订、校对、排版和定稿

在合同双方对合同初稿提出修改意见，并就修改意见达成一致后，合同起草人应根据达成的修改意见，对合同初稿进行针对性修改，并对修改后的合同文本再次进行校对和排版。

在修订初稿的过程中，合同起草人一定要重点关注对交叉引用部分的修订，并要确保所有交叉引用的部分都进行了相应的修订，保持一致性。如，在

对某条的内容进行修订时，一定要注意该条的内容是否已经被其他的条款所引用，若有引用，一定要连同引用的条款一并进行修订。

对合同初稿进行修订后，非常有必要对合同的文本进行再次校对和排版，在经过校对和排版并确认合同内容、格式无误后，方可对合同文本进行定稿，合同定稿意味着合同起草工作正式完成。

第十二章

合同起草实务
——合同名称、主体及各主要条款起草要点

本章将从实操的角度出发，从合同名称的确定到合同主要条款的起草，逐项解析如何起草一份合同。但在合同起草中，由于会涉及许多不同类型的合同，有的是有名合同，有的是无名合同，不同类型的合同所包含的条款内容也不尽相同。本章不可能涵盖到所有合同类型的每一条款，只能就各种合同类型可能涉及的通用条款或主要条款的示范条款、条款功能和起草实务进行解析。

第一节 合同名称

对于一份合同来说，名称十分重要，一个准确的合同名称能体现出合同交易的内容和合同性质。合同的名称如何确定，合同名称对合同当事人法律关系性质的影响是本节讨论的主要内容。

一、合同名称确定的标准

合同的名称应当简洁、明确，能够准确体现交易的内容和合同的性质。

一般情况下，合同名称由合同标的或交易内容＋合同性质构成。如，"二手车买卖合同""股权转让合同""建设工程施工合同""建设工程委托监理合同"。这些合同名称的前缀均为交易标的或交易内容，如，"二手车""股

权""建设工程"，而这些合同名称的后缀则体现出合同的性质或法律关系的性质，如，"买卖合同""转让合同""施工合同""委托监理合同"。

二、有名合同和无名合同名称确定的原则

1. 有名合同名称的确定

有名合同，指的是法律明确规定了合同名称及其主要权利义务内容的合同类型。

如果起草的是有名合同，应尽量使用法律规定的有名合同的名称，除了可以在有名合同之前，增加交易标的或交易内容的名称外，不宜进行过多的改动。如"房屋买卖合同"或"房屋租赁合同"，买卖合同和租赁合同均为有名合同，在有名合同前添加交易的标的，既能准确体现出交易标的或交易内容为房屋，也能准确体现出交易的性质为买卖或租赁。

2. 无名合同名称的确定

无名合同，指的是法律没有明确规定合同名称及其主要权利义务内容的合同类型。

《中华人民共和国民法典》合同编规定的典型合同，即有名合同类型仅仅是合同交易类型中的一部分，由于这些有名合同具有一定的典型性或普遍性，因此有必要进行专门规定。但实践中，还存在大量的无名合同交易类型。如，"电商平台服务合同""自费出国留学中介服务合同"等。

如果起草的是无名合同，无名合同可以采用交易标的或项目名称＋合同的方式来命名，如，教育培训合同，中介服务合同等。

三、合同名称对合同当事人法律关系性质的影响

一般来说，一个准确的合同名称，对于快速判断合同当事人间法律关系的性质是非常有益的。实践中，有的合同名称非常简单，如，合同名称为"协议

书"或"合同书",这种合同名称让阅读合同的人无法通过合同名称确定合同性质和交易内容,并无太大实际意义。

一份合同的名称与内容不一致时,不一致的合同名称并不会对合同当事人间法律关系的性质产生实质性影响,即合同当事人间法律关系的性质仍应当以合同内容为准,合同名称对此并不具有决定作用。

如,最高人民法院在《全国法院知识产权审判工作会议关于审理技术合同纠纷案件若干问题的纪要》中明确规定:"32. 当事人将技术合同和其他合同内容合订为一个合同,或者将不同类型的技术合同内容合订在一个合同中的,应当根据当事人争议的权利义务内容,确定案件的性质和案由,适用相应的法律、法规。""33. 技术合同名称与合同约定的权利义务关系不一致的,应当按照合同约定的权利义务内容,确定合同的类型和案由,适用相应的法律、法规。"

虽然合同名称并不会直接对合同当事人间法律关系的性质产生实质影响,但在法律关系性质不确定、不明确时,合同名称对于判断法律关系的性质无疑会有很大帮助。因此,合同起草人在确定合同名称时,应尽可能采用规范表述,准确地确定合同名称。

第二节 合 同 主 体

合同主体即签订合同的当事人,依据《中华人民共和国民法典》的规定,合同主体指的是平等主体的自然人、法人、其他组织。任何合同的订立都离不开订立合同的主体,合同主体必须具有与签订合同相适应的行为能力。合同主体的信息必须完整、详细,否则,将会带来法律风险。

一、合同主体的分类及其签约资格和能力的判断

在实践中,签订合同的主体一般会涉及以下几类。

（一）自然人主体

人根据年龄或精神状态自然可以分为完全民事行为能力人、限制民事行为能力人和无民事行为能力人（这一内容在第四章第一节已经讲述，在此不赘述）。

合同签订主体为自然人时，合同起草人应注意以下事项。

1. 确定自然人的年龄

自然人年龄的确定直接关系到对该自然人民事行为能力的判断，那么判断一个自然人的年龄究竟应该以什么文件为准呢？

《中华人民共和国民法典》第十五条规定："自然人的出生时间和死亡时间，以出生证明、死亡证明记载的时间为准；没有出生证明、死亡证明的，以户籍登记或者其他有效身份登记记载的时间为准。有其他证据足以推翻以上记载时间的，以该证据证明的时间为准。"

因此，判断一个自然人的年龄应当首先以出生证明为准，如果没有出生证明的，则应以户口本或身份证为准，但如果有其他证据能够推翻出生证明或户口本、身份证明记载时间的，则应以该证据证明的时间为准。在起草合同时，合同起草人一定要审查、核实自然人的信息，以确定该自然人的准确年龄。

2. 判断自然人的智力和精神健康状况

相比确定自然人的年龄，自然人的智力和精神健康状况更难判断，因为这涉及相关的医学专业问题，一般人很难对此作出判断。但在签订合同时又必须作出判断，否则，将影响合同的效力。

实践中，可以通过以下方式对自然人的智力和精神健康状况进行判断：首先，可通过查看法院的相关法律文书，通过检索中国裁判文书网确定该自然人是否已经被宣告为无民事行为能力或限制民事行为能力人；其次，如果无法检索到该自然人已经被宣告为无民事行为能力或限制民事行为能力人信息时，可通过与该自然人及其亲属、朋友交谈，查看该自然人的行为举止，结合具体情况综合进行判断。一旦发现疑点，一定要在核实无误后再签订合同。

3. 合同签订主体为自然人时，起草合同时需要列明的信息

合同签订主体为自然人时，建议列明该自然人主体的下列信息：

姓　　名：

身份证号：

户籍地址：

经常居住地地址：

联系电话：

邮箱地址：

列出的姓名一定要与身份证明保持一致。

虽然法律规定，自然人的年龄应以出生证明为准。但实践中，在签订合同时，合同一方要求另一方提供个人出生证明的情况并不多见，而且出生证明比较容易伪造，不易识别真伪。相反，身份证号码具有唯一性，身份证明相比出生证明伪造的难度更大，再加上在多数情况下，通过交谈、观察，一般可以基本确定合同主体的年龄阶段，故建议以列明身份证号码为宜。

列明户籍地址和经常居住地址、联系电话、邮箱地址等详细联系信息，可以在需要邮寄相关文件、证明或需要发送通知时，及时联系到该自然人，以确保送达的及时性和有效性。

需要注意的是，在合同中除了列明上述信息外，还一定要让自然人的合同主体，提供身份证明原件进行核实，并留存身份证明的复印件。

（二）法人主体及其分支机构

1. 法人的类型

根据法律规定，法人可以分为以下几种：

（1）营利法人。营利法人是以取得利润并分配给股东等出资人为目的成立的法人，主要包括公司制法人，如有限责任公司、股份有限公司和其他非公司制的企业法人，如全民所有制企业法人、集体所有制企业法人。

（2）非营利法人。非营利法人是为公益目的或者其他非营利目的成立，不向出资人、设立人或者会员分配所取得利润的法人。非营利法人主要包括：事业单位、社会团体、基金会、社会服务机构等。

（3）特别法人。特别法人主要指机关法人、农村集体经济组织法人、城镇农村的合作经济组织法人、基层群众性自治组织法人，如，村委会、居委会等。

法人是具有民事权利能力和民事行为能力，依法独立享有民事权利和承担民事义务的组织。因此，法人可以依法独立签订合同，并承担由此产生的法律后果，但法律禁止其签订的合同类型除外。

2. 法人的分支机构

法人可以设立分支机构，但法律、行政法规规定分支机构应当登记的，应当依法进行登记。《中华人民共和国市场主体登记管理条例》《中华人民共和国公司法》规定，企业法人的分支机构和公司法人设立的分公司应当进行登记，并领取营业执照。

依法登记的法人分支机构可以在核准登记的范围内从事经营活动，对外签订合同。但由于法人的分支机构并不具有独立的法人资格，并不能独立对外承担民事责任，其对外签订合同的民事责任，最终仍由法人承担。

3. 法人及其分支机构作为合同主体，起草合同时需要列明的信息

合同签订主体为法人及其分支机构时，建议列明该主体的下列信息。

法人名称：

统一社会信用代码：

法定代表人：

联系地址：

联系人：

联系电话：

邮箱地址：

法人名称一定要与统一社会信用代码证上的名称保持一致。

列明法人的联系地址十分必要。因为在实际经营中，很多法人在变更地址后并未进行工商变更登记，按照登记证书上载明的注册地址往往联系不到法人，导致合同当事人无法及时送达通知等重要文件。在诉讼时，法院也无法通过登记注册地址进行送达，需进行公告送达，导致诉讼时间不当延长。

2020 年 4 月 8 日，北京市高级人民法院、北京市市场监督管理局发布了《关于推进企业等市场主体法律文书送达地址承诺确认工作的实施意见》，虽然该意见明确规定："企业等市场主体在本市市场监督管理部门办理设立、变更、备案等登记业务时，其登记的住所为依法以默示方式承诺确认的法律文书送达地址。"

但该意见仅适用于北京地区，在全国范围内并不具有适用性。在其他地方，以企业注册登记地址进行送达，仍可能存在无法送达的情况。因此，在合同主体部分，列明法人的联系地址，就目前来看，仍属必要，这可以避免因无法联系到法人导致的无法送达或迟延送达的法律风险。

4. 法人及其分支机构为合同签订主体时，合同起草人应注意的事项

（1）核实法人主体是否依法成立并合法存续

在起草合同前，合同起草人应首先核实作为合同主体的法人或其分支机构，是否依法成立并合法存续。合同起草人可以在国家企业信用公示系统、事业单位在线、中国社会组织公共服务平台、国家机关等网站，对法人及其分支机构的主体资格进行全面综合查询，获得相关基本信息。对于重大的合同交易，还可以通过中国裁判文书网、中国执行信息公开网等网站查询该法人或其分支机构的涉案和执行情况，为判断本次合同签订和履行的法律风险提供重要

参考信息。然后，根据对方合同主体提供的统一社会信用代码证、营业执照或其他登记证书，依据下列情况分类处理。

①法人不存在或已被注销的，其不具备签订合同主体资格。

②法人被撤销或吊销，但尚未进行清算注销的。根据法律规定，法人被撤销或吊销后，应及时进行清算，并进行注销，注销法人才意味着法人的终止。在法人被撤销或吊销后注销前，其仍可以签订与清算活动有关的合同，如，聘请律师事务所、会计师事务所进行清算。但其签订的与清算活动无关的合同，是否有效，目前，在实践中，对此还存在争议，有的法院认定有效，有的法院认定无效。因此，与被撤销、被吊销的法人签订与清算活动无关的合同应当慎重，此类合同存在被法院认定为无效的法律风险。

③法人被行政处罚、被列入异常名录或失信被执行人。虽然该情形并不影响法人签订合同的主体资格，其仍有权签订合同，但这能在一定程度上反映出该法人在经营和管理上的混乱程度，可能会对该法人履行合同的能力产生一定影响。法人被行政处罚、被列入异常名录或失信被执行人是否会对合同的签订和履行产生具体影响，需根据法人存在的上述情形与所签订合同的关联程度来综合判断。

（2）核实法人登记的经营范围

法人应当在登记核准的经营范围内订立合同。法人超越经营范围或登记范围签订合同，虽然此类合同并不因法人超越登记的经营范围当然无效，但法人可能会因超越经营范围受到行政处罚。行政处罚是否会对合同的签订和履行产生影响，需要根据具体情况综合判断。

（3）核实法人是否具备签订合同的资质、资格

国家对某些行业实行禁入和许可制度，法人作为主体签订合同时，如果不具备相关行业的资质、资格，可能会对合同效力产生影响。合同起草人在起草合同时，需对合同交易涉及的标的和行业进行充分了解，搜索相关行业法律法规，参考政府机关的行政许可职责清单和国家《市场准入负面清单》，以确定

合同主体签订合同是否需要具备相应的资质、资格。

（4）核实法人对合同标的是否具有处分权。

（三）非法人组织合同主体

非法人组织是不具有法人资格，但能够依法以自己的名义从事民事活动的组织。非法人组织主要包括个人独资企业、合伙企业、不具有法人资格的专业服务机构等。

非法人组织不具有依法独立承担法律责任的主体资格，其设立人最终要对非法人组织的债务承担无限连带责任。对非法人组织合同主体应重点关注该组织是否具备签订合同的资质，是否具有完全履行合同的能力，非法人组织及其设立人是否诚信等。

二、起草合同主体的实务问题

1. 使用简缩的合同当事人名称

在合同起草过程中，为方便以后在合同条款的表述中引用当事人的名称，可以将合同当事人的名称进行简缩，在第一次完整表述合同当事人名称时，在完整名称后面加括号，对合同当事人的完整名称进行简缩。如，××咨询有限责任公司（简称"咨询公司"）或者（以下简称"咨询公司"）。尤其在合同当事人名称比较长时，将合同当事人名称进行简缩，能提高起草合同的效率。

2. 根据合同当事人在合同中的角色，直接表明合同当事人的身份

在合同起草中，关于合同当事人地位最常见的表述是，将合同各方当事人分别列为"甲方""乙方""丙方"，并根据合同当事人人数依次列举。这种列举方式，虽然可行，但由于无法直接体现合同当事人在合同中的身份和地位，当在其他合同条款中使用"甲方""乙方""丙方"时，合同阅读者仍需结合合同内容来确定"甲方""乙方""丙方"的合同身份和地位，如，究竟"甲方"

"乙方"属于"买方"还是"卖方"，属于"出租方"还是"租赁方"，这种列举方式不具有易读性。

可行的方式是，合同起草人如果能够直接确定各个合同当事人在合同中的角色和身份，那么就根据各个合同当事人在合同中的角色和身份，直接使用能够准确表述其角色和身份的词语或术语列举各方合同当事人。

比如，在起草租赁合同时，可以直接表述为出租方：××有限责任公司，承租方：李某。在借贷合同中，可以直接表述为出借人：××有限责任公司，借款人：王某。在买卖合同中，可以直接表述为卖方：××有限责任公司，买方：××股份有限公司。后续在合同条款中需引用合同主体时，可以直接使用"出租方""承租方""出借人""借款人""卖方""买方"来分别代替合同各方当事人。这样，在阅读合同时，他人可以直接通过这些词语或术语来确定各方合同当事人的身份和地位，便于识别合同条款中权利义务所指向的对象，更易于阅读和理解。

当然，这种方式主要适用于合同起草人已能够准确确定各合同当事人在合同中的角色和身份的情况。当合同起草人无法准确确定合同当事人的角色和身份时，仍建议采用"甲方""乙方""丙方"等方式列明合同当事人。

3. 明确表明同一方多个合同主体之间的责任性质

当某一方合同当事人有两个或两个以上主体时，承担责任的方式主要有两种。

第一种是两个或两个以上主体承担连带责任。

比如，一份借款合同，借款人为两人或两人以上共同借款。此时，该方合同当事人应按下列方式列明，借款人：李某、王某。或者表述为，借款人1：李某，借款人2：王某，借款人1和借款人2统称为借款人。然后可以用括号对两人间的责任性质进行说明，如注明（借款人对本合同项下的借款承担连带责任）。

第二种是两个或两个以上主体承担非连带责任。在这种情况下，应尽可能将该方合同当事人进行拆分，拆分为不同的合同方。

比如，原合同列明，甲方为：××有限责任公司、李某，乙方：王某。如果××有限责任公司和李某之间承担的不是连带责任，而是各自承担各自的合同责任，那么就应将××有限责任公司和李某拆分为，甲方：××有限责任公司，乙方：李某。将原有的乙方：王某，改为丙方：王某，然后在合同中对各自的权利义务进行表述。如果确实因情况特殊，无法拆分，也应对该方合同当事人相互之间不承担连带责任进行特别说明，以避免因法律责任性质不明产生法律风险。

第三节　鉴 于 条 款

鉴于条款常见于英文合同中，在英文中鉴于条款一般表述为"whereas"或者"recitals"，当然也有直接表述为"backgrounds"。鉴于条款虽然是英文合同的常见条款，但由于鉴于条款本身所具有的特定功能，其在中文合同中同样具有重要价值。特别是当合同存在歧义或模糊，需对合同进行解释时，鉴于条款所陈述的合同背景或合同目的，对合同解释具有重要的意义。

一、鉴于条款的示范条款

1. 示范条款 1

鉴于：

1. 甲方已就一种用于燃料气产生和燃烧的装置获得国家知识产权局授予的发明专利，专利号为：×××，专利名称为：××××，类型为：发明专利，申请日期为某年某月某日，授权公告日期为某年某月某日，有效期为20年。

2. 乙方系一家主要生产×××设备的公司，具备实施上述发明专利的设备、人员和条件。

3. 乙方有意获得上述发明专利在中华人民共和国境内的独家实施许可权，

甲方有意就上述发明专利向乙方授予独家实施许可权。

2. 示范条款 2

鉴于：

1. 甲方、乙方于某年某月某日签订了股权转让合同，合同编号为：×××；

2. 因国家调控和税收政策的变化，甲方、乙方拟对该股权转让合同的内容进行变更。

二、鉴于条款的功能

鉴于条款的功能主要体现在以下几个方面：

（一）陈述合同目的

鉴于条款的一个重要功能是陈述合同当事人双方订立合同的目的，合同目的是合同当事人订立合同所想要获得的东西或实现的结果。通过鉴于条款清楚地陈述合同目的，其意义有以下两点。

1. 有利于明确合同目的，探求合同当事人的真实意思

目的解释，是合同解释的一种方式。当合同所使用的文字或条款存在不同解释或含义模糊不清时，可根据签订合同目的来进行解释，探求合同当事人真实意思，采纳最有利于实现合同目的和合同当事人真实意思的解释。

《中华人民共和国民法典》第一百四十二条规定："有相对人的意思表示的解释，应当按照所使用的词句，结合相关条款、行为的性质和目的、习惯以及诚信原则，确定意思表示的含义。无相对人的意思表示的解释，不能完全拘泥于所使用的词句，而应当结合相关条款、行为的性质和目的、习惯以及诚信原则，确定行为人的真实意思。"

第一百四十六条规定："行为人与相对人以虚假的意思表示实施的民事法

律行为无效。以虚假的意思表示隐藏的民事法律行为的效力，依照有关法律规定处理。"

通过鉴于条款清楚地陈述合同目的，当合同内容出现歧义、模糊不清或前后矛盾时，体现在鉴于条款中的合同目的将有助于对相关合同条款和内容进行正确的解释。当存在以虚假意思表示掩盖真实意思表示行为的时候，体现在鉴于条款中的合同目的也有助于探求合同当事人的真实意思表示。

2. 有利于保障合同当事人合同解除权的行使

《中华人民共和国民法典》第五百六十三条规定："有下列情形之一的，当事人可以解除合同：（一）因不可抗力致使不能实现合同目的……（四）当事人一方迟延履行债务或者有其他违约行为致使不能实现合同目的。"《全国法院民商事审判工作会议纪要》（法〔2019〕254号）第47条规定："合同约定的解除条件成就时，守约方以此为由请求解除合同的，人民法院应当审查违约方的违约程度是否显著轻微，是否影响守约方合同目的的实现，根据诚实信用原则，确定合同应否解除。违约方的违约程度显著轻微，不影响守约方合同目的的实现，守约方请求解除合同的，人民法院不予支持；反之，则依法予以支持。"

根据上述规定，合同目的是什么，合同目的是否实现，不仅直接关系到合同当事人能否行使法定解除权，而且也会对合同当事人约定合同解除权的行使产生重要影响。通过鉴于条款清楚、明确地陈述合同当事人的合同目的，一旦因某一方合同当事人的违约行为导致合同目的无法实现时，另一方合同当事人可以直接依据鉴于条款所陈述的合同目的行使法定或约定合同解除权，避免因合同目的不明确给合同解除权的行使带来不确定性。

（二）陈述合同交易背景

鉴于条款另一个重要功能是陈述合同交易背景。合同交易背景是指合同双方当事人达成合同交易时的客观情况。在某些合同中，陈述合同交易背景十分必要，且法律意义重大。

1. 本次合同以其他合同履行为前提时

当本次合同交易是以本合同交易之外的其他合同履行为前提时，就有必要在本合同中明确表述有关其他合同的签订和履行情况。

比如，某公司与某银行签订了一份借款合同，借款合同约定，某银行将向某公司出借 1 000 万元人民币，但该借款合同的生效是以某公司在某年某月前还清其与某银行之前签订的借款合同项下的所有借款为前提。在这种情况下，在本次借款合同鉴于条款中明确陈述双方之前签订的借款合同的时间、金额以及履行情况就十分必要。

2. 对原合同进行变更或补充时

当涉及合同双方当事人对原合同进行变更或就原合同签订补充协议时，就有必要在变更协议或补充协议中的鉴于条款清楚地陈述原合同的签订和履行情况，明确此次变更协议或补充协议所指向的合同文本。

3. 涉及多次重复交易时

当涉及多次重复交易时，在合同鉴于条款中对此前交易过程和履行情况进行陈述，有利于将本次交易与此前的多次交易进行相互区分，厘清各次交易之间的相互关系和责任承担，避免法律责任相互混淆。

4. 本合同是为履行另一合同而签订或与另一合同具有相关性时

比如，甲方和第三方签订了一份机动车买卖合同，为了保证该机动车买卖合同的履行，甲方又与乙方签订了一份零部件买卖合同，约定乙方向甲方提供汽车零部件。此时，在甲、乙双方买卖合同的鉴于条款中陈述甲方与第三方签订机动车买卖合同的情况和违约责任，具有重要法律意义。这种陈述将给乙方一个合理预见性，即本次合同的签订是为履行甲方与第三方的机动车买卖合同。一旦因乙方违约，导致甲方无法履行其与第三方签订的机动车买卖合同时，甲方可向乙方主张的违约责任，可能会包括因甲方无法履行其与第三方签订的机动车买卖合同而需向第三方承担的违约责任。

再比如，在签订保证合同或抵押合同时，由于其与主债权合同属于主从关系，因此，在保证合同或抵押合同中，有必要在鉴于条款部分对主债权合同的签订和履行情况进行陈述。

三、鉴于条款的法律效力

（一）鉴于条款在英美法系的法律效力

在英美法系下，通常来说，鉴于条款虽然包含在合同文本中，但其并不具有合同操作性条款（operative provision）那样的法律约束力。鉴于条款主要用来解释交易目的、当事人的意图，以及在合同操作性条款含糊不清时，对合同操作性条款进行解释。通过判例法，在英美法系确立了一些有关鉴于条款法律效力的规则。

（1）如果鉴于条款的意思是明确的，但合同操作性条款表述模糊不清的，那么鉴于条款可以用来解释合同操作性条款的意思。

（2）如果鉴于条款的意思是模糊的，但合同操作性条款是明确的，那么必须按照合同操作性条款的意思解释。

（3）如果鉴于条款和合同操作性条款的意思都是明确的，但二者存在不一致，合同操作性条款具有优先性。

（4）合同当事人在鉴于条款中清楚陈述的事实，具有禁止反言的效力，合同当事人不得事后否认[①]。

（5）鉴于条款对合同当事人原则上并不具有约束力，但如果当事人明确将其作为合同操作性条款的一部分表述或者明确约定其对合同当事人具有法律约

---

① 参见 A-Z Guide to Boilerplate and Commercial Clauses，Mark Anderson and Victor Warner，Fourth edition，page721-723.

束力，则鉴于条款对当事人具有约束力①。

（二）鉴于条款在中国的法律效力

在中国，并没有关于鉴于条款的明确法律规定，也无所谓鉴于条款和操作性条款的区分。根据合同自由原则，对于合同当事人约定的内容，只要是合同当事人的合意且不存在效力上瑕疵，法院一般都会认可其法律效力。因此，在实践中，很多法院都将鉴于条款作为合同内容来认定，并不否定鉴于条款的法律效力。

参考案例：鉴于条款内容应视为对合同所附条件

2003 年 1 月 27 日，三某集团（许可人）与郑某文（被许可人）签订"商标许可使用合同"，合同主要约定以下内容。鉴于：（1）许可人是"三联"服务商标（指第 779479 号"三联"服务商标）的商标权人；（2）许可人是被许可人的第一大股东，积极支持被许可人的发展。

合同第一至四条明确了商标使用许可的范围、期限和许可方式，即三某集团公司许可郑某文在家电零售领域无偿使用第 779479 号"三联"服务商标；商标无偿使用许可期限为合同生效之日起至商标有效注册期满止（包括续展期限）；三某集团承诺不再以任何直接或间接形式在家电零售领域使用或许可他人使用"三联"商标。如果三某集团拟放弃"三联"商标的所有权，应事先通知郑某文，并在郑某文同意的情况下，无偿将"三联"商标转让给郑某文。

2003 年 8 月 22 日，郑某文名称变更为现名三联商社。2008 年 6 月 25 日，三某集团向国家商标局申请将涉案"三联"商标转让给山东某家电有限公司。2008 年 12 月 18 日，国家商标局下发商标转让不予核准通知书。三联商社在得知三某集团实施了上述放弃第 779479 号"三联"商标所有权的行为后，曾

---

① 参见 DRAFTING CONTRACTS How and Why Lawyers Do What They Do，Tina L. Stark，Second Edition，page155.

要求三某集团履行商标许可使用合同的相关约定，将第779479号"三联"商标无偿转让过来，但三某集团一直置之不理。后三某集团持有的三联商社2700万元限售股被济南市中级人民法院执行程序拍卖，三某集团丧失三联商社第一大股东的地位。三联商社向法院起诉，请求法院判令三某集团立即停止将第779479号"三联"商标转让给任何第三方的行为，判令三某集团将该注册商标无偿转让给三联商社。

三某集团答辩认为：在商标许可使用合同的开头部分有一个"鉴于条款"，该条款的内容是"1. 许可人是三联服务商标的所有权人；2. 许可人是被许可人的第一大股东，积极支持被许可人的发展"。现在三某集团作为许可人已经不是三联商社的第一大股东，因此，"积极支持被许可人的发展"的前提条件已经丧失，三某集团已没有义务继续履行商标许可使用合同。

一审法院认为，郑某文（后变更为三联商社）无偿获得"三联"商标的使用权是基于三某集团对其控股和支持其发展的目的。同理，"三联"商标无偿转让给三联商社也应基于三某集团对其控股。当三某集团持有的三联商社的股权被法院强制拍卖并丧失第一大股东地位后，涉案合同中"鉴于"条款2的前提和基础已不存在，合同目的无法实现。因此，三某集团将其"三联"商标转让给第三人并无不当。三联商社要求三某集团停止将"三联"商标转让给第三人并将商标转让给三联商社的诉讼请求，缺乏事实和法律依据。后三联商社提起上诉。

二审法院认为，本案双方当事人争议的焦点问题是：三某集团是否应当将涉案"三联"商标无偿转让给三联商社。而解决这一问题的关键在于如何理解涉案"商标许可使用合同"中的"鉴于"条款，即"三某集团是郑某文的第一大股东"能否视为涉案合同的附条件。本案经本院审判委员会讨论认定，应将"三某集团是郑某文的第一大股东"视为涉案合同的附条件。现三某集团持有的三联商社的股权被拍卖并丧失三联商社第一大股东地位，三某集团将其涉案"三联"商标转让给案外人并无不当，将"三某集团是郑某文的第一大股东"视为涉案合同的附条件，更符合合同字面含义以及合同目的、背景，处理结果更符合诚实信用、公平原则。原审判决驳回三联商社的诉讼请求正确。判决：驳回上诉，维持原判。

——山东省济南市中级人民法院，（2009）济民三初字第 102 号
——山东省高级人民法院，（2011）鲁民三终字第 158 号

四、起草鉴于条款的实务问题

（一）应明确约定鉴于条款对合同当事人双方的法律效力

在鉴于条款的效力尚未有明确定论的情况下，为避免不必要的法律风险，合同起草人在起草鉴于条款时，应明确约定鉴于条款的法律效力。如，约定："本合同包括鉴于条款对合同当事人双方具有法律约束力"，还可约定鉴于条款与合同其他条款发生冲突时的解决原则，如，约定"当本合同鉴于条款的内容与合同其他条款的内容存在冲突时，应以合同其他条款的内容为准"。这样无论在英美法下还是在中国法下，都可以确保鉴于条款的效力。

（二）应根据起草合同的实际需要决定是否设置鉴于条款

鉴于条款并非合同必备条款，并非每份合同都必须具备鉴于条款。对于比较简单的合同，若不需要陈述复杂的合同交易背景或合同目的，就无须设置鉴于条款。如，如果一份合同鉴于条款的内容仅仅为了表述"甲方有意购买乙方的产品，乙方愿意向甲方出售产品"类似的内容，就完全可以删除鉴于条款。

（三）鉴于条款陈述的事实应是双方当事人没有争议的客观事实

鉴于条款部分所陈述的事实，一般是合同双方当事人无争议的客观事实。但在某些合同中，鉴于条款可能会包含一些由合同某一方当事人确认的事实。如，在法律服务合同中，作为提供法律服务一方的律师事务所确认其具有处理与委托人委托处理事项或争议相关的经验或技巧。从严格意义上来说，这些所

谓的事实并不是客观事实，而是类似于合同当事人的陈述或保证，这些陈述或保证并不一定是客观真实的。因此，这类合同当事人自己确认的事实放在合同陈述和保证部分更为合适，而不是放在合同鉴于条款中。

（四）鉴于条款不应涉及合同当事人具体权利义务内容

鉴于条款主要用于陈述合同目的、合同当事人的意图、与合同交易相关的背景信息。合同起草人在起草合同时，不应将涉及合同当事人具体权利义务的内容放在鉴于条款中，这不仅会使起草的合同看起来杂乱无章，缺乏逻辑性和结构性，还容易引起鉴于条款中有关权利义务内容效力的争议。因此，合同起草人应将涉及合同当事人具体权利义务的内容放在合同的主体内容部分。在起草英文合同时，更应如此。

第四节　引言条款（lead-in）或导入语
（introductory wording）

一般来说，合同引言起承上启下的作用。合同引言可以避免阅读者进入合同正文时，觉得合同内容过于突兀。因此，合同引言条款能够使合同各部分之间的衔接更紧密，更符合逻辑。

一、引言条款或导入语的示范条款

1. 示范条款 1（有鉴于条款的合同）

据此，经过平等友好协商，甲方、乙方就××事宜，签订本合同，以资信守。

2. 示范条款 2（无鉴于条款的合同）

经过平等友好协商，甲方、乙方就××事宜，签订本合同，以资信守。

二、引言条款或导入语的功能

引言条款或导入语在一份合同中的主要功能是承上启下，起到起承转合的过渡作用。通常来说，引言条款或导入语的位置一般在鉴于条款之后，合同主要内容之前，无鉴于条款的合同，可直接放在合同主体后面。

引言条款或导入语承上启下的功能决定了其无实质性的内容，一般不会对合同当事人的权利义务关系产生实质性影响。但如果在涉外合同引言条款或导入语中有关于签订合同法律依据的表述，在需要对适用法律进行选择的情况下，这可能直接影响合同所应适用的法律，进而对合同当事人权利义务关系产生实质影响。如，引言条款或导入语部分约定"甲、乙双方根据××法律，经过友好平等协商，就××事宜，签订本合同，以资信守"。如果这是一份涉外合同，且无其他关于法律选择和适用的条款，发生合同争议后，在进行诉讼或仲裁时，法院或仲裁机构很可能会将在引言条款或导入语中表述的××法律作为裁判依据之一。因此，不建议在引言条款或导入语部分增加"根据××法律"的表述，如若需进行法律选择，可在合同内容部分设置专门的法律选择和适用条款。

第五节　定 义 条 款

合同定义条款，旨在对合同中需要明确含义的词语或术语进行定义，明确词语的具体含义，确保该词语在合同中使用的准确性和前后一致。

一、定义条款的示范条款

1. 示范条款 1

在本合同中，下列用语的含义如下：

（1）知识产权包括专利权、商标权和著作权；

（2）产品支持文件是指任何与产品安装和使用有关的文件资料，包括但不限于：产品说明书、图纸、电路图、用户手册、市场推广材料、合格证等文件资料。

2. 示范条款 2

在本合同中，下列用语的含义如下，但在合同条款中另有明确约定的除外。

高级管理人员	是指公司的经理、副经理、财务负责人，上市公司董事会秘书和公司章程规定的其他人员
实际控制人	是指虽不是公司股东，但通过投资关系、协议或者其他安排，能够实际支配公司行为的人
人	包括自然人和法人

二、定义条款的功能

合同起草的一个基本原则，是合同起草人应保持合同用语的意思在整份合同中前后一致。而合同中的定义条款，恰恰就具有这样的功能。具体来说，定义条款主要具有以下功能。

1. 避免多次重复较长或较复杂用语，便于引用和表述

当合同中某些词汇较长但又需在合同中多次重复引用时，通过定义条款，可以将这些用语进行简化，以便于引用。

如，一方合同当事人名称为：中国人民财产保险股份有限公司北京市××支公司，为方便在合同其他条款中引用，可将其简缩为"支公司"并在定义条款中对其进行定义，支公司是指中国人民财产保险股份有限公司北京市××支公司。这样，当合同其他条款需引用中国人民财产保险股份有限公司北京市××支公司时，就可直接用支公司代替。

再比如，当在合同中需多次列举公司经理、副经理、财务负责人等人员时，可以直接在定义条款中将这些人员定义为高级管理人员。高级管理人员是

指公司经理、副经理、财务负责人，在后面的合同条款中，可直接用高级管理人员来指代这些人员。

2. 明确合同用语含义，避免歧义，保持意思前后一致

合同起草人在起草合同时，使用了某些合同用语，需进一步明确该用语的含义时，可通过定义条款来实现。

如，在某一合同中约定"××公司不得与实际控制人进行关联交易"，在这里使用了"人"这一词语。根据汉语词典的解释，人是指由类人猿进化而成的能制造和使用工具进行劳动、并能运用语言进行交际的动物。但合同当事人的意图显然不是仅限定为自然人。为避免歧义，合同起草人可在定义条款中对"人"进行定义。如，定义人包括自然人和法人。

再比如，借款人向出借人借款 10 万元，在偿还欠款的过程中，双方为对还款情况进行确认，书写了一份文书，内容为："今还欠款10 000 元"，并由双方签字确认。这里"还"字属于一词多义，这句话可以理解为两种意思，一种意思是，今天偿还了欠款 10 000 元，仍有 90 000 元未还；另一种意思是，已经偿还了 90 000 元，仍有欠款 10 000 元未还。

当在合同中使用类似"还"这样的一词多义词语时，就需对该词语在合同中的具体含义进行定义，避免引起歧义。

3. 在交叉引用时，方便对合同内容修改

当合同中存在交叉引用时，由于交叉引用的存在，对被引用内容的修改，同时也会导致引用内容的变动，也需对引用的内容进行相应的修改。如果交叉引用内容属于定义条款中的内容，就可集中在定义条款中对相关内容进行一次性修改，而不需对引用的内容进行修改。这不仅可以提高起草合同的效率，也可避免因交叉引用而忽视对引用内容进行修改的错误。

三、何时对合同用语进行定义，设置定义条款

定义条款并非合同必备条款，并非每一份合同都需对其所使用的用语进行

定义。合同起草人应根据合同起草的实际需要决定是否对相关合同用语进行定义。在以下情况下，一般需设置定义条款来对合同用语进行定义。

（1）当某一合同用语在合同中多次重复出现，且内容过长或过于复杂不便多次引用时。

（2）当某合同用语存在一词多义，需明确该用语在合同中所特指哪一种含义时。

（3）当某合同用语在合同中所使用的意思并非其字面意思，需明确赋予该用语的特殊含义时。

（4）当某合同用语的既定含义在合同中被扩大或限缩使用，需明确其扩大或限缩含义时。

（5）当某合同用语涉及特定行业的专门术语或技术用语，需对其含义进行解释时。

四、起草定义条款的实务问题

1. 定义时应尽量使用"是指"或"包括"的表述

全国人大的立法技术规范中规定，定义条款表述为："本法（本章、本节、本条）所称，××，是指（包括）……"为使合同的起草更加规范，更符合立法技术语言，建议在起草合同定义条款时，与立法规范保持一致，采用"是指"或"包括"的表述。

2. 对多个用语进行定义时，应分项表述，并标记序号

当合同需对多个用语进行定义时，应当分项表述，并采用一致的序列符号，对各个分项进行标记序号。

比如

第二条　定义

（一）高级管理人员是指……

（二）技术文件包括……

或者采用

2 定义

2.1　高级管理人员是指……

2.2　技术文件包括……

在实践中，有合同对定义条款下面的分项不标记序号，直接依次定义。

比如

定义

高级管理人员是指……

技术文件包括……

但这种不标记序号的格式，由于没有次序感和层次感，不利于阅读，故不建议采用。

3. 合同用语定义的次序如何确定

按什么顺序对需要定义的合同用语进行定义，并无特别要求。但是按照合同用语在合同中出现的顺序依次进行定义，更符合阅读逻辑，也更便于合同阅读人根据所阅读合同条款的顺序，快速找到对应定义用语的含义。

在英文合同中，定义条款也可按照英文字母的排列顺序来依次定义。相比较而言，按照合同用语在合同中出现的顺序依次对合同用语进行定义，更符合阅读逻辑，故建议采用这种顺序进行定义。

4. 定义条款在合同中的位置

定义条款在大多数合同中一般是放在鉴于条款之后，合同可操作性条款之前，这符合阅读习惯，先阅读定义，再阅读合同条款，便于合同阅读者理解合同内容。

但如果合同定义条款内容太多，如，合同定义条款需要用四五页才能表述完毕，此时，若将定义条款放在合同前面，过长的定义条款将会影响合同阅读人的注意力，使其无法尽快地阅读合同最重要的条款和内容。在这种情况下，也可以考虑将合同定义条款以附件形式放在合同尾部，避免分散合同阅读者的注意力。

究竟定义条款放在合同的什么位置合适，应具体情况具体分析，不能一概而论。

5. 不要对合同用语进行过度定义

在起草合同时，合同起草人需要注意，不要对合同用语进行过度定义，不能为了定义而定义。

一些比较简单的概念，通俗易懂的术语，就没必要进行定义了。如，类似买卖、采购等简单易懂的词语。

法律已有明确定义的概念和术语，一般也不需再进行定义。对法律已有明确定义的概念和术语进行重新定义，重新定义的效力可能存在一定的不确定性。

比如，《中华人民共和国反不正当竞争法》规定："本法所称的商业秘密，是指不为公众所知悉、具有商业价值并经权利人采取相应保密措施的技术信息、经营信息等商业信息。"按照该规定，构成商业秘密的条件之一是采取了相应的保密措施，但如果在合同起草中，将商业秘密定义为"商业秘密是指合同当事人在本合同履行过程中接触到的有关另一方合同当事人的一切信息，无论另一方合同当事人是否采取了保密措施"。这种对法律既有概念的扩大定义，不一定会得到司法机关的认可，其本身效力可能存在不确定性，这种不确定性会给合同当事人带来不必要的法律风险。

合同起草最需要避免的风险就是不确定性。因此，在合同起草时，应尽量避免类似的合同定义。

6. 定义条款不应涉及具体权利义务的内容

定义条款的目的仅仅是对合同用语的含义进行定义，不应涉及具体的权利义务的内容。否则，会使整个合同看起来缺乏逻辑关系，杂乱无章，这不符合相同内容放置在同一合同模块的起草原则。

比如，在合同定义条款中约定："知识产权包括专利权、商标权和著作权，任何一方合同当事人不得侵犯另一方的知识产权""任何一方合同当事人不得侵犯另一方的知识产权"。属于禁止性合同条款，完全可以放在合同的可操作性条款中，不宜与合同的定义条款混合在一起。

第六节　标 的 条 款

标的是合同成立的必要条款，没有标的，合同不能成立。合同标的不明确，将会使合同当事人约定的权利和义务无法指向具体的对象，存在较大的法律风险。所以，标的条款必须清楚地描述标的的内容，以使标的特定化，确保权利义务指向对象具体明确。

一、标的条款的示范条款

1. 示范条款1

标的物名称	商标	规格型号	生产厂家	计量单位	数量	价款	
						单价	总价
合计人民币金额（大写）：￥							

2．示范条款2

第一条　服务内容

甲方委托乙方提供（计算机信息系统名称）系统集成服务，乙方提供的服务内容包括：硬件采购；软件采购；信息系统设计；软件开发；信息系统集成；技术服务；其他双方特别约定的服务＿＿＿＿＿＿。

二、标的条款的功能

一般来说，合同标的条款，具有以下功能：

1．决定合同是否成立

合同标的条款，是合同的必备条款，缺少标的条款，合同的权利义务关系将缺乏必要的载体，会导致合同不成立。

比如，甲方和乙方签订了一份买卖合同，但并没有约定双方要买卖的标的是什么。此时，买卖合同就会因缺乏必要的合同标的条款而不成立。

在合同条款意义上，这里的标的，主要指的应是合同交易所指向的对象，即标的物或某种行为。这可以在最高人民法院的相关司法解释中得到印证。《最高人民法院关于适用〈中华人民共和国合同法〉若干问题的解释（二）理解与适用》一书在介绍合同必备条款的范围发展历史时，表述为："各国合同法开始将合同必备条款的范围限定得较小，通常限定于当事人和标的物两项。"（虽然该司法解释已废止，但合同标的的描述仍有意义。）

2．清楚表述标的的性质和状况，避免纠纷

无合同标的的合同不能成立。如果合同虽约定了标的，但关于标的的约定不具体、不明确，这将不利于合同的履行，会产生相应的法律风险。在表述合同标的时，合同类型不同，合同标的的表述要素或内容也不同。

比如，如果起草的合同是买卖合同，那么在表述合同标的物时，就应包括标的物的名称，标的物的商标或品牌，标的物的规格、型号或主要参数和指

标，标的物的生产厂家或产地等内容。

由于买卖合同的标的物往往与购买数量、单价紧密联系，如果将数量和价格条款与标的物条款分开单独表述，会使合同条款显得过于分散和孤立。因此，一般在描述买卖合同的标的物时，往往会将标的物条款、数量与价格条款放在一起描述，这会使合同关于标的的表述更加直观、更加清楚。如，合同标的示范条款 1 的格式。

如果合同类型属于服务合同，则可以将合同标的和数量、价格条款分开进行表述。如，合同标的示范条款 2 的格式。

三、起草标的条款的实务问题

1. 合同标的物的描述要具体、明确

合同标的物是合同权利义务的载体，只有将合同标的物描述具体、明确，才能避免合同争议和纠纷。

标的物是实物的合同，如，工业品买卖合同、房屋买卖合同、农产品买卖合同等，相对比较容易对标的物进行具体、明确的描述。合同起草人要做的是注意细节，不要遗漏相关的关键信息。

对于服务合同来说，合同服务内容的描述就不那么容易。由于服务具有一定的无形性，某些服务甚至还需合同双方当事人的配合。如，教育培训类合同，要实现此类合同的目的，不仅需要老师提供优质的培训服务，还需要学生努力的学习，比较容易发生纠纷。因此，这类合同更需要具体、明确地表述服务合同权利义务所指向的对象。合同起草人在起草合同时，必须对服务内容有一个清楚、明确的认识，只有这样，才能准确地描述出所提供的服务内容。

2. 应明确合同标的物瑕疵及其权利性质和权利负担

在描述合同标的物时，不仅要对合同标的物的名称、型号或规格等进行

具体、明确的描述，还要明确描述合同标的物本身的瑕疵及其权利性质和权利负担。标的物存在瑕疵的情况，一般在二手物品的交易中比较常见。如，在二手房买卖合同中，要注意房屋是否存在漏水、裂缝等瑕疵。

当合同标的物是可以进行抵押、质押的物品或根据法律规定可能存在不同性质的用途时，一定要明确表述合同标的物的权利性质和权属状况。

如果标的物是房屋时，需要明确该房屋登记用途是"住宅""公寓""别墅""办公""商业""工业"，还是其他用途；房屋登记的性质是商品房、已购公有住房、向社会公开销售的经济适用住房、按经济适用住房管理的房屋、限价商品住房、自住型商品住房、共有产权住房，还是其他性质的住房。

如果合同标的物是土地时，需要明确土地的用途是住宅用地、商业用地、建设用地、工业用地还是其他用地；土地获得的方式是划拨，还是出让。

同时，还需要明确，该房屋或土地是否已经设定了抵押等权利负担，是否已经被相关国家机关查封或扣押等情况。

第七节 质 量 条 款

质量条款是合同的基本条款，交付的产品或提供的服务是否能达到要求的标准，可能会直接影响合同的目的的实现。因此，对合同的质量条款必须明确约定，否则，将会存在法律风险。

一、质量条款的示范条款

1. 示范条款 1

工程质量标准必须符合现行国家有关工程施工质量验收规范和标准的要求。除此之外，工程质量还必须符合以下特殊标准或要求：_____。

2．示范条款 2

本合同项下的产品必须符合现行有关该产品的国家标准和行业标准（包括强制性和推荐性的国家标准和行业标准）以及合同当事人特殊约定的其他标准（详见合同附件＿＿＿＿＿＿＿＿）。若合同约定的多个质量标准不一致时，应以其中最高的质量标准为准。

3．示范条款 3

甲方提供的产品或服务应当适用下列第＿＿＿种质量标准：

（1）按该产品或服务的国家标准；

（2）按该产品或服务的行业标准；

（3）按＿＿＿＿＿省/市关于该产品或服务的地方标准；

（4）按本合同附件＿＿＿中约定的标准。

二、质量条款的功能

合同质量条款虽不是合同必备条款，但仍是一份合同的基本条款。

《中华人民共和国民法典》第五百一十一条第一款规定："质量要求不明确的，按照强制性国家标准履行；没有强制性国家标准的，按照推荐性国家标准履行；没有推荐性国家标准的，按照行业标准履行；没有国家标准、行业标准的，按照通常标准或者符合合同目的的特定标准履行。"

该法条明确了合同对质量标准约定不明确时，如何确定合同标的物的质量。但如果缺少合同质量条款或合同质量条款约定不明确，仍会给合同当事人带来极大的不确定性和不必要的法律风险，特别是当合同当事人对合同标的物的质量标准具有特殊要求时，如果未约定有关质量的特殊要求，合同当事人就无法据此主张权利。

合同质量条款的主要功能是在合同中对合同标的物的质量标准，特别是对关于质量的特殊标准或要求，进行明确、具体的约定，避免因对合同标的物质量约定不明确或未进行约定，而产生法律纠纷。

三、起草质量条款的实务问题

1. 正确选择适用的质量标准

《中华人民共和国标准化法》第二条规定："本法所称标准（含标准样品），是指农业、工业、服务业以及社会事业等领域需要统一的技术要求。标准包括国家标准、行业标准、地方标准和团体标准、企业标准。国家标准分为强制性标准、推荐性标准，行业标准、地方标准是推荐性标准。强制性标准必须执行。国家鼓励采用推荐性标准。"

国家标准一般指中华人民共和国国家标准，由国家标准化管理委员会发布。

行业标准是对没有国家标准而又需要在全国某个行业范围内统一的技术要求所制定的标准。行业标准不得与有关国家标准相抵触。有关行业标准之间应保持协调、统一，不得重复。行业标准在相应的国家标准实施后，即行废止。行业标准由行业标准归口部门统一管理。

地方标准是由地方（省、自治区、直辖市）标准化主管机构或专业主管部门批准、发布，在某一地区范围内统一的标准。

团体标准是由学会、协会、商会、联合会、产业技术联盟等社会团体协调相关市场主体共同制定满足市场和创新需要的标准，由本团体成员约定采用或者按照本团体的规定供社会自愿采用。

企业标准是企业根据需要自行制定的标准，或者与其他企业联合制定的标准。

由于上述不同质量标准的存在，合同起草人在约定合同标的物质量标准时，应根据合同当事人的要求或合同标的物的性质，选择恰当的质量标准。如果选择适用是国家质量标准，应明确适用的是国家强制性标准还是推荐性标准，还是两者同时适用。如果选择适用的是行业标准或地方标准，应写明具体的标准标号和版本。如果选择适用的是团体标准或企业标准的，应将该团体标准或企业标准作为合同附件。如果要求合同标的物符合特殊的质量要求或质量标准的，应在合同中明确特殊的质量要求或质量标准。

2. 约定合适的质量检验期间

检验质量是否符合双方当事人在合同中约定的标准，直接关系到合同双方当事人违约责任的分配和承担，而及时对标的物的质量进行检验，尽快确定交付的标的物是否符合约定的质量标准，有利于确定合同当事人双方的权利义务关系，避免双方的权利义务关系长期处于不确定状态。因此，在合同中约定合适的质量检验期间非常必要。

约定的质量检验期间一定要合理。如果当事人约定的检验期限过短，根据标的物的性质和交易习惯，买受人在检验期限内难以完成全面检验，该期限则会被视为买受人对标的物的外观瑕疵提出异议的期限。因此，约定的质量检验期间长短一定要符合法律规定，如果约定的检验期限或者质量保证期短于法律、行政法规规定期限的，应当以法律、行政法规规定的期限为准。

3. 明确约定质量不合格的法律后果

"无救济则无权利。"在约定合同质量条款时，应明确约定标的物质量不合格时的法律后果和救济途径：是允许对方进行更换、修理，还是直接解除合同，抑或是给予对方一次进行更换或修理的机会，更换或修理后标的物若仍不符合约定的质量标准再解除合同，都需要进行明确约定。同时，应明确质量不符合约定时的违约责任，以及对方采取更换或修理的救济措施时，不免除对方所应承担的违约责任。

4. 明确约定质量保证期间和保修事项

在需要为合同标的物质量进行质保的合同中，应明确约定合同质量保证的期间，同时对质量保证期间的维修方式、成本和维修费用负担，以及响应时间、响应方式等作出明确约定，以确保提供质量保证的一方，在质量保证期间内及时提供保修服务。

第八节　价款、支付和发票条款

合同价款、支付和发票条款主要是约定合同对价，价款支付时间、方式，发票开具时间和内容的条款。合同价款条款必须明确约定价款的支付时间和支付方式，必须与合同的履行进度相匹配，以便起到控制合同履行的目的。发票的内容、发票开具与付款的先后次序，也必须明确约定。

一、价款、支付和发票条款的示范条款

1．示范条款1

合同价款、支付和发票

知识延伸

示范条款下载

（一）经买卖双方协商一致，本合同为固定总价合同，合同总价款为人民币＿＿＿＿＿＿元（大写＿＿＿＿＿＿元整）（含税/不含税）。合同总价款系买受人为履行本合同所需支付的全部费用，包括但不限于＿＿＿＿＿＿，除合同总价款外，买受人无须向出卖人支付任何其他费用。

签订本合同前，买受人已向出卖人支付定金人民币＿＿＿＿＿＿元（大写＿＿＿＿＿＿元整），该定金于本合同签订时抵作本合同价款。

（二）买受人以【现金/支票/转账】形式，按照下列第＿＿＿＿＿＿种方式付款：

1．一次性付款

总价款：人民币＿＿＿＿＿＿元（大写＿＿＿＿＿＿元整）。买受人应当于＿＿＿年＿＿月＿＿日前向出卖人付清。

2．分期付款

买受人应当于＿＿＿年＿＿月＿＿日前分期向出卖人支付全部合同总价款。

首期：买受人应当于＿＿＿年＿月＿日前向出卖人支付合同价款人民币＿＿＿＿＿＿＿＿＿元（大写＿＿＿＿＿＿＿＿元整）；

第二期：买受人应当于＿＿＿年＿月＿日前向出卖人支付合同价款人民币＿＿＿＿＿＿＿＿＿元（大写＿＿＿＿＿＿＿＿元整）；

第＿期：买受人应当于＿＿＿年＿月＿日前向出卖人支付合同价款人民币＿＿＿＿＿＿＿＿＿元（大写＿＿＿＿＿＿＿＿元整）。

买受人付款前，出卖人须向买受人开具与支付金额相等的合规发票，否则买受人有权拒绝支付，直至出卖人开具发票为止。

（三）买受人发票信息和出卖人银行账号信息。

1. 买受人发票信息

发票信息：＿＿＿＿＿＿＿＿

发票类型：＿＿＿＿＿＿＿＿

发票抬头：＿＿＿＿＿＿＿＿

税　　号：＿＿＿＿＿＿＿＿

发票内容：＿＿＿＿＿＿＿＿

2. 出卖人银行账号信息

开户银行：＿＿＿＿＿＿＿＿

户　　名：＿＿＿＿＿＿＿＿

银行账号：＿＿＿＿＿＿＿＿

2. 示范条款2

2. 合同价款、支付和发票

2.1　本合同总金额为人民币：＿＿＿＿＿＿＿元（大写＿＿＿＿＿＿＿元整），包括但不限于全部产品的对价、运费、保险费、税费、人工费、材料费、技术文件等一切为履行本合同所需支付的费用。除合同总金额外，甲方无须向乙方支付任何其他额外费用。

2.2　甲方采用【现金/支票/转账】方式，并按以下约定向乙方付款：

知识延伸

示范条款下载

（1）在合同签署后__个工作日内向乙方支付合同总金额的__％，即人民币_____元（大写_____元整）。

（2）在乙方交付_____并经甲方验收合格后__个工作日内向乙方支付剩余的合同金额，即人民币_____元（大写_____元整）。

2.3　乙方应在分别收到每笔款项后__个工作日内向甲方开具与付款金额相等的合规发票。

甲方发票信息为：

发票类型：_____

发票抬头：_____

税　　号：_____

发票内容：_____

2.4　乙方的银行账号信息为：

乙　　方：

开户银行：_____

账号名称：_____

银行账号：_____

二、价款、支付和发票条款的功能

1. 明确合同商品或服务的对价及支付方式

价款及支付条款虽非合同必备条款，但属于合同的基本条款。合同价款及支付条款的主要功能在于，明确合同一方当事人购买或接受另一方合同当事人提供的产品或服务时所需支付的对价；明确以何种方式支付，是通过现金、支票、银行转账，还是其他方式；明确是一次性支付，还是分期支付。

2. 控制合同履行进度，降低对方违约的法律风险

在合同中负有付款义务的一方当事人可以通过约定，以分期方式支付合同

价款，并约定合同价款支付与另一方合同当事人履行合同义务的进度挂钩，以控制另一方合同当事人履行合同的进度。一旦另一方合同当事人在合同履行过程中拒绝继续履行合同或履行合同不符合约定时，该合同当事人可以拒绝支付后续的合同价款，以降低对方违约造成的损失。

如果约定在合同履行开始时一次性付清全部合同价款，将会失去利用支付价款控制合同履行进度的机会，故一般不建议采用此种支付方式。尤其当合同是由某一方提供长期服务或具有持续性时，更应采用分期付款的方式。

三、价款、支付和发票条款的实务问题

（一）书写合同价款时应大小写并用

在表述合同价款时，应同时使用阿拉伯数字和中文表示合同价款。

一方面，这可以降低书写合同价款的错误率。因为在用阿拉伯数字或中文表述合同价款时，往往会核对该种方式表述的数字与另一方式表述的数字是否一致，这是对数字准确性的核实。

另一方面，可以防止对合同价款数字的篡改。相比较于用中文方式表述的合同价款来说，用阿拉伯数字表述的合同价款更容易被伪造或篡改。特别是当使用阿拉伯数字表述的合同价款书写不规范时，容易给他人伪造或篡改合同价款留下可乘之机。而同时采用阿拉伯数字和中文表示合同价款，可以避免这种法律风险。

（二）明确合同价款的性质和内容

目前，在实践中，对于合同价款的定价方式主要有以下几种：

1. 固定总价合同

在合同交易中，大多数合同都采用这种定价方式。

固定总价合同的优点是，在订立合同时，双方已经约定了一个固定的合同

价格，在合同履行过程中，该合同价格是固定的，不受市场价格变动的影响，使合同双方当事人有一个稳定的价格预期。

固定总价合同的缺点是，无法根据市场价格的变动进行合同价格的调整。当然即便是固定总价的合同，也应在合同中将对应的合同单价列明，在部分退货或合同解除时，便于计算应退款项或实际损失。

2. 固定单价，但合同总价可变

固定单价合同比较适用于在订立合同时，合同所购买的商品或服务数量无法确定。在订立这类合同时，由于无法最终确定所购买商品或服务的总量，因而无法确定合同总价款，但为防止在合同履行过程中，因单价的市场变动，导致新增加购买商品或服务的价格因此增加或减少的风险，在订立合同时往往会先确定一个固定单价，最终根据实际购买商品或服务的数量，再确定合同总价。

比如，为组织某次会议进行酒店服务采购的合同，由于参会人员的数量随时会变动，因此，可以先约定一个房间的固定单价，如，单人大床房每天 500 元，然后再根据实际参会人数和使用房间的数量进行最后结算。

3. 单价和总价都可变

单价和总价都可变的合同，常见于建设工程领域。由于建设工程所耗费的某一材料或人工数量往往较大，某一人工或材料单价的变动，可能会对建设工程的总造价产生重大影响。如果在建设工程总造价中无法体现这种单价的变动，会严重影响建设工程承包人的利益。因此，在建设工程合同中一般都会约定人工或材料单价变动时如何对价格进行调整。

比如，约定："人工单价发生变化且符合省级或行业建设主管部门发布的人工费调整规定，合同当事人应按省级或行业建设主管部门或其授权的工程造价管理机构发布的人工费等文件调整合同价格""材料、工程设备价格变化的价款调整按照发包人提供的基准价格，按以下风险范围规定执行：①承包人在已标价工程量清单或预算书中载明材料单价低于基准价格的：除专用合同条款另有约定外，合同履行期间材料单价涨幅以基准价格为基础超过 5% 时，或材料单价跌幅以在已标价工程量清单或预算书中载明材料单价为基础超过 5% 时，其超过部分据实调整……"

因此，在起草合同时，合同起草人一定要根据交易标的物的性质和特点，并根据合同当事人的需求，选择合适的确定合同价款的方式，明确合同价款的性质是固定总价还是固定单价，或者是单价、总价都可变。同时，明确合同价款所包含的范围，除了合同产品或服务的对价外，是否还包括其他的费用，如，税费、运输费、保险费、装卸费、人工费、安装费、差旅费、材料费、文件费或其他为履行合同所需支付的费用。

（三）明确支付价款的方式和期限

合同价款应以什么币种支付，人民币还是其他外国货币；合同价款应以什么方式支付，是现金，还是转账、支票、汇票或其他方式；合同价款是一次性支付还是分期支付，这些都需在合同中作出明确约定。

当起草的合同是一份涉外合同时，支付价款币种的选择，支付价款的方式和支付价款的时间，都可能因为汇率变动而导致合同当事人所应支付合同总价款的变动。因此，在起草涉外合同时，更应根据当前或汇率的变动趋势，约定合适的支付币种、支付方式和支付时间。

（四）明确约定付款和开具发票的先后顺序

关于发票的开具，目前主要有两种做法：一种是约定先开发票后支付价款，如，示范条款 1 中的做法；另一种是先支付价款后开具发票，如，示范条款 2 中的做法。

按照正常交易流程和会计准则来说，一般应是先收到款项再开具发票。但实践中，某一方合同当事人往往出于各种原因，如，利用谈判的优势地位或为方便财务工作，要求在合同中约定先开发票后付款。关于发票开具的法律问题主要涉及以下几个方面。

1. 先开发票后付款约定的效力

实践中，对于先开发票后付款的约定，法院一般持肯定态度，认可其约定的效力。

比如，在（2017）最高法民申 1675 号民事判决书中，最高人民法院认为，现在某汇公司已经向某钢公司交付了货物的情况下，某钢公司理应按照合同约定支付货款。开具增值税发票并非出卖人某汇公司的主要合同义务，仅是附随义务，除非合同明确约定了先后履行顺序。此判决书认为，如果合同双方当事人明确约定了先后履行顺序，即先开发票后付款时，该约定应属有效。

由于目前法律或司法解释关于先开发票后付款的效力尚无明确规定，仅有个案可供参考。因此，在合同中约定"先开发票后付款"时，应考虑是否存在相关的法律风险。

2. 未开发票能否成为拒付价款的抗辩理由

关于这个问题，在实践中，存在争议。

一种观点认为，如果合同双方当事人约定了先开发票后付款，该约定有效，未开发票可以成为付款方拒付价款的抗辩理由。如，前述（2017）最高法民申 1675 号民事判决书中的观点。

另一种观点认为，开具发票仅是合同附随义务，如果一方合同当事人履行了主要合同义务，另一方当事人仅以对方未履行开具发票附随义务为由拒绝履行付款的主要义务的，由于二者不具有对等性，不应支持其抗辩理由。

根据《最高人民法院关于统一法律适用加强类案检索的指导意见（试行）》的规定，最高人民法院的类案判决应该优于其他法院类案的判决，具有更大的指导意义。因此，未按合同约定先开具发票，应可以作为付款方的抗辩理由。

由于法律或司法解释对此问题尚无明确规定，为避免不确定性，虽然可以在合同中约定先开发票后付款，但在处理实际争议时，对抗辩效力的认定，仍应根据具体情况进行综合判断。

3. 开具的发票能否作为证明履行主要合同义务的凭证

《最高人民法院关于审理买卖合同纠纷案件适用法律问题的解释》第五条规定："出卖人仅以增值税专用发票及税款抵扣资料证明其已履行交付标的物义务，买受人不认可的，出卖人应当提供其他证据证明交付标的物的事实。合同约定或者当事人之间习惯以普通发票作为付款凭证，买受人以普通发票证明已经履行付款义务的，人民法院应予支持，但有相反证据足以推翻的除外。"

根据该规定，发票类型不同，对履行合同义务的证明效力也不同。如果是用增值税专用发票来证明已履行交付标的物义务，若对方不认可，法院原则上对其证明效力持推定否认的态度，除非有其他证据予以佐证。如果是用普通发票来证明已履行付款义务，在当事人对此作出明确约定或其属于当事人之间确立的交易习惯时，法院原则上对发票的证明效力持肯定态度，但有相反证据的除外。

第九节　所附生效或解除条件条款

附条件合同是指当事人在合同中特别约定一定的条件，以条件是否成就来决定合同效力的发生或消灭的合同。所附条件可分为生效条件和解除条件。如果合同附有生效条件，则合同在成立以后还不能立即生效，必须待生效条件成就以后，才能生效；如果合同附有解除条件，则合同生效后，只有在条件成就时才失效，如果条件不成就则将继续有效。

一、所附生效或解除条件条款的示范条款

1. 示范条款 1

本股权转让合同，自××公司股东会批准本合同所涉股权转让事宜之日起生效。

2. 示范条款 2

本合同自甲方总公司批准之日起生效。

3. 示范条款 3

若甲乙双方未能在＿＿＿＿＿＿年＿＿＿＿＿＿月＿＿＿＿＿＿日前签订 B 合同，则甲乙双方签订的 A 合同自动失效。

二、所附生效或解除条件条款的功能

合同所附生效或解除条件条款的主要功能，是通过设定一定的条件，对合同的效力进行额外的限制。合同所附生效或解除条件是否成就，直接影响合同的生效或失效。

《中华人民共和国民法典》第一百五十八条规定："民事法律行为可以附条件，但是根据其性质不得附条件的除外。附生效条件的民事法律行为，自条件成就时生效。附解除条件的民事法律行为，自条件成就时失效。"

根据合同所附条件的具体功能，附条件的合同可以划分为附生效条件的合同和附解除条件的合同。如，示范条款 1 和 2 属于附生效条件的合同，合同自条件成就时生效；示范条款 3 为附解除条件的合同，自条件成就时合同失效。

三、起草所附生效或解除条件条款的实务问题

1. 法律规定的条件不能成为合同所附条件

合同所附条件，必须是将来发生的、不确定的事实，必须是当事人约定的

而不是法定的，同时还须合法。法律、行政法规明确规定某种合同的生效需要办理批准手续的，在该合同未办理该批准手续前其并不生效。但办理批准手续是法律或行政法规明确规定的，是法定的条件，如果合同当事人将该法定的条件约定为合同的所附条件，会导致该约定条件无效。

比如，在最高人民法院（2004）民一终字第106号一案中（某国土局与某置业公司国有土地使用权出让合同纠纷案），合同双方当事人在《国有土地使用权出让合同》中约定："本合同项下宗地出让方案尚需经山东省人民政府批准，本合同自山东省人民政府批准之日起生效。"最高人民法院经审理认为："在我国，政府机关对有关事项或者合同审批或者批准的权限和职责，源于法律和行政法规的规定，而不属于当事人约定的范围。当事人将法律和行政法规规定的政府机关对有关事项或者合同的审批权或者批准权约定为附条件的合同中的条件，不符合合同法有关附条件的合同的规定。当事人将法律和行政法规没有规定的政府机关对有关事项或者合同的审批权或者批准权约定为附条件的合同中的条件，同样不符合合同法有关附条件合同的规定。根据合同法规定精神，当事人在订立合同时，将法定的审批权或者批准权作为合同生效条件的，视为没有附条件。"将法律未规定为政府机关职责范围内的审批权或批准权作为包括合同在内的民事法律行为生效条件的，同样视为没有附条件，所附"条件"不产生限制合同效力的法律效果。

2. 合同义务不能作为合同所附条件

合同所附条件一般是合同之外的附加条款，一旦条件成就，将自动导致合同的生效或失效，与合同义务是否履行并无关系，合同义务不能成为合同所附条件。

在最高人民法院（2012）民申字第1542号一案（某圣公司诉某栋公司、第三人某安公司技术转让合同纠纷案）中，合同双方当事人在《技术转让合同》中第十三条第五项约定，"若甲方不支付约定款项，乙方有权停止向甲方进行新药技术转让，并不退还甲方已支付款。"合同双方当事人就该约定是所附条件还是约定的解除条件，产生分歧。最高人民法院经审理认为，本案合同双方当事人对上述约定的性质存在不同理解。某圣公司认为，上述约定属于约定解除的条款，即使某栋公司拥有解除合同的权利，也应按照《合同法》第九十六条第一款（注：现为《中华人民共和国民法典》第五百六十五条）规定的方式和程序行使解除权。某栋公司没有向某圣公司发出解除合同的通知，没有实际产生解除合同的效力，双方之间的合同关系并未解除。某栋公司认为，上述约定属于《合同法》第四十五条第一款（注：现为《中华人民共和国民法典》第一百五十八条）规定的解除条件，本案"技术转让合同"属于附解除条件的合同。该解除条件因某圣公司的违约行为已经成就，本案"技术转让合同"已经解除，无须通知某圣公司。对此，分析如下：

本案"技术转让合同"第十三条第五项约定的性质。合同效力附条件是指当事人对合同效力的发生或者消灭施加限制，使其取决于将来的不确定性事实，附条件包括附生效条件和解除条件。附解除条件的合同，自条件成就时失效。一般认为，合同所附解除条件是对合同所加的附款，通常与合同自身的内容以及合同的履行行为本身无关。合同约定的解除条件则是指当事人在合同中约定了解除合同的条件，合同的解除条件成就时，解除权人可以依照法律规定的程序和方式解除合同。对本案"技术转让合同"第十三条第五项约定的性质的解释，应结合该约定的内容、该约定与整个技术转让合同的关系、约定的目的等因素进行。从约定的内容看，该项约定在某圣公司不支付约定款项的情况下，赋予了某栋公司停止向某圣公司进行技术转让的权利，并且不退还某圣公司已支付款项。这实际上是约定了在某圣公司出现违约的情况下，某栋公司享有的权利以及所产生的相应法律后果。从该约定与整个技术转让合同的关系看，该约定被规定在本案"技术转让合同"的第十三条即违约责任条款中。显然，合同双方当事人约定该项的目的在于防范一方的违约行为，而不是简单地通过附款限制本案"技术转让合同"的效力。由上可见，本案《技术转让合同》第十三条第五项实际上约定了合同解除的条件以及合同解除后双方当事人之间的权利义务关系处理，该项约定应该属于《合同法》第九十三条（注：现为《中华人民共和国民法典》第五百六十二条）规定的合同约定的解除条件，而不是对本案"技术转让合同"的效力附条件。

在最高人民法院（2014）民申字第175号一案（乔某与某日报社其他合同

纠纷）中，最高人民法院认为，所谓附条件的合同，是指当事人在合同中特别约定一定的条件，以条件的是否成就来决定合同效力的发生或消灭的合同。条件应当是将来不确定发生的事实，条件必须合法且由当事人协议确定，并且不得与合同的主要内容相矛盾。条件的实质是当事人对民事法律行为所添加的限制，由于这个限制，使得法律效果的发生、变更、消灭系于将来不确定的事实，法律行为经附条件后就处在一种不确定状态。亦即，条件的本质特征在于成就与否的不确定性。据此，合同义务不能成为条件，理由在于：

第一，合同义务具有约束力，当事人应当按照约定履行其义务，而条件是否能够成就是不确定的，当事人不负有使条件成就的义务。

第二，合同义务没有完成，当事人要承担违约责任，而条件没有成就，当事人不承担违约责任。

第三，合同义务没有完成，原则上不能拟制其已经完成，而拟制成就是条件制度的重要内容。

第四，依法成立的合同具有约束力和确定性，所谓附条件法律行为的不确定性是合同确定性的例外。如果将条件的范围扩大到合同义务，那么条件天然的不确定性将毁灭合同的确定性本身。

第五，条件的作用是限制合同效力，如果合同义务可以作为条件，那么合同效力将完全取决于当事人的履行意愿……

3. 合同所附解除条件与合同约定解除权不同

合同所附解除条件与合同约定解除权不同，其不同之处主要体现在以下几个方面：

（1）是否需要通知不同。合同所附解除条件是对合同效力的额外限制，一旦合同成就，合同就失效，无须任何一方当事人履行通知义务。而合同约定解除权一旦符合合同解除的条件，则需要行使合同解除权的一方当事人履行解除的通知义务，合同自通知到达对方时解除。

（2）所依据的事实不同。合同所附的解除条件必须是一种未来的、不确定性的事实，且通常与合同自身的内容以及合同的履行行为本身无关，是在合同内容之外所附件的额外限制。而合同约定解除权所约定的条件未必是未来的、不确定性的事实。合同约定解除权约定的合同解除条件一般是一方合同当事人不履行合同义务或履行合同义务不符合约定等违约行为。

4. 起草所附条件时必须慎重，条件必须符合法律规定的要件

合同起草人在起草合同时，一定要重点关注所附条件是否符合法律关于所附条件的要求，即该条件是否属于当事人约定的、未来的、不确定性的事实。如果约定的事实不构成所附条件，而属于合同约定解除权，将会直接影响合同当事人行使权利的方式，如果行使权利不当，就会产生较大的法律风险，如，应当履行合同解除的通知义务而误认为是所附条件而未履行，将会导致合同不发生解除效力，并进而影响合同当事人双方违约责任的认定。因此，在起草合同所附条件时一定要慎重。

第十节　陈述和保证条款

陈述和保证条款是合同当事人对过去或目前正在发生的事实作出阐述，并对其阐述的真实性进行承诺和担保的条款。在信息不对称的情况下，陈述和保证条款可以减少和控制当事人的法律风险。

一、陈述和保证条款的示范条款

1. 示范条款 1

本合同甲方、乙方分别向对方作出如下陈述和保证：

1.1　甲方、乙方系在中华人民共和国境内依法成立并合法存续的有限责任公司；

1.2　甲方、乙方具有签订和履行本合同所需要的一切权利、资质和资格，

不因本合同的签订和履行而侵害任何第三方的权利或利益；

1.3 在签订本合同前，甲方、乙方不存在已经发生或正在发生的对签订和履行本合同能力可能产生影响的诉讼、仲裁案件，不存在已经启动但尚未终结的行政程序、司法程序或其他法律程序，而且据甲方、乙方所知尚无人威胁将采取上述行动。

2．示范条款 2

甲方和乙方共同向丙方和丁方分别作出如下陈述和保证：

2.1 目标公司股东会已作出同意本次股权转让之决议，且甲乙各方均以股东会决议形式作出了放弃就对方转让股权行使优先购买权的决定；

2.2 甲方、乙方就其转让股权行为已取得了中国法律、行政法规和部门规章所规定的批准、许可；

2.3 除甲方、乙方提交的披露清单外，目标公司不存在任何其他未披露的债务和其他违法行为。

二、陈述和保证条款的功能

陈述和保证条款常见于英文合同或股权转让合同。

陈述是对过去或目前正在发生的事实作出的阐述，而保证是合同当事人对其陈述事项真实性的一种承诺。

陈述和保证条款的功能主要在于通过合同当事人对某些交易基础信息的陈述和保证，以达到减少、控制因合同交易事项信息不对称所产生的法律风险。

比如，在股转收购交易中，尽管收购方会对目标公司进行尽职调查，但出于各种原因，尽职调查不可能对每一个事实都核实清楚，不可能查明所有潜在的交易风险。此时，就会出现一个僵局，转让方无法拿出证据证明"尚未发生的事实"，而收购方又需确信这些事实没有发生，陈述和保证条款恰恰解决了这一僵局。通过合同当事人对交易基础事实的陈述和保证，对尽职调查无法查明的事实进行背书，消除了合同交易双方当事人之间彼此的不信任感，促成交易的达成。

三、起草陈述和保证条款的实务问题

1. 鉴于条款与陈述和保证条款的区别

鉴于条款以及陈述和保证条款都是对与合同交易相关事实的陈述。二者的主要区别在于，鉴于条款所陈述的事实，一般是与合同交易背景和合同目的有关的事实，而且这种事实通常是合同双方当事人确认无争议，无须任何一方进行保证的事实；而陈述和保证条款所陈述的事实，确切地说，并不是严格意义上的事实，因为这种陈述的内容并非毫无争议的客观事实，有可能是虚假的，只是合同当事人声称其为事实并为其真实性进行保证。

陈述和保证所声称的事实，主要是与合同当事人主体资格的合法性，合同主体签订和履行合同能力、权利和资格，合同交易标的瑕疵，合同交易的批准和许可，以及对合同签订和履行可能产生影响事项披露有关，其所陈述的事实更微观。

2. 应明确约定违反陈述和保证条款的违约责任

当合同约定了陈述和保证条款时，必须同时明确约定违反陈述和保证条款的违约责任。明确约定违反陈述和保证条款的违约责任，不仅能确认陈述和保证条款对合同当事人双方的法律效力，还可以避免未约定违约责任时需承担证明实际损失的举证责任。

在未明确约定违反陈述和保证条款违约责任的情况下，当某一方合同当事人陈述的事实最终证明为虚假时，如果作出陈述和保证的合同当事人系明知某种事实的存在仍作虚假陈述，那么其可能构成欺诈，对方合同当事人可以申请撤销合同。

如果作出陈述和保证的合同当事人并非明知某种事实而作不真实的陈述，不构成欺诈，但由于其对事实进行了承诺和保证，应对对方当事人因信赖其承诺和保证而造成的损失承担赔偿责任。

无论哪一种情况，被作出陈述和保证的一方合同当事人都需对自己遭受的实际损失进行举证，在很多情况下，举证证明这种实际损失是十分困难的。因此，通过直接约定违反陈述和保证条款的违约责任，在某种程度上可以避免这种举证责任。

3. 通过"据其所知"等词语对陈述和保证的责任范围进行必要限制

当事人陈述和保证的事实，分为两种情况。

一种是作出陈述和保证的当事人完全知晓而对方当事人无从知晓的事实。如，某一方合同当事人对其不存在环境违法行为的陈述和保证，其对己方是否存在环境违法行为的事实往往是明知的，而且这种事实由该方当事人自己掌握和控制，比较容易核实。

另一种是作出陈述和保证的当事人和对方合同当事人都无从知晓、无从确认、也无法控制的事实，该事实是否存在完全取决于合同之外的第三方。如，某一方合同当事人对不存在潜在诉讼或仲裁威胁的陈述和保证，由于其无法阻止合同之外的第三方的诉讼或仲裁威胁，因此，作出陈述和保证的当事人并不能控制这种事实的发生，也无法进行核实。

在第二种情况下，作出陈述和保证的当事人对其无从知晓、无法确认、无法核实的某种事实的真实性进行陈述和保证，这意味着巨大的法律风险。为避免因陈述和保证范围过广而承担较大法律风险，作出陈述和保证的合同当事人往往会对其陈述和保证的范围进行限制。如，采用限定语"就其所知"或"据其所知"，将陈述和保证的前提和范围限定为自己知道的情形，排除无从知晓、无法控制的陈述和保证情形，以降低此类法律风险。

参考案例： 违反陈述和保证，应承担违约责任

2014 年 10 月 27 日，东某科技公司（收购方）与常某、宋某、王某、江某、慧某立信公司等 16 名原拓某科技公司的股东（转让方）签署购买资产协议，约定东某科技公司拟通过发行股票及支付现金方式收购转让方合计持有的拓某科技公司 100% 股权。

该协议部分约定内容如下:

第十二条陈述和保证。

12.1.4 披露信息真实。常某、宋某等16名原股东应按东某科技公司尽职调查和信息披露的要求向东某科技公司及其委托的中介机构提供有关文件、资料和信息;常某、宋某等16名原股东已经或将在本次交易实施完毕前向东某科技公司及其委托的中介机构提供的与本次交易有关的所有文件、资料和信息均真实、准确、完整和有效,无虚假记载、误导性陈述或重大遗漏。

12.2.3 无重大诉讼或行政程序。拓某科技公司不存在以拓某科技公司为一方或以拓某科技公司任何财产或资产为标的的重大诉讼、仲裁、争议、索赔或其他重大纠纷;凡有关事实发生在目标资产交割日之前而导致的诉讼、争议、索赔所引起的赔偿、产生的债务或责任、发生的费用,均应由常某、宋某等16名原股东承担。

12.2.8 董事、高级管理人员不涉诉。拓某科技公司的董事、总经理等拓某科技公司章程规定的高级管理人员不存在尚未了结的或虽未发生但可预见的重大诉讼、仲裁及行政处罚。

12.2.10 遵守法律法规。拓某科技公司遵守与其相关的管理法律法规;拓某科技公司三年内不存在重大违法行为,不存在因违反工商、税收、外汇、海关、土地、环保、质量技术监督、劳动与社会保障等部门的规定而受到重大处罚的行为,不存在任何可能导致对其产生重大不利影响的指控,也不存在任何依合理判断可能导致遭受相关政府主管部门重大处罚的情形。

第十三条违约责任。

13.1 除非本协议另有约定,任何一方如未能履行其在本协议项下之义务或承诺或所作出的陈述和保证失实或严重有误,则该方应被视作违反本协议;为避免歧义,如发生非经东某科技公司书面同意的拓某科技公司重大不利事件,应视为常某、宋某等16名原股东违反本协议。

13.2　违约方应依本协议约定和法律规定向守约方承担违约责任，向守约方一次性支付违约金800万元，并赔偿守约方因违约方的违约行为而遭受的所有损失（包括为避免损失而支出的合理费用）。

2018年7月31日，河南省郑州市惠济区人民法院（以下简称惠济区法院）作出（2018）豫0108刑初260号刑事判决，判决：1.拓某科技公司犯单位行贿罪，判处罚金30万元（罚金已缴纳）；2.常某犯单位行贿罪，判处有期徒刑一年、缓刑二年，并处罚金20万元。拓某科技公司不服上述刑事判决，提出上诉，河南省郑州市中级人民法院（以下简称郑州中院）于2018年9月28日作出（2018）豫01刑终915号刑事裁定，裁定：驳回上诉，维持原判。根据上述法律文书记载，2016年7月8日常某被电话传唤配合公安机关接受调查。经一审法院询问，东某科技公司称于2018年6月得知常某和拓某科技公司上述涉诉情况。

东某科技公司认为拓某科技公司被判单位行贿罪构成目标公司重大不利事件，给东某科技公司造成重大影响及经济损失，宋某作为拓某科技公司原股东、转让方，违反了陈述和保证义务，要求宋某承担违约责任。

一审法院经审理认为，宋某违反了陈述和保证义务，应承担违约责任。宋某不服一审判决提起上诉。

二审法院经审理认为，根据购买资产协议第十二条约定，包括宋某在内的拓某科技公司原16名股东均负有保证拓某科技公司3年内不存在重大违法行为、公司董事、高管不存在被诉情况的义务。经惠济区法院、郑州中院裁判，拓某科技公司及法定代表人、董事常某在2011年、2013年以及2015年东某科技公司收购拓某科技公司时犯行贿罪，违反了购买资产协议前述约定，作为转让方之一的宋某已经构成违约。宋某上诉认为，其未参与、亦不知晓拓某科技公司及常某的犯罪行为，故其没有违约；其作为拓某科技公司的董事、高管，对东土科技公司不负有忠实义务，故没有义务向东土科技公司告知相关情况。对此本院认为，购买资产协议约定常某、宋某等16名原股东作为转让方负有保证、承诺拓某科技公司不存在重大诉讼、3 年内不存在重大违法行为、高级管理人员不存在重大诉讼的合同义务，现查明拓某科技公司及常某已因犯行贿罪被判处刑罚，足以构成购买资产协议第 1.1.16 条约定的重大不利事件，故依据第 13.2 条应视为常某、宋某等 16 名原股东违反本协议的约定，作为转让方之一的宋某已经构成违约；其是否知晓、是否参与拓某科技公司、常某的违法犯罪活动，不影响其因违反购买资产协议中的承诺、保证义务而应承担违约责任。一审法院对宋某违约的事实认定正确，本院予以确认。

——北京市第一中级人民法院（2019）京 01 民初 278 号

——北京市高级人民法院（2019）京民终 1646 号

第十一节　知识产权条款

知识产权条款是当合同交易涉及相关知识产权问题时，对知识产权的权属、使用、侵权责任等进行约定的条款。

一、知识产权条款的示范条款

11　知识产权

11.1　本合同中，知识产权包括著作权、商标权和专利权。

11.2　甲方应对其提供给乙方的产品和服务享有完全知识产权，乙方在中华人民共和国境内占有、使用本合同产品或其任何一部分时，接受本合同约定服务或其任何一部分时，免受第三方主张侵犯其知识产权的投诉、索赔、诉讼或仲裁。

11.3　若因乙方在中华人民共和国境内占有、使用本合同产品或其任何一部分，接受本合同约定服务或其任何一部分，第三方向乙方提起侵犯其知识产权的投诉、索赔、诉讼或仲裁的，甲方应负责处理并承担全部费用和责任，且应按照本合同约定承担违约责任。

11.4 在本合同签订前，甲方、乙方各自拥有的知识产权归各自所有，本合同的签订和履行并不意味着任何知识产权的转让或许可。在本合同履行过程中甲方、乙方各自形成的新知识产权成果，归甲方、乙方各自所有。

二、知识产权条款的功能

1. 确定知识产权归属

在合同签订和履行过程中，可能会涉及各方知识产权的使用，在合同履行过程中，也会产生一些新的知识产权成果。知识产权条款的一个重要功能是明确合同各方原有的知识产权归属，以及明确在合同履行过程中新产生的知识产权成果的归属，避免因对知识产权成果归属约定不明而产生纠纷。

一般来说，在合同中有关知识产权成果的约定，主要有以下几种类型：

一是，由合同各方享有各自的知识产权成果，互不授权或许可。

二是，知识产权成果归一方合同当事人所有，但另一方当事人可以获取报酬或在一定范围内继续使用。

这种类型比较常见于委托创作合同中。

比如，委托方委托受托方进行图书的封面设计。在委托合同中，双方可以约定，委托方支付报酬后，封面设计全部成果的知识产权归委托方所有，受托方不得使用。双方也可以约定，封面设计全部成果的知识产权归委托方所有，但受托方在一定范围内仍可继续使用。

三是，知识产权成果归合同当事人共同所有。这种类型比较常见于双方对知识产权成果的形成均有贡献或后续均需继续使用该知识产权成果的合同交易中。

不管采用何种模式，合同当事人均应通过知识产权条款明确约定合同签订前各自拥有的知识产权，以及在合同履行过程中新产生知识产权的权利归属，避免因权属约定不明发生纠纷。

2. 明确知识产权的范围、使用方式，以及侵犯知识产权的法律责任

在合同中，知识产权条款的另一功能是约定知识产权的范围、使用方式，明确侵犯知识产权的法律责任。

比如，在一份涉及使用商标的委托贴牌加工合同中，委托方为避免其商标权被侵犯，会约定贴牌加工方使用其商标的时间、范围和方法，以及不当使用商标，侵犯商标权时的违约责任。

再比如，在买卖合同中或提供技术服务的合同中，购买方或接受技术服务一方，为避免在购买、使用产品或接受服务的过程中，因卖方提供的产品或技术服务侵犯第三方知识产权而承担法律责任，买方或技术服务的购买方一般都会要求卖方或提供技术服务一方提供知识产权免责保证，同时会在合同中约定，一旦第三方提出知识产权侵权主张时，由卖方或提供技术服务的一方负责处理，并承担违约责任。

三、起草知识产权条款的实务问题

1. 知识产权定义和保证条款建议放在定义、陈述和保证条款中

在起草知识产权条款时，首先要对知识产权进行定义，明确合同所涉及知识产权的范围。知识产权并非一个确定的法律概念，因此，在起草合同时，非常有必要对知识产权进行定义。如果起草的合同中有专门的定义条款，建议将关于知识产权的定义，放在专门的合同定义条款中。因为关于术语定义的内容散见于不同合同条款中，会使合同显得杂乱无章、缺乏条理性。

同样，知识产权条款若涉及合同一方当事人对其拥有完全知识产权和免予对方因知识产权侵权被投诉、索赔、诉讼或仲裁保证的，在合同设有专门陈述和保证条款的情况下，建议将该保证内容放在陈述和保证条款中。

当然，如果起草的合同相对比较简单，没有专门的定义或陈述和保证条款时，也可将该内容混合放在知识产权条款中。

2. 应根据合同性质和交易标的内容设定合适的知识产权条款

涉及知识产权约定的合同，主要分为两类。

一类是，合同交易标的本身并非专利权、著作权或商标权等知识产权，但在合同履行过程中可能会涉及知识产权问题。

如，买卖合同、委托印刷合同、委托设计合同等，虽然这些合同标的本身并非知识产权，但在合同履行过程中会涉及提供产品或服务的知识产权归属和侵权问题。对于这类合同，在设置知识产权条款时，应重点约定知识产权的归属和使用，以及产品或服务不得侵犯第三方知识产权等内容。

另一类是，合同的交易标的本身是专利权、著作权或商标权等知识产权。由于这类合同权利义务所指向的对象是知识产权，知识产权条款是这类合同的主要和核心条款。在这类合同中，除了约定知识产权归属和侵权问题外，还应对有关知识产权的内容进行更详细、更明确、更具体的约定。

比如，在一份商标权许可合同中，应详细约定以下主要内容：涉及注册商标的性质、使用范围和期限；商标权许可性质和范围，是独家许可还是普通许可，许可范围是在中国境内还是全球范围；被许可使用商标商品的质量标准要求，以及如何通过质量检查保证达到约定的质量标准要求；许可使用费用及支付时间和方式；许可使用期间发生侵犯商标权的行为由哪一方负责维权，以及维权成本如何承担等内容。

因此，合同起草人应根据合同性质和交易标的内容设定简繁适当的知识产权条款。

第十二节　保密条款

在合同谈判、合同磋商、合同签订和履行过程中，合同当事人可能会接触到对方的保密信息、商业秘密甚至是核心机密，为了确保涉及的保密信息、商业秘密和核心机密不被泄露或不当使用，在很多合同中都设置有保密条款。

一、保密条款的示范条款

8　保密条款

8.1　保密信息的定义

本合同所称"保密信息"是指一方合同当事人（简称"披露方"）以书面、口头、电子数据、图像或其他形式提供给另一方合同当事人（简称"接收方"）的任何信息或资料，包括但不限于经营信息、技术信息，以及任何一方在本合同签订前，或在签订、履行本合同过程中接触、获得的另一方的任何信息或资料。但本合同所称"保密信息"不包括以下内容：

8.1.1　公众知晓的信息，且公众知晓该信息非因接收方的过错造成；

8.1.2　从公开渠道可以合法获得的信息；

8.1.3　在披露方提供之前，接收方已经通过合法途径合法获得的信息。

8.2　保密义务

8.2.1　接收方对保密信息应履行以下保密义务：

8.2.1.1　接收方及其知悉保密信息的人员只能为本合同目的而使用保密信息；

8.2.1.2　未经披露方书面同意，接收方及其知悉保密信息的人员不得直接或间接以任何方式向第三方提供、披露保密信息或许可第三方使用其所掌握的保密信息；

8.2.1.3　接收方应以对待自己同等重要保密信息应有的谨慎态度对待披露方的保密信息，并应对其获得的保密信息采取必要的、合理的措施，避免任何第三方及无关人员以任何方式获得此保密信息；

8.2.1.4　接收方为本合同目的必须向其雇员、律师、会计师等人员披露保密信息时，接收方仅能在履行本合同所需范围内向指定的雇员、律师、会计师等人员进行披露，并应采取一切措施包括但不限于与该雇员、律师、会计师等人员签订保密协议，确保这些人员遵守本合同约定的保密义务；

8.2.1.5　若接收方发现保密信息被泄露时，无论保密信息因何种原因被泄露，接受方应立即采取有效措施防止泄露范围进一步扩大，并及时通知披露方；

8.2.1.6　为保守保密信息，接收方需要履行的其他义务。

8.2.2　接收方的保密义务不适用于以下情形：

8.2.2.1　根据适用的法律、法规和规范性文件的有关规定必须对外披露保密信息；

8.2.2.2　任何有管辖权的政府部门、监管机构或司法机构要求披露保密信息；

8.2.2.3　事先取得披露方书面同意而公开保密信息。

但接收方依据 8.2.2.1 和 8.2.2.2 约定对外披露保密信息时，应在披露信息之前通知披露方，若由于客观原因无法在披露信息之前通知披露方时，应在披露信息后_____（日/小时）内通知披露方。

8.3　保密条款的效力

本合同保密条款永久有效，不因本合同的无效、被撤销、被解除或终止而丧失法律效力。

8.4　保密信息返还和销毁

当本合同无效、被撤销、被解除或终止后三个工作日内，接收方应按披露方的要求向披露方返还全部保密资料和保密信息，或在披露方的见证下予以销毁，并将销毁的有效证据提交给披露方。

二、保密条款的功能

1. 明确保密信息的范围

《中华人民共和国反不正当竞争法》第九条第四款对商业秘密进行了定义，

"本法所称的商业秘密，是指不为公众所知悉、具有商业价值并经权利人采取相应保密措施的技术信息、经营信息等商业信息。"

《中华人民共和国反不正当竞争法》关于商业秘密的定义，主要在侵犯商业秘密的侵权案件中适用。在某些情况下，在合同交易中，合同当事人希望保密的信息范围，可能比《中华人民共和国反不正当竞争法》规定的商业秘密的范围更加广泛。此时，就有必要在合同中对合同当事人希望保密的信息范围进行明确约定。

另外，《中华人民共和国反不正当竞争法》中关于商业秘密的定义不够具体，合同当事人也有必要在合同中对商业秘密或保密信息的范围进行具体约定，避免争议。

2. 证明采取保密措施

通过保密条款对保密信息的内容和保密义务进行约定，保密条款本身的存在就意味着披露方对约定保密信息的重视程度，以及不愿为公众所知悉的意愿。在一定程度上，约定保密信息条款可以视为保密信息权利人为保护相关信息采取了保密措施。这在侵犯商业秘密的侵权案件中，对证明商业秘密权利人是否采取了保密措施这一构成要件，具有一定的证明作用和证据效力。

3. 约定可操作性的具体保密义务

通过保密条款，可对保密方的保密义务进行具体、明确的约定，如，约定接触保密信息人员的范围限制、接收人应采取的保密措施、履行保密义务的例外等内容，使保密条款更具有可操作性和可执行性。

三、起草保密条款的实务问题

1. 明确约定违反保密义务的违约责任

在起草保密条款时，为保证保密条款的遵守和执行，合同起草人必须针对保密义务条款约定明确的违约责任。为避免承担证明实际损失的举证责任，合同起草人在约定违反保密义务的违约责任时，应明确约定，违反保密义务一方应当向守约方赔偿一定数额的违约金。

比如，约定任何一方违反保密义务的，应向另一方合同当事人支付违约金人民币＿＿＿＿＿＿＿＿＿＿元，并应承担另一方合同当事人因主张权利而支出的律师费、调查取证费、诉讼费、仲裁费和公证费等必要费用。

如果违反保密义务的行为对继续履行合同可能产生重大影响时，还可在合同中约定，任何一方违反保密义务的，另一方当事人有权解除合同。

2. 明确约定合同保密条款的构成要素

一般来说，保密条款会涉及以下构成要素。

（1）保密义务的类型

保密义务是单方义务还是双方互负义务。

负有单方保密义务的合同主要是服务性的合同，提供某种服务的一方在提供服务过程中可能会接触到委托方的保密信息。

比如，某公司为某事业单位提供泄密风险排查服务，在提供排查服务过程中，某公司可能会接触到该事业单位大量的保密信息。再如，某事业单位为某公司进行薪酬体系设计服务，在提供薪酬设计服务过程中，某事业单位不可避免地会接触到该公司的人员结构、薪资构成等信息。

双方互负保密义务的合同，主要是双方均需进行信息披露或双方需避免交易信息为第三方知悉的合同。如，在重大股权交易中，为避免竞争对手或其他不利因素的干扰，交易双方往往会约定，在某一时间段内，双方均不得对外透露交易内容。

（2）保密信息的范围

实践中，保密信息确定的方式，主要有：定义式，通过对保密信息的定义，确定保密信息的内容；列举式，明确列举保密信息的具体内容；定义式和列举式结合；标识式，只有标注为"保密"字样的信息才属于保密信息。

在确定保密信息内容时，要详简得当，不能为扩大保密信息范围而过于概括，过于概括会导致保密信息内容不明确；但也不能过于细化，过于细化会缩小保密信息的范围。

（3）保密义务的具体内容

保密义务的具体内容，包括保密信息的使用范围和方式，对保密信息应采取的保密措施等义务。

（4）保密义务的期限，以及保密信息的返还或销毁

在约定保密义务的期限时，应根据保密信息的性质确定，既可约定长期有效，如，约定本合同约定的保密义务长期有效，直至保密信息合法成为公开信息为止；也可约定一定的保密期限，如，约定本合同约定的保密义务，自接收方知悉保密信息之日起至＿＿年＿月＿日止。

（5）违反保密义务的违约责任

如果起草的合同有专门违约责任条款时，建议将违反保密义务的违约责任放在合同违约责任条款部分，与其他的合同违约责任一起进行约定。

第十三节 解除条款

在一般情况下，双方当事人订立了合同以后，不能随意解除合同，应受到合同权利义务内容的约束。但是如果满足法定或者约定的解除合同情形的，可以解除合同。合同解除条款实际上是为当事人设定退出机制。

一、解除条款的示范条款

示范条款

5　合同解除权

5.1　协商解除

知识延伸

示范条款下载

甲乙双方协商一致可以解除本合同。

5.2　约定合同解除权

5.2.1　甲方的约定合同解除权

乙方有下列情形之一的，甲方有权解除合同且不承担任何违约责任：

5.2.1.1　乙方不能交付产品；

5.2.1.2　乙方逾期交付产品超过十日；

5.2.1.3　乙方交付的产品不符合合同约定，甲方同意更换，乙方更换后的产品仍不符合合同约定；

5.2.1.4　甲方认为乙方交付的产品严重不符合合同约定，甲方不同意更换；

5.2.1.5　乙方违反本合同约定的保密义务；

5.2.1.6　乙方违反本合同约定的其他义务，在甲方指定时间内，未及时采取有效补救措施。

甲方按本条约定行使合同解除权的，同时有权要求乙方按照本合同约定承担违约责任。

5.2.2　乙方的约定合同解除权

甲方有下列情形之一的，乙方有权解除合同且不承担任何违约责任：

5.2.2.1　甲方逾期支付合同价款超过十日；

5.2.2.2　甲方违反本合同约定的其他义务，在乙方指定时间内，未采取有效补救措施。

乙方按本条约定行使合同解除权的，同时有权要求甲方按照本合同约定承担违约责任。

5.2.3　约定合同解除权的行使

甲方、乙方行使本合同约定的合同解除权时，应当在自己知道或应当知道合同约定的解除事由发生之日起两个月内行使，逾期未行使合同解除权的，合同解除权消灭。合同解除权的行使应以通知的方式作出。

5.3　法定合同解除权

符合法定合同解除条件时，甲乙双方可依法行使法定解除权。

二、合同解除权的功能

合同解除权主要是为合同当事人设定退出机制。

无论由双方当事人协商一致解除合同，还是因合同约定事由出现由一方合同当事人解除合同，或者是在符合法律规定情形时，由享有法定解除权的合同当事人解除合同，其主要功能是在出现某种情形时，能够使合同当事人退出双方通过合同设定的法律关系，为合同当事人设定退出机制，避免在合同履行过程中，当某些事由的出现已使合同当事人丧失信任基础时，合作关系无法解除。如，一方合同当事人存在违约行为，合同当事人仍深陷这种法律关系。这不仅可能导致合同当事人损失进一步扩大，还可能使已丧失信任的合作关系长期处于悬而未决的不确定状态，不利于问题的解决。

三、起草解除条款的实务问题

1. 合同解除和合同终止不同

《中华人民共和国民法典》第五百五十七条规定："有下列情形之一的，债权债务终止：（一）债务已经履行；（二）债务相互抵销；（三）债务人依法将标的物提存；（四）债权人免除债务；（五）债权债务同归于一人；（六）法律规定或者当事人约定终止的其他情形。合同解除的，该合同的权利义务关系终止。"

根据该规定可以看出，合同解除和合同终止有如下区别：

（1）合同解除是合同终止的原因，合同终止是合同解除的结果。

（2）合同解除具有溯及既往效力，而合同终止只向将来发生效力。合同解除的法律后果是，尚未履行的，终止履行；已经履行的，根据履行情况和合同性质，当事人可以请求恢复原状或者采取其他补救措施。而合同终止一般只对尚未履行的部分发生效力。

（3）合同解除需通过通知的方式作出。而合同终止是一种事实状态，一般无须以通知方式作出。

（4）除协商解除外，合同解除原因一般与某一方合同当事人的违约行为有关。而在合同终止的原因中，除合同解除外，其他都是因债务已经履行完毕或无须履行而终止，是合同的正常完结。如，债务已经履行；债务相互抵销；债务人依法将标的物提存；债权人免除债务；债权债务同归于一人等。

2. 应单独设置合同解除权条款，避免与其他合同条款混杂

相同的合同主题或内容，放在同一合同模块，是合同起草的一个基本原则。这不仅可以使合同看起来更加美观、更加具有逻辑性，还能使合同阅读者阅读起来更加容易，能够更快找到其想要阅读的内容或其关心的条款。如，当合同当事人双方就某一方是否享有合同解除权发生争议，需对合同约定的解除权进行研究和分析时，在单独设置合同解除权条款的情况下，合同当事人直接找到合同解除权条款即可，无须阅读其他条款来确认是否还有其他关于合同解除权约定的内容。

起草人在起草合同时，应尽量单独设置合同解除权条款，将所有关于合同解除权的内容，放在合同解除权条款下，上述合同解除权示范条款采用的就是这种方式。尽量避免将关于合同解除权的约定分散、混杂在不同的合同条款中。如，约定甲方逾期付款的，每逾期一日，甲方应按逾期付款金额千分之一的标准向乙方支付日违约金，逾期超过十日的，乙方有权解除合同。

3. 约定解除权时，应与违约行为严重程度和其对合同目的影响程度相适应

虽然合同当事人可以约定解除合同的事由，解除合同事由发生时，享有合同解除权的一方可以解除合同。但如果合同当事人约定的解除合同事由过于随

意，完全不考虑违约的严重程度及其对实现合同目的的影响程度，这可能造成权利滥用，不利于双方交易关系的稳定。在这种情况下，法院在审理案件时，可能会对合同当事人的约定解除权进行限制。如，约定在合同履行过程中，甲方有权随时通知乙方无理由解除合同。合同约定的这种合同解除权，其效力可能存在不确定性，未必能得到法院的支持。

《全国法院民商事审判工作会议纪要》（法〔2019〕254 号）第 47 条规定："合同约定的解除条件成就时，守约方以此为由请求解除合同的，人民法院应当审查违约方的违约程度是否显著轻微，是否影响守约方合同目的实现，根据诚实信用原则，确定合同应否解除。违约方的违约程度显著轻微，不影响守约方合同目的实现，守约方请求解除合同的，人民法院不予支持；反之，则依法予以支持。"

为避免合同当事人约定的合同解除权被法院否定，合同起草人在起草合同、约定合同解除权事由时，解除事由一定要与当事人违约行为的程度及其对合同目的实现所造成的影响相适应。当违约行为轻微时，最好约定先给予违约方一定救济机会之后再解除合同。如，约定产品不符合约定，经更换后，仍不符合约定时，购买方有权解除合同。

4. 明确约定合同解除权的行使期限

在约定合同解除权时，为避免享有合同解除权的当事人怠于行使合同解除权，使双方的权利义务关系长期处于不确定状态，应在合同中明确约定行使合同解除权的期限，逾期不行使的，合同解除权消灭。这样约定可以促使享有合同解除权的合同当事人及时作出是否解除合同的决定，避免双方的权利义务关系长期处于不确定状态，以便于尽快解决双方的纠纷。

5. 明确约定因违约解除合同时的违约责任

因一方合同当事人存在违约行为，致使守约方按照合同约定解除合同时，解除合同并不影响守约方向违约方主张违约责任，守约方可依据合同中有关违约金、损害赔偿计算方法、定金责任的约定，追究违约方的违约责任。因此，在约定合同解除权时，一定要约定相应的违约责任条款，并与合同违约责任条款保持一致。

第十四节　违约责任条款

违约责任条款是合同当事人约定何种情况属于违约，以及违约后如何承担法律责任的条款。在合同关系中，违约责任条款是为可能存在的合同履行障碍而设立的预防性条款，是对合同双方权利的救济性条款，其重要性显而易见。

一、违约责任条款的示范条款

1. 示范条款 1（概括性违约责任条款）

任何一方合同当事人未完全按照本合同约定履行任何义务，均构成违约。违约方应按合同总价款__%的标准向守约方支付违约金。违约方除向守约方支付违约金外，还应承担守约方因向违约方主张违约责任所支付的必要费用，包括但不限于律师费、诉讼费、仲裁费、公证费、调查取证费等费用。

知识延伸

示范条款下载

若约定的违约金不足以赔偿守约方实际损失的，违约方还应赔偿守约方的实际损失。

违约方按照本合同约定，应向守约方支付的违约金或其他费用，守约方有权直接从应付款项中直接抵销和扣除。

2. 示范条款 2（具体性违约责任和概括性违约责任相结合）

3　违约责任

3.1　甲方违约责任

3.1.1　甲方逾期支付合同价款的，每逾期一日，甲方应按照逾期付款金额千分之一的标准向乙方支付日逾期违约金。

3.1.2　除 3.1.1 条的约定外，若甲方未完全按照合同约定履行其他合同义务或甲方陈述和保证内容不真实的，甲方应按照合同总金额 20% 的标准向乙方支付违约金。

3.1.3　若因甲方的违约行为致使乙方按照本合同约定解除合同，甲方应按照合同总金额 30% 的标准向乙方支付违约金。

3.2　乙方违约责任

3.2.1　乙方逾期交付产品的，每逾期一日，乙方应按照逾期交付产品对应金额千分之一的标准向甲方支付日逾期违约金。若逾期交付产品对应金额无法确定的，乙方应按合同总价款_____的标准向甲方支付日逾期违约金。

3.2.2　乙方交付产品不符合合同约定，甲方同意乙方更换的，在乙方向甲方交付更换后的符合约定的产品之前，乙方每日应按不符合约定产品对应金额千分之一的标准向甲方支付日违约金。若不符合合同约定产品对应金额无法确定的，乙方应按合同总价款_____的标准向甲方支付日违约金。

3.2.3　乙方违反本合同保密义务的，应按照合同总价款 20% 的标准向甲方支付违约金。

3.2.4　除 3.2.1 至 3.2.3 的约定外，若乙方未完全按照合同约定履行其他合同义务或乙方陈述和保证内容不真实的，乙方应按照合同总金额 20% 的标准向甲方支付违约金。

3.2.5　若因乙方的违约行为致使甲方按照本合同约定解除合同，乙方应按照合同总金额 30% 的标准向甲方支付违约金。

3.3　违约金支付不免除合同义务

本合同关于支付违约金的约定，不免除违约方应当采取其他补救措施和继续履行合同等义务。

3.4 主张违约责任的费用承担

违约方，除应向守约方按本合同约定支付违约金外，还应承担守约方因向违约方主张违约责任所支付的必要费用，包括但不限于律师费、诉讼费、仲裁费、公证费、调查取证费等费用。

3.5 违约金与实际损失

若约定的违约金不足以赔偿守约方实际损失的，违约方还应赔偿守约方的实际损失。

3.6 违约金和费用的直接扣除

违约方按照本合同约定应向守约方支付的违约金或其他费用，守约方有权直接从应付款项中直接抵销和扣除。

二、违约责任条款的功能

1. 明确约定违约金数额

违约责任条款的一个重要功能是明确违约方因违约行为需向守约方支付的违约金数额。明确约定违约金数额，对守约方来说，十分必要，这可以免除守约方证明损失的举证责任。

如果未明确约定违约金数额，当违约方违反合同约定且给守约方造成损失时，守约方虽可要求违约方赔偿实际损失，但根据"谁主张、谁举证"的原则，守约方应对其所受到的实际损失进行举证。

实际上，在很多情况下，守约方根本无法证明或很难证明其实际损失，这可能导致守约方的损失无法得到充分赔偿。通过违约责任条款，明确约定违约金数额，可以避免这种不利情况的发生。一旦违约方违约，守约方可直接按照约定的违约金数额要求赔偿，无须举证证明实际损失。

2. 明确约定损失数额的计算方式

违约责任条款的另一个重要功能是明确约定因违约造成损失数额的计算方

式。虽然多数情况下，合同当事人能够大致判断违约行为可能造成的损失数额，可以通过约定具体违约金数额来弥补损失。但因违约行为造成的损失，还包括合同履行后的可得利益损失，当合同履行后的可得利益无法通过约定一个固定不变的违约金数额来确定时，合同当事人还可以通过约定因违约行为造成损失数额的计算方式，最终根据合同履行中的具体参数来确定违约造成的损失数额。

比如，在委托销售合同中，可以约定，如果委托方擅自单方解除合同，委托方应按照以下计算方式，向销售方赔偿损失：若实际合同销售金额未达到最低合同约定销售金额时，损失赔偿金额＝合同约定最低销售额×合同约定销售佣金比例；若实际合同销售金额超过合同最低约定销售金额时，损失赔偿金额＝实际合同销售金额×合同约定销售佣金比例。

3. 明确约定其他违约救济方式

违约责任条款还有一个重要功能是明确约定除赔偿损失之外的其他违约救济方式。承担违约责任的方式除了赔偿损失外，还包括其他的违约救济方式。如，守约方可以要求违约方采取修理、重作、更换等补救措施，可以要求违约方减少价款或者报酬，还可以要求违约方继续履行合同。

合同起草人在起草合同时，可以根据交易内容和交易标的物的特点，在违约责任条款中约定不同的违约责任承担方式。

三、起草违约责任条款的实务问题

1. 单独设置违约责任条款

单独设置违约责任条款，使违约责任独立成款，不仅符合合同起草的基本原则，使合同具有易读性，也便于在违约行为发生后，对合同违约责任条款进行集中研究和分析，尽快针对不同违约行为提出处理意见。

在起草合同时，合同起草人应避免将违约责任条款和权利义务性条款混杂在一起，使违约责任条款分散于各个权利义务性条款或其他合同条款中，而应单独设置违约责任条款。

2. 具体性违约责任和概括性违约责任相结合

具体性违约责任是根据违约行为的特点约定具有针对性的违约责任。如，针对迟延履行的违约行为约定迟延履行需按日支付违约金。针对履行合同不完全的违约行为约定更换、维修、支付违约金等违约责任。

概括性违约责任是针对所有违约行为约定统一的违约责任，而未根据违约行为的不同特点作出针对性的约定。如，约定合同当事人未完全按照合同约定履行任何合同义务，违约方应向守约方支付合同总金额30％的违约金。

具体性违约责任是根据违约行为的特点作出的约定，比较细化，具有针对性，但不具有全面覆盖性，容易遗漏其他违约行为。如，约定迟延履行违约行为的违约责任，可能无法覆盖不完全履行等其他违约行为。

概括性违约责任虽能覆盖一切违约行为，具有全面性，但不够具体，无法根据不同类型违约行为的特点，以及违约行为的轻重程度，约定更具有针对性的违约责任。

合同起草人在起草合同违约责任条款时，应将具体性违约责任和概括性违约责任相结合，这样，既能全面覆盖所有的违约行为，又能兼顾不同违约行为的特点，使违约行为的约定更具有针对性。如，示范条款2采用的方式，既针对逾期付款、逾期交付、交付产品不符合约定、违反保密义务等违约行为，约定了具有针对性的具体性违约责任，又约定了违反其他合同义务的违约责任，作为兜底条款，避免遗漏违约行为，尽量做到全面覆盖。

3. 约定违约责任条款时应充分考虑可预见性问题

在合同中设置违约责任条款时，应当充分考虑可预见性问题。因为违约责任的功能主要是补偿性，而非惩罚性。违约方承担的违约责任，应当以其在订立合同时预见到或者应当预见到的因违约可能造成的损失为限，如果要求违约方赔偿在订立合同时无法预见到其违约行为可能造成的损失，则有失公平。

可预见性并非完全主观，单纯以合同当事人的主观意愿进行判断，具有一定的客观性。是否具有可预见性，应当以一个处在同等情况下的理性人或常人的标准进行判断。

可预见性的情形一般分为通常情形和特殊情形。

通常情形是一个理性人在订立某类合同时应当预见到的情形。

比如，一份车辆维修合同，汽车所有人在汽车出现故障时，将车辆送到4S店维修，4S店未能在约定时间内修理完毕。根据可预见性原则，4S店在通常情况下（在汽车维修合同中）应当预见到若无法在约定时间内修理完毕，汽车所有人将无法在此后正常使用汽车，就可能不得不选择替代性交通工具，如，租车、打车或乘坐公共交通工具，选择替代性交通工具支出的费用，应当属于可预见的范围。但如果汽车所有人在维修时，并未特别说明其车辆为营运车辆，4S店必须在约定时间内修理完毕，否则，将造成营运损失。那么，因4S店未在约定时间内修理造成无法营运的损失，就不属于4S店在通常情形下可预见的范围，这应该属于车辆维修合同的特殊情形。

特别情形，就是在通常情形下无法预见到的特别情况。合同起草人在设置违约责任时，一定要充分考虑可预见性问题。如果存在不同于通常情形下的特殊情况，必须在合同中进行特别说明，以确保合同的当事人具有充分的可预见性。

比如，若买受人订立买卖合同是为保证其与第三方签订供货合同的履行，如果卖方无法按时向买受人供货，将导致买受人无法向第三方供货，需要向第三方承担违约责任。对于这种特殊情形，买方在订立合同时，按照通常的情形，出卖方无法对此进行预见，买受人必须向卖方进行特别说明，最好能在合同鉴于条款中予以明确，使卖方能充分预见其违约可能给买受人造成的损失，包括买受人需向第三方承担的违约责任，以保证卖方对此具有预见性。

4. 明确约定因主张违约责任所产生费用的承担

在合同中约定的违约责任，不会自动实现。当违约方违约时，多数情况下，守约方需通过法律程序来向违约方主张违约责任。

通过法律程序来主张违约责任，就会产生相应的费用。这些费用可能包括诉讼费、仲裁费、调查取证费、公证费、律师费等。如果合同当事人在合同中未约定这些费用由违约方承担，除涉及知识产权的诉讼以及虚假诉讼、恶意诉讼等特殊情形外，法院不会判决由违约方承担律师费等费用，这些费用均需由守约方承担。这对守约方来说，无疑是一个极大的负担，会直接影响守约方向违约方通过司法程序主张违约责任的积极性。

因此，起草人在起草合同时，一定要在违约责任条款中，明确约定由违约方承担守约方主张违约责任所产生的费用，降低守约方主张违约责任的成本和支出，保证守约方主张违约责任的积极性和主动性。

5. 明确约定对违约金或其他费用直接进行抵销和扣除的权利

在违约责任条款中，应明确约定守约方有权从其应付款项中直接扣除违约方应向其支付的违约金或其他费用。这样，不仅能使守约方在违约方违约时掌握主动权，还可避免通过法律程序来主张违约责任所带来的麻烦，减少费用支出。

6. 约定的违约金应尽可能高于可能遭受的实际损失

虽然《中华人民共和国民法典》第五百八十五条第二款约定："……约定的违约金过分高于造成的损失的，人民法院或者仲裁机构可以根据当事人的请求予以适当减少。"

实践中，当事人约定的违约金超过造成损失的30%的，一般会被认定为"过分高于造成的损失"。

尽管法律规定了约定违约金过高时，当事人有请求调整的权利。但当事人约定的违约金数额仍应尽可能高于违约可能造成的实际损失，以避免因约定违约金数额不足以赔偿实际损失时，守约方需承担证明实际损失的举证责任。

当事人请求调整约定过高的违约金时，必须满足两个条件：首先，需证明因违约造成的实际损失；其次，需证明约定的违约金过分高于实际损失，而不是仅仅高于实际损失。要满足这两个条件其实并不那么容易。主张调整过高违约金时，提出调整要求的一方需承担更多的举证责任。

合同当事人明确约定违约金数额的目的之一是避免承担证明因违约造成实际损失的繁重举证责任。在合同未约定违约金数额和约定违约金数额过高时，守约方所承担的举证责任是完全不同的。在未约定违约金数额的情况下，守约方需承担证明其实际损失的举证责任。而在约定违约金数额过高的情况下，主张对违约金进行调整的一方应承担主要的举证责任。

尽管在实践中，法院可能会将违约金过高的举证责任分配给合同双方。比如，在最高人民法院（2016）最高法民终 20 号判决中，法院将举证责任分配给双方当事人，由违约方对违约金过高进行举证，由守约方对违约金的合理性进行举证。但相对于守约方无法证明违约金合理性来说，无疑违约方无法证明违约金过高对法院是否作出调整违约金的决定影响更大、更直接，违约方需要承担更多的不利后果。

因此，合同起草人在起草合同时，约定的违约金应尽可能高于其可能遭受的实际损失。

第十五节　不可抗力条款

不可抗力条款是指合同中约定合同当事人因不可抗力不能履行合同的全部或部分义务的，免除其全部或部分责任的条款。因此，不可抗力条款是一种免责条款，即免除由于不可抗力事件而违约的一方的违约责任。

一、不可抗力条款的示范条款

示范条款

9 不可抗力

9.1 不可抗力定义

本合同所称不可抗力是指不能预见、不能避免且不能

知识延伸

示范条款下载

克服的客观情况。含：①自然灾害，包括但不限于台风、洪水、地震、雷电、干旱、山崩、暴雨、海啸、龙卷风和火山爆发等；②政府行为，包括但不限于征收、征用、禁令、禁运等；③社会异常事件，包括但不限于战争、武装冲突、政变、军事行动、罢工、骚乱、暴动和恐怖活动等；④其他不能预见、不能避免且不能克服的客观情况。

9.2 不可抗力发生的应对措施

9.2.1 遭受不可抗力一方应采取一切可能合理的措施，尽其所能减少不可抗力对合同履行造成的影响。

9.2.2 不可抗力发生时，遭受不可抗力一方应立即通知对方，并应在不可抗力发生后十五日内向对方提供能够证明不可抗力发生的公证文书或相关国家机关出具的证明文件和遭受不可抗力一方的书面说明。书面说明应当包括不可抗力对遭受不可抗力一方履行合同义务造成影响的原因和程度，若不可抗力仅造成迟延履行或部分不能履行时，应说明遭受不可抗力一方后续可能采取的具体措施。

9.2.3 不可抗力终止或被排除后，遭受不可抗力一方应立即通知对方，在合同未被解除之前，遭受不可抗力一方应在可能继续履行的范围内继续履行合同义务。

9.2.4 不可抗力发生后，合同各方应协商寻求公正的解决方案，尽一切合理努力，采取必要合理的补救措施，尽可能减少不可抗力对各方造成的损失。

9.3 不可抗力的法律后果

9.3.1 因不可抗力致使不能实现合同目的的，任何一方有权通知对方解除合同。

9.3.2 不可抗力虽尚未导致合同目的无法实现，但不可抗力阻止或妨碍一方履行合同义务的时间持续九十日以上时，双方应协商继续履行合同的条件或协商解除本合同。若不可抗力持续时间超过一百八十日，双方仍无法就继续履行合同的条件或解除本合同达成一致意见的，任何一方有权通知对方解除合同。

9.3.3 因不可抗力造成一方迟延履行合同义务的，迟延履行义务一方，无须为此承担违约责任。

9.3.4 因不可抗力造成合同不能履行，应根据不可抗力的影响程度，免除部分或全部责任。

二、不可抗力条款的功能

1. 明确不可抗力的范围

虽然不可抗力是法定免责事由，即便合同当事人没有约定不可抗力，但当不可抗力事件发生时，合同当事人仍可以援引不可抗力作为免除或部分免除责任的理由。法律关于不可抗力的定义过于抽象，仅规定不可抗力是不能预见、不能避免且不能克服的客观情况，通过不可抗力条款约定构成不可抗力的事件，可进一步明确不可抗力的范围。

当事人对不可抗力的范围进行约定，曾被法律所确认。如，已经失效的《中华人民共和国涉外经济合同法》第二十四条规定："……不可抗力事件是指当事人在订立合同时不能预见、对其发生和后果不能避免并不能克服的事件。不可抗力事件的范围，可以在合同中约定。"虽然《中华人民共和国民法典》并未明确规定不可抗力事件的范围可以在合同中约定，但也未否认当事人能在合同中约定不可抗力的范围。

建议在起草合同时，明确约定不可抗力的范围。

2. 约定不可抗力持续期间解除合同的权利

通过不可抗力条款，合同当事人可以约定，当不可抗力尚未造成合同不能履行，不符合法定合同解除条件时，合同双方可协商继续履行合同或解除合同，并可约定如果超过一定期限，双方仍无法达成一致意见时，任何一方当事人有权解除合同，避免双方交易关系长期处于不确定状态。

3. 明确提供不可抗力证明的具体时间及内容

虽然法律规定，遭受不可抗力的一方应当在合理期限内提供证明，但并未明确规定该合理期限是多长，也未明确规定提供证明的内容。通过不可抗力条款，合同当事人可以明确约定，遭受不可抗力一方应当提供证明的具体时间，如，约定不可抗力发生后 15 日内提供。

不可抗力条款还可以明确约定提供证明的内容，约定该内容应包括关于不可抗力本身发生的证明，还应包括不可抗力对遭受不可抗力一方履行合同义务造成影响的原因和程度，以便合同相对方根据遭受不可抗力一方提供的证明和说明内容，作出适当的判断和决定。

三、起草不可抗力条款的实务问题

1. 不能预见、不能避免且不能克服的政府行为是否属于不可抗力

实践中，关于政府行为是否属于不可抗力，仍有不同意见。从最高人民法院的判例来看，在合同中将不能预见、不能避免且不能克服的政府行为列为不可抗力事件是可行的。

比如，在（2015）民申字第 354 号一案中，最高人民法院认为："根据《中华人民共和国合同法》第一百一十七条之规定，该法所称不可抗力，是指不能预见、不能避免并不能客服的客观情况，其范围包括自然灾害、政府行为及社会异常事件。"该判决明确将政府行为作为不可抗力的一种类型对待。

再比如，在（2018）最高法民再 271 号一案中，合同当事人在合同中约定："不可抗力"指超出本合同双方控制范围、无法预见、无法避免或无法克服，使得本合同一方部分或者全部不能履行本合同的事件。这类事件包括但不限于地震、台风、洪水、火灾、战争、罢工、暴动、政府行为或国家公权力的行为、法律规定或其适用的变化，或者其他任何无法预见、避免或者控制的事件，包括在商务实践中通常被认定为不可抗力的事件。该合同明确将政府行为或国家公权力的作为约定为不可抗力。

最高人民法院审理认为，涉案合同第十八条第（二十四）项约定："'不可抗力'指超出本合同双方控制范围、无法预见、无法避免或无法克服，使得本合同一方部分或者全部不能履行本合同的事件。这类事件包括但不限于……政府行为或国家公权力的行为……"第十六条约定："发生不可抗力，致使本合同的履行成为不必要或不可能，可以解除本合同。"对于涉案合同中的"政府行为或国家公权力的行为"的理解，应当与涉案合同第十八条第（二十四）项约定的内容相适应，即应限于超出本合同双方控制范围、无法预见、无法避免或无法克服的情形，而不是所有的政府行为或国家公权力的行为均可构成涉案合同约定的合同解除条件，否则，将导致涉案合同的履行始终处于不确定状态。

因此，建议在起草不可抗力条款时，将政府行为作为不可抗力的类型进行约定。需要注意的是，如果该政府行为不符合不能预见、不能避免且不能克服的不可抗力构成要件时，是不能作为不可抗力来免责的。

2. 当事人能否通过约定排除不可抗力作为免责事由

在某些情况下，为确保合同在任何情况下都能得到履行，避免不可抗力对合同履行产生影响，合同当事人在合同中通过约定排除不可抗力作为免责事由。但这种排除不可抗力作为免责事由的约定，在实践中，已经被法院所否定，这种约定被认定为无效。

比如，在（2008）民一抗字第 20 号一案中，最高人民法院认为，不可抗力具有三个构成要件：①独立存在于人的行为之外，既非当事人的行为所派生，亦不为当事人的意志所左右；②它的发生与损害后果之间具有事实上的因果关系；③当事人按其现有的能力和应有的谨慎与勤勉不能对这种客观情况及其后果加以控制和克服。不可抗力，是人类的力量所不能够避免的自然现象，不可抗力是法定免责事由，它不因当事人的例外约定而免除。

因此，在起草合同时，不能通过合同约定排除不可抗力作为免责事由。

3. 勿将不属于不可抗力的情形列入不可抗力范围

当事人虽然可以在合同中约定不可抗力的范围，但列入不可抗力范围的情形必须符合不可抗力的构成要件，即必须是不能预见、不能避免且不能克服的客观情况。否则，在性质上就不属于不可抗力，而属于约定的免责事由。

为避免将不可抗力和约定免责事由相混淆，建议在起草合同时，避免将性质上不属于不可抗力的情形列入不可抗力的范围。对于不属于不可抗力的约定免责事由，应在合同中单独约定。

4. 注意不可抗力和情势变更的区别

不可抗力和情势变更主要有以下区别：

（1）对合同履行造成影响的程度不同

不可抗力原则要求不可抗力对合同履行造成的影响是根本性的，达到致使合同不可能履行的程度。这个不可能是指客观上的不可能，即无论采取任何办法，无论怎么不计成本，合同都无法履行。

情势变更对合同履行的影响程度比不可抗力要小，不会造成合同客观履行不能，合同仍可以继续履行，但继续履行合同要么明显不公平，要么无实际意义。

（2）要解决的法律问题不同

不可抗力原则要解决的问题是，在合同客观不能继续履行时如何分担责任。

情势变更原则要解决的问题是，在合同可以继续履行但继续履行会导致明显不公平时，如何根据公平原则通过对合同的变更使合同当事人的利益得以平衡，或者在继续履行已经无实际意义时，通过解除合同不再要求继续履行。

（3）适用方法不同

不可抗力原则的适用不需要法官太多的主观判断和自由裁量。

情势变更原则的适用则需要法官根据案件的具体情况来进行主观判断和自由裁量，以确定继续履行是否会导致明显不公平或合同目的是否已经无法实现，同时也要求合同当事人承担更多的举证责任。

一定要注意区分不可抗力和情势变更的适用。当某一不能预见、不能避免且不能克服的客观情况发生时，可能属于不可抗力，也可能属于情势变更，应根据这一事件对合同履行的影响程度来具体判断。如果该事件导致合同不能履行，则属于不可抗力的情形；若该事件未导致合同不能履行，但继续履行合同会造成不公平或无实际意义时，则属于情势变更的情形。

比如，新冠疫情属于不能预见、不能避免且不能克服的客观情况，但其可能属于不可抗力，也可能属于情势变更。这在最高人民法院的司法解释中也能得到印证。2020 年 4 月 16 日发布的《最高人民法院关于依法妥善审理涉新冠肺炎疫情民事案件若干问题的指导意见（一）》第三条规定："（一）疫情或者疫情防控措施直接导致合同不能履行的，依法适用不可抗力的规定，根据疫情或者疫情防控措施的影响程度部分或者全部免除责任……（二）疫情或者疫情防控措施仅导致合同履行困难的，当事人可以重新协商；能够继续履行的，人民法院应当切实加强调解工作，积极引导当事人继续履行。当事人以合同履行困难为由请求解除合同的，人民法院不予支持。继续履行合同对于一方当事人明显不公平，其请求变更合同履行期限、履行方式、价款数额等的，人民法院应当结合案件实际情况决定是否予以支持。合同依法变更后，当事人仍然主张部分或者全部免除责任的，人民法院不予支持。因疫情或者疫情防控措施导致合同目的不能实现，当事人请求解除合同的，人民法院应予支持。"

因此，判断不能预见、不能避免且不能克服的新冠肺炎疫情属于不可抗力，还是情势变更，应根据其对合同履行造成的影响程度来确定。

第十六节　仲裁或诉讼管辖条款

仲裁或诉讼管辖条款，是在合同中约定，一旦发生必须通过法律途径解决的合同纠纷时，如何确定纠纷解决方式和纠纷解决机构的条款。

一、仲裁或诉讼管辖条款的示范条款

1. 仲裁示范条款

（1）示范条款1

因本合同引起的或与本合同有关的任何争议，均提请_____委员会按照其仲裁规则进行仲裁。仲裁裁决是终局的，对双方均有约束力。

仲裁的语言为_____（中文/英文）。

因仲裁发生的仲裁费、鉴定费、公证费、律师费等与案件相关的费用由_____（各自/败诉方）承担。

（2）示范条款2

凡因本合同引起的或与本合同有关的任何争议，均应提交_____仲裁委员会，按照仲裁申请时_____仲裁委员会现行有效的仲裁规则进行仲裁。仲裁裁决是终局的，对双方均有约束力。

2. 诉讼管辖示范条款

因本合同引起的或与本合同有关的任何争议，合同当事人应友好协商解决，协商不成的，任何一方均有权向_____人民法院起诉。

二、仲裁或约定诉讼管辖条款的功能

1. 选择更为有利、更为合适的争议解决方式

合同产生争议时，解决合同争议的方式有很多种，一般来说，常见的解决合同争议的方式有诉讼、仲裁、协商或调解。

由于协商或调解主要取决于争议双方的意愿，要达成一定的结果，必须经争议双方的同意，若争议双方无法达成一致意见，调解第三方不能直接作出相应裁决。因此，约定协商或调解作为争议解决方式并无太大实际意义，更多是宣示性或引导性的。

在实践中，合同当事人约定的争议解决方式主要是诉讼和仲裁。诉讼和仲裁存在很多不同之处，这些不同之处将对合同当事人解决争议的成本、效率、过程和结果产生重大影响。通过约定仲裁或约定诉讼管辖条款，合同当事人可以根据自身的具体情况以及交易内容的性质和特点，选择对自己更为有利、更为合适的争议解决方式。

2. 选择有利的仲裁机构或管辖法院，降低诉讼成本，争取更好结果

通常来说，在合同中约定仲裁或诉讼管辖时，需要同时明确具体选择的仲裁机构或管辖法院，否则，这种关于仲裁或诉讼管辖的约定很可能因为约定不明而最终无效。

当事人在约定仲裁或诉讼管辖条款时，可以选择本方住所地或本方熟悉的仲裁机构或管辖法院。选择本方住所地的仲裁机构或管辖法院，可以使本方当事人节省诉讼成本，免于旅途奔波，便于本方当事人证据的提交和本方证人的出庭作证，能使本方当事人将更多的精力集中在仲裁或诉讼本身。而选择本方熟悉的仲裁机构或管辖法院，本方当事人可能十分了解所选择的仲裁机构或管辖法院的程序和既往裁决或判例，或者十分了解该仲裁机构或管辖法院对某些证据效力或某些争议事项所持倾向性观点等与案件仲裁或诉讼有关的情况，这将有利于争取更好的仲裁或诉讼结果。

三、起草仲裁或诉讼管辖条款的实务问题

(一) 注意仲裁程序和诉讼程序的不同

当合同当事人需要在仲裁程序和诉讼程序之间作出选择时，其作出正确选择的前提，是合同当事人或合同当事人聘请的律师完全了解仲裁程序和诉讼程序的区别。只有完全了解这种区别，才能根据合同当事人自身的情况、交易内容的性质和特点，以及仲裁和诉讼程序的各自特点，选择正确的争议解决方式。

仲裁程序和诉讼程序的主要区别有以下几点：

1. 争议当事人能否选择仲裁员或法官人选不同

在仲裁程序中，争议当事人在确定仲裁员的人选以及仲裁庭的组成上，具有更多的自主权。仲裁争议的当事人可以选择自己认为经验丰富或可能对自己比较有利的仲裁员组成仲裁庭。仲裁争议各方当事人都有权选择自己的仲裁员组成仲裁庭。

在诉讼程序中，争议当事人无权选择具体负责审理案件的法官，由哪位法官审理或由哪些法官、陪审员组成合议庭，由法院直接安排。

2. 争议当事人能否选择仲裁或诉讼的具体程序不同

在仲裁程序中，争议当事人不仅可以约定选择由独任仲裁员（简易程序）或仲裁庭（普通程序）负责审理案件，对于仲裁规则明确规定属于简易程序或普通程序的案件，还可以通过约定或协商同意，而改为适用普通程序或简易程序。

比如，北京仲裁委员会的仲裁规则中规定："（一）除非当事人另有约定，凡案件争议金额不超过 500 万元（指人民币，下同）的，适用简易程序。（二）当事人约定由一名仲裁员（独任仲裁员）组成仲裁庭审理案件的，适用简易程

序，除非当事人就适用程序另有约定。（三）案件争议金额不超过 500 万元，当事人约定由三名仲裁员组成仲裁庭审理案件的，适用普通程序，除非当事人就适用程序另有约定。"

在仲裁程序的选择上，仲裁方式更尊重争议当事人自己的意愿和选择。

在诉讼程序中，争议案件具体是适用简易程序，还是普通程序，主要是由法院决定，争议当事人的意愿和选择并不是主要考虑因素。即便诉讼争议当事人协商选择适用简易程序或者普通程序，最终能否适用简易程序或普通程序，仍需法院审查并确定。

比如，《最高人民法院关于适用简易程序审理民事案件的若干规定》："基层人民法院适用第一审普通程序审理的民事案件，当事人各方自愿选择适用简易程序，经人民法院审查同意的，可以适用简易程序进行审理……当事人就适用简易程序提出异议，人民法院认为异议成立的，或者人民法院在审理过程中发现不宜适用简易程序的，应当将案件转入普通程序审理。"

3. 仲裁程序和诉讼程序适用条件不同

争议适用仲裁程序的前提，是必须存在明确的仲裁约定，争议当事人必须对适用仲裁程序解决争议作出明确约定，要么在合同仲裁条款或仲裁协议中约定，要么在争议发生后，协商通过仲裁程序解决。

诉讼程序的适用，无须争议当事人作出明确约定，诉讼程序是争议当事人解决争议的默认方式。即便争议当事人未选择诉讼作为争议解决方式，仍可以通过诉讼程序解决争议，只是具体管辖的法院必须根据法律规定来确定。如，关于合同纠纷，法律规定的诉讼管辖法院一般为被告住所地或合同履行地，由于争议当事人未约定管辖法院，因此，无法根据约定确定管辖法院，只能依据法律规定确定。

4. 仲裁程序和诉讼程序的保密程度不同

仲裁程序审理案件，以不公开为原则，公开为例外。如，北京仲裁委员会的仲裁规则中规定："仲裁不公开审理。当事人协议公开的，可以公开，但涉及国家秘密、第三人商业秘密或者仲裁庭认为不适宜公开的除外。"因此，仲裁程序具有更强的保密性。

诉讼程序审理案件，是以公开为原则，不公开为例外。《中华人民共和国民事诉讼法》第一百三十七条规定："人民法院审理民事案件，除涉及国家秘密、个人隐私或者法律另有规定的以外，应当公开进行。离婚案件，涉及商业秘密的案件，当事人申请不公开审理的，可以不公开审理。"特别是在最高人民法院推行裁判文书公开制度后，除法律规定不能公开的案件外，相关的裁判文书都可以在中国裁判文书网查询。相比较而言，诉讼程序的保密性较低。

5. 仲裁机构对仲裁员，法院对法官的约束和制约关系不同

从仲裁机构对仲裁员的约束和制约关系来看，仲裁机构对仲裁员的约束和制约非常有限。一般来说，仲裁员并不是仲裁机构的工作人员，一般都由某一领域的专业人员兼职，如，大学教授、律师等，仲裁员根据其仲裁的案件收取报酬，仲裁员与仲裁机构之间是一种比较松散的合作关系。

仲裁机构对仲裁员实质上没有相应的组织约束和行政约束，主要靠仲裁员的声誉和道德素养进行约束。一旦出现错案，仲裁机构也很少能够直接追究仲裁员的责任。

相比较而言，法院对法官具有更强的约束和制约能力。在我国，法院是国家机关，法官进入国家机关后，要受到行政制约和组织制约。而且，法院对案件的审理除了两审终审制外，还有再审程序。一旦出现错案，法院可以通过二审程序或再审程序对案件进行纠错，并可以通过错案追究机制，追究法官的责任。

6. 仲裁程序和诉讼程序审级和效率不同

仲裁程序实行一裁终局制度。仲裁裁决作出后，当事人就同一纠纷再申请仲裁或者再向人民法院起诉的，仲裁委员会或者人民法院不予受理。如果争议

当事人对仲裁裁决有异议的，可以向仲裁委员会所在地的中级人民法院申请撤销裁决。

诉讼程序实行二审终审制，一审法院的判决并不是终审判决，二审法院的判决才是终审判决。

从仲裁程序和诉讼程序耗费时间上看，仲裁程序所耗费的时间可能更短，仲裁程序更快捷、更有效率。

仲裁程序从立案到作出仲裁裁决的时间一般短于诉讼程序一审的时间。如，北京仲裁委员会规则规定，适用普通程序的仲裁案件，仲裁庭应当自组庭之日起 4 个月内作出裁决。有特殊情况需要延长的，由首席仲裁员提请秘书长批准，可以适当延长。适用简易程序的仲裁案件，仲裁庭应当自组庭之日起 75 日内作出裁决。有特殊情况需要延长的，由独任仲裁员提请秘书长批准，可以适当延长。

根据法律规定，人民法院适用普通程序审理的案件，应当在立案之日起 6 个月内审结。有特殊情况需要延长的，由本院院长批准，可以延长 6 个月；还需要延长的，报请上级人民法院批准。人民法院适用简易程序审理案件，应当在立案之日起 3 个月内审结。人民法院审理对判决的上诉案件，应当在第二审立案之日起 3 个月内审结。有特殊情况需要延长的，由本院院长批准。人民法院审理对裁定的上诉案件，应当在第二审立案之日起 30 日内作出终审裁定。

7. 调查取证和采取保全措施的能力不同

仲裁机构并非国家机关，其调查取证能力较弱，采取保全措施需通过法院执行。

法院作为国家机关，具有民事诉讼法规定的调查取证权和采取保全措施的权利，其调查取证和采取保全措施的能力更强。

8. 涉外案件的仲裁裁决和法院判决在国外的互认度不同

由于仲裁机构不属于国家机关，仲裁裁决相对于法院判决来说，受到法律之外其他因素影响的可能性更低。因此，在国际上，仲裁裁决比法院判决具有更强的可执行性。为了推动国际仲裁裁决的执行，联合国国际商事仲裁会议也通过了一些关于承认及执行外国仲裁裁决的公约，使仲裁裁决的国际执行力进一步加强。

法院判决在国际上的执行，主要通过司法协助来完成，尽管也有一些关于司法协助的国际条约，由于法院判决涉及司法制度和体系，甚至是国家司法权等问题，因而影响了法院判决在国际上的可执行性。

9. 仲裁程序和诉讼程序的成本不同

仲裁程序相较于诉讼程序来说，成本可能更高。

首先，从仲裁费和诉讼费对比来看，仲裁费高于诉讼费。比如，一个10万元的合同纠纷。北京仲裁委员会的收费标准为：仲裁员报酬为12 000元，仲裁机构费用为5 000元，共计17 000元。而法院收取的普通程序诉讼费标准为3 200元，如果适用简易程序减半收取则更低，即便按普通程序计算，一审、二审程序诉讼费，整个诉讼费用为6 400元，比仲裁费也低很多。

其次，从收取律师费的数额来看，律师在仲裁程序中收取的费用可能比在诉讼程序中收取的费用高。因为在仲裁条款或协议中，当事人一般会约定律师费由败诉方承担。即便当事人没有约定由败诉方承担律师费，仲裁机构也会根据仲裁规则以及仲裁申请被支持的程度在当事人之间分担律师费等费用。比如，北京仲裁委员会仲裁规则规定："仲裁庭有权根据当事人的请求在裁决书中裁定败诉方补偿胜诉方因办理案件支出的合理费用，包括但不限于律师费、保全费、差旅费、公证费等。仲裁庭在确定上述费用时，应考虑案件的裁决结果、复杂程度、当事人或代理人的实际工作量以及案件的争议金额等有关因素。"在诉讼程序中，除涉及知识产权诉讼或恶意诉讼等个别情况外，如果当事人没有约定败诉方承担律师费，法院不会判决败诉方承担律师费。

（二）约定仲裁的事项必须属于商事仲裁的范围

一般在合同起草和审查语境下谈论仲裁条款，主要是指商事仲裁，而不是其他仲裁程序。商事仲裁适用的范围主要是合同纠纷或其他涉及财产的民商事纠纷。并非所有的法律关系都可以适用商事仲裁，在不能适用商事仲裁的协议中约定仲裁条款，该仲裁约定是无效的。

《中华人民共和国仲裁法》第三条规定："下列纠纷不能仲裁：（一）婚姻、收养、监护、扶养、继承纠纷；（二）依法应当由行政机关处理的行政争议。"第七十七条规定："劳动争议和农业集体经济组织内部的农业承包合同纠纷的仲裁，另行规定。"从上述规定可以看出，以下几种法律纠纷，不能通过约定仲裁条款来适用商事仲裁程序。

1. 涉及身份关系的法律纠纷

如果当事人达成的协议内容涉及婚姻、收养、监护、扶养和继承此类身份关系的纠纷，不能通过约定仲裁条款来适用仲裁程序。如，离婚协议、收养协议、监护协议、遗赠抚养协议等。

2. 涉及应由行政机关处理的行政争议

应由行政机关处理的行政争议主要是指行政协议。行政协议是行政机关为了实现行政管理或者公共服务目标，与公民、法人或者其他组织协商订立的具有行政法上权利义务内容的协议。这类协议主要包括：政府特许经营协议；土地、房屋等征收征用补偿协议；矿业权等国有自然资源使用权出让协议；政府投资的保障性住房的租赁、买卖等协议；政府为了实现行政管理或者公共服务目标与社会资本达成的具有行政法上权利义务关系的合作协议；其他行政协议。

《最高人民法院关于审理行政协议案件若干问题的规定》第二十六条规定："行政协议约定仲裁条款的，人民法院应当确认该条款无效，但法律、行政法规或者我国缔结、参加的国际条约另有规定的除外。"

因此，除法律、行政法规或者我国缔结、参加的国际条约另有规定外，行政协议不能通过约定仲裁条款适用仲裁程序。

需要注意的是，行政协议虽不能约定仲裁，但是可以约定管辖法院。

3．劳动争议

《中华人民共和国劳动争议调解仲裁法》第五条规定："发生劳动争议，当事人不愿协商、协商不成或者达成和解协议后不履行的，可以向调解组织申请调解；不愿调解、调解不成或者达成调解协议后不履行的，可以向劳动争议仲裁委员会申请仲裁；对仲裁裁决不服的，除本法另有规定的外，可以向人民法院提起诉讼。"

根据该规定，劳动争议案件适用仲裁前置程序，劳动争议案件当事人必须先向劳动争议仲裁委员会申请仲裁，不能直接向法院起诉。但这里的劳动争议仲裁委员会与仲裁法中的仲裁机构是完全不同性质的机构，劳动争议仲裁委员会由劳动行政部门代表、工会代表和企业方面代表组成，与仲裁法中的仲裁机构存在很大区别。因此，在劳动合同中，不能通过约定仲裁条款适用商事仲裁程序。

4．农业承包合同纠纷争议

《中华人民共和国农村土地承包法》第五十五条规定："因土地承包经营发生纠纷的，双方当事人可以通过协商解决，也可以请求村民委员会、乡（镇）人民政府等调解解决。当事人不愿协商、调解或者协商、调解不成的，可以向农村土地承包仲裁机构申请仲裁，也可以直接向人民法院起诉。"

因农村土地承包合同发生纠纷的，其仲裁机构为农村土地承包仲裁机构，而不能通过仲裁条款适用商事仲裁程序。

（三）仲裁约定能否排除法院专属管辖

《中华人民共和国民事诉讼法》第三十四条规定，下列案件，由特定的人民法院专属管辖：（一）因不动产纠纷提起的诉讼，由不动产所在地人民法院管辖；（二）因港口作业中发生纠纷提起的诉讼，由港口所在地人民法院管辖；（三）因继承遗产纠纷提起的诉讼，由被继承人死亡时住所地或者主要遗产所在地人民法院管辖。

第二百七十九条规定，下列案件，由中华人民共和国人民法院管辖：（一）因在中华人民共和国履行中外合资经营企业合同、中外合作经营企业合同、中外合作勘探开发自然资源合同发生纠纷提起的诉讼⋯⋯

当事人能否通过仲裁约定排除法院的专属管辖，根据法律争议是否涉外，而有所不同。

1. 涉外合同或者其他财产权益纠纷的当事人可以通过仲裁约定排除法院专属管辖

《最高人民法院关于适用〈中华人民共和国民事诉讼法〉的解释》第五百二十九条规定："涉外合同或者其他财产权益纠纷的当事人，可以书面协议选择被告住所地、合同履行地、合同签订地、原告住所地、标的物所在地、侵权行为地等与争议有实际联系地点的外国法院管辖。根据民事诉讼法第三十四条和第二百七十九条规定，属于中华人民共和国法院专属管辖的案件，当事人不得协议选择外国法院管辖，但协议选择仲裁的除外。"

该条规定明确涉外合同或者其他财产权益纠纷的当事人可以通过仲裁约定，排除我国法院的专属管辖。

2. 非涉外合同或者其他财产权益纠纷的当事人是否可以通过仲裁约定排除法院专属管辖，尚无明确规定

非涉外合同或者其他财产权益纠纷的当事人是否可以通过仲裁约定排除法院专属管辖，目前，尚未有明确法律规定，但在最高人民法院审理的相关案件中，已有个案判决支持仲裁约定排除法院专属管辖。

比如，在（2017）最高法民辖终182号案件中，该案当事人在大市政施工合同中约定，发包方将道路及排水工程（后续工程）的工程施工发包给承包方施工，同时约定"因合同及合同有关事项发生的争议，按仲裁解决。（a）在满足下述任意一条件的情况下，任何一方可把争议提交位于北京的中国国际经济贸易仲裁委员会（CIETAC）按照提交仲裁时其届时有效的仲裁规则对该等争议作出最终及排他性的裁决。"后合同当事人对案件的管辖发生争议。本案属于建设工程施工合同纠纷，按照《最高人民法院关于适用〈中华人民共和国民事诉讼法〉的解释》第二十八条规定，建设工程施工合同纠纷按照不动产纠纷适用专属管辖。但在该案的审理中，最高人民法院并未否定合同当事人约定仲裁的效力，而是认为："大市政施工合同中约定有仲裁条款。根据《中华人民共和国民事诉讼法》第一百二十四条（注：现为第一百二十七条）、《最高人民法院关于适用〈中华人民共和国民事诉讼法〉的解释》第二百一十五条及《中华人民共和国仲裁法》第五条规定，当事人排他性选择仲裁裁决，则排除了法院对该民事纠纷的主管，除非仲裁条款或仲裁协议具有不成立、无效、失效、内容不明确无法执行等情形。案涉大市政施工合同中约定的仲裁条款系当事人真实意思表示，约定的仲裁机构具体明确，该仲裁条款合法有效。"

（四）非涉外合同能否约定选择国外仲裁机构仲裁

最高人民法院民事审判第四庭编写的《涉外商事海事审判实务问题解答（一）》第八十三条规定："国内当事人将其不具有涉外因素的合同或者财产权益纠纷约定提请外国仲裁的，仲裁协议是否有效？答：根据《中华人民共和国民事诉讼法》第二百五十七条（注：现为第二百八十八条）和《中华人民共和国仲裁法》第六十五条的规定，涉外经济贸易、运输、海事中发生的纠纷，当事人可以通过订立合同中的仲裁条款或者事后达成的书面仲裁协议，提交我国仲裁机构或者其他仲裁机构仲裁。但法律并未允许国内当事人将其不具有涉外因素的争议提请外国仲裁。因此，如果国内当事人将其不具有涉外因素的合同或者财产权益纠纷约定提请外国仲裁机构仲裁或者在外国进行临时仲裁的，人民法院应认定有关仲裁协议无效。"

尽管该规定并非司法解释，但可以反映出最高人民法院对该法律问题所持的否定态度。因此，在起草合同时，不要在非涉外的合同中约定由国外仲裁机构进行仲裁。

（五）仲裁约定应当具体、准确

仲裁约定应当具体、准确，并应避免以下情形。

1. 约定的仲裁机构名称错误，致使无法确定仲裁机构，仲裁约定无效

需要注意的是，虽然约定的仲裁机构名称不准确，但能够确定具体的仲裁机构的，应当认定选定了仲裁机构。如果约定由某地的仲裁机构仲裁且该地仅有一个仲裁机构，该仲裁机构应视为约定的仲裁机构。该地有两个以上仲裁机构的，当事人可以协议选择其中的一个仲裁机构申请仲裁；当事人不能就仲裁机构选择达成一致的，仲裁协议无效。

2. 约定的仲裁机构不存在，导致仲裁约定无效

在约定仲裁条款时，一定要首先查明约定的仲裁机构是否存在，避免因约定的仲裁机构不存在而导致仲裁约定无效。

3. 既约定仲裁，又约定诉讼，导致仲裁约定无效

当事人约定争议既可以向仲裁机构申请仲裁也可以向人民法院起诉的，仲裁协议无效。

需要注意的是，如果一方当事人向仲裁机构申请仲裁，对方未及时提出异议的，视为仲裁约定有效。

4. 约定的仲裁事项超过法律规定的仲裁范围

并非所有事项都适合约定仲裁作为争议的解决方式，如果约定的仲裁事项

超过法律规定的仲裁范围，将会导致仲裁约定无效。如，将涉及婚姻、收养的事项约定仲裁。

（六）对与仲裁有关事项尽可能进行详细约定

在多数情况下，仲裁条款一般仅就仲裁事项、仲裁机构、仲裁规则和仲裁结果的效力进行约定，其他与仲裁有关的事项一般依据所选定的仲裁机构的仲裁规则来确定。

实际上，合同当事人可以对与仲裁有关的事项进行更加详细的约定，以增强可预见性。如，直接约定仲裁适用的语言，是中文还是英文；约定仲裁适用的程序是简易程序还是普通程序；约定仲裁适用的实体法等内容。

（七）应根据具体情况选择诉讼或仲裁作为解决争议的方式

前面已经总结了仲裁程序和诉讼程序各自主要的优势和劣势，合同起草人在起草合同时，一定要根据具体情况选择合适的争议解决方式。

如果当事人出于各种原因不愿双方发生争议的内容和结果为外人所知，希望增强保密性的，则可以选择保密性更高的仲裁程序。如，为避免技术秘密、经营秘密等商业秘密对外泄露，为避免纠纷的公开对自己的名誉、声誉产生不利影响等。

如果是涉外合同，则建议在合同中约定仲裁作为争议解决方式，以便仲裁裁决在国际上的执行。

如果当事人在选择争议解决方式时，更关注成本的高低，则可以选择诉讼管辖作为争议解决方式。

如果在争议解决过程中，可能会涉及调查取证和财产保全的，则建议选择诉讼作为争议解决方式，因为在调查取证和财产保全方面，法院采取的措施更有力、更有效。

（八）约定的管辖法院不局限于《中华人民共和国民事诉讼法》列举的五个地点

虽然《中华人民共和国民事诉讼法》列举了合同或者其他财产权益纠纷的当事人可以书面协议选择的诉讼法院管辖地，即被告住所地、合同履行地、合同签订地、原告住所地、标的物所在地，但当事人约定诉讼管辖法院时，并非必须选择列举的五个地点，除五个地点之外，与争议有实际联系的地点的人民法院也可以被约定为管辖法院。

比如，在（2018）沪民辖69号一案中，法院认为"与争议有实际联系的地点"不仅包括被告住所地、合同履行地、合同签订地、原告住所地、标的物所在地，实践中还包括当事人在约定地点拥有住所，当事人在约定地居住，当事人在约定地从事业务活动，当事人在约定地曾为某项与系争案件有关的行为，当事人在约定拥有、使用或占有与系争案件有关的产业，当事人在约定地做过导致发生系争案件法律效果产生、变更、消灭的行为等。

（九）约定诉讼管辖法院时应对相关地点进行明确约定

当事人在选择被告住所地、合同履行地、合同签订地、原告住所地、标的物所在地等与争议有实际联系的地点的法院作为管辖法院时，应同时对这些地点作出明确约定，避免发生争议。如，当约定合同履行地或合同签订地法院管辖时，应当在合同中对合同履行地或合同签订地进行约定。因为根据法律规定，合同约定履行地点的，以约定的履行地点为合同履行地。采用书面形式订立合同，合同约定的签订地与实际签字或者盖章地点不符的，人民法院应当认定约定的签订地为合同签订地。因此，建议对这些地点作出明确约定。

（十）约定向原告住所地人民法院起诉的效力

合同当事人都希望将管辖法院约定在自己一方住所地，这样不仅便于诉讼，也会使自己在心理上具有一定的优势。如果每一方合同当事人都希望如此约定时，双方当事人就很难达成一致意见，从而无法确定约定管辖的法院。

实际上，如果合同当事人都不能接受将对方住所地法院约定为管辖法院时，可以采取更为中立的约定。如，将"向甲方住所地法院提起诉讼"或"向乙方住所地法院提起诉讼"，改为"向原告住所地人民法院起诉"，这样对合同当事人双方来说更加公平，也更容易为各方接受。这种约定已在最高人民法院的复函以及相关个案中被确认有效。

在（2020）最高法民辖终 7 号一案中，双方当事人约定："合同如果发生争议，双方应当友好协商解决。协商不成的，由原告所在地人民法院管辖。"发生争议后，双方当事人分别向各自的住所地法院（陕西和江西）起诉，后因确定管辖问题产生争议。最高人民法院经审理认为，本案中，某能源公司与某汽车公司签订的零部件产品买卖合同书第 17.1 款约定："合同如果发生争议，双方应当友好协商解决。协商不成的，由原告所在地人民法院管辖。"据此，双方住所地人民法院对一方提起的诉讼具有管辖权，即陕西法院和江西法院均对零部件产品买卖合同书所涉合同纠纷具有管辖权……《最高人民法院关于合同双方当事人协议约定发生纠纷各自可向所在地人民法院起诉如何确定管辖的复函》规定，合同双方当事人约定：发生纠纷各自可向所在地人民法院起诉。该约定可认为是选择由原告住所地人民法院管辖，如不违反有关级别管辖和专属管辖的规定，则该约定应为有效。若当事人已分别向所在地人民法院提起诉讼，则应由先立案的人民法院管辖；若立案时间难以分清先后，则应由两地人民法院协商解决；协商解决不了的，由它们的共同上级人民法院指定管辖。最终，最高人民法院根据两个法院立案的先后顺序以及其他因素，认为本案应以移送立案在先的江西高院审理为宜。

第十七节　法律选择和适用条款

法律选择和适用条款是对合同所适用的法律进行选择的条款。法律选择和适用条款常见于涉外合同中。

一、法律选择和适用条款的示范条款

本合同的订立、履行、效力、解释和因本合同引起的或与本合同有关的任何争议解决，均应适用中华人民共和国法律。

二、法律选择和适用条款的功能

法律选择和适用条款主要适用于涉外合同，主要功能是选择调整涉外民事法律关系双方当事人权利与义务的准据法，是解决涉外合同法律冲突的一种方法。

三、起草法律选择和适用条款的实务问题

1. 非涉外合同能否选择适用外国法律

许多非涉外合同中也包含有法律适用条款，如，在非涉外合同中约定本合同适用中华人民共和国法律。这种约定除了让非涉外合同看起来多一个法律适用条款外，其实并无实际意义。因为即便没有该约定，非涉外合同仍应当适用中华人民共和国法律。如果非涉外合同约定选择适用外国法律，该约定应属无效。

《中华人民共和国涉外民事关系法律适用法》第三条规定："当事人依照法律规定可以明示选择涉外民事关系适用的法律。"

《最高人民法院关于适用〈中华人民共和国涉外民事关系法律适用法〉若

干问题的解释（一）》第四条规定："中华人民共和国法律没有明确规定当事人可以选择涉外民事关系适用的法律，当事人选择适用法律的，人民法院应认定该选择无效。"

根据上述规定，法律仅赋予涉外民事法律关系当事人选择适用外国法律的权利，并未赋予非涉外合同当事人选择适用外国法律的权利。因此，非涉外合同关于选择适用外国法律的约定是无效的。实践中，也有类似判决的案例。

比如，在（2016）粤19民终7645号一案中，法院认为，《最高人民法院关于适用〈中华人民共和国涉外民事关系法律适用法〉若干问题的解释（一）》第六条规定："中华人民共和国法律没有明确规定当事人可以选择涉外民事关系适用的法律，当事人选择适用法律的，人民法院应认定该选择无效。"（注：现为第四条）本案所涉民事关系并非涉外民事关系，法律亦未明确规定当事人可以选择涉外民事关系适用的法律，故某亿利公司与某达公司选择适用××法律的约定无效，本案应适用中华人民共和国法律。

2. 如何认定合同是否属于涉外合同

《最高人民法院关于适用〈中华人民共和国涉外民事关系法律适用法〉若干问题的解释（一）》第一条规定：

"民事关系具有下列情形之一的，人民法院可以认定为涉外民事关系：

（一）当事人一方或双方是外国公民、外国法人或者其他组织、无国籍人；

（二）当事人一方或双方的经常居所地在中华人民共和国领域外；

（三）标的物在中华人民共和国领域外；

（四）产生、变更或者消灭民事关系的法律事实发生在中华人民共和国领域外；

（五）可以认定为涉外民事关系的其他情形。"

因此，合同只有具备主体一方是外国国籍或无国籍，主体一方经常居所地在外国，标的物在外国，法律事实发生在外国等因素之一的，才能被认定为涉外合同。

3. 涉外合同当事人选择适用的法律，是指实体法，还是程序法

最高人民法院民事审判第四庭编写的《涉外商事海事审判实务问题解答》第三十九条规定："在审理涉外商事案件中如何适用法律？答：在程序法方面，应当根据《中华人民共和国民事诉讼法》第四编'涉外民事诉讼程序的特别规定'适用法律。在实体法方面，应当根据我国《民法通则》第八章'涉外民事关系的法律适用'及其他有关法律确定应适用的准据法。"

《第二次全国涉外商事海事审判工作会议纪要》第四十八规定："当事人协议选择的法律，是指有关国家及地区的实体法规范，不包括冲突规范和程序法规范。"因此，涉外合同当事人选择适用的法律仅是实体法，程序法仍需适用仲裁机构的规则或法院所在国的程序法。

4. 涉外合同当事人选择适用法律时，不得违反法律的强制性规定

尽管法律赋予涉外合同当事人选择适用法律的权利，但这种选择权的行使不得违反法律的强制性规定。如果选择适用的外国法律将损害中华人民共和国社会公共利益的，则应当适用中华人民共和国法律。

《最高人民法院关于适用〈中华人民共和国涉外民事关系法律适用法〉若干问题的解释（一）》第八条规定，"有下列情形之一，涉及中华人民共和国社会公共利益、当事人不能通过约定排除适用、无需通过冲突规范指引而直接适用于涉外民事关系的法律、行政法规的规定，人民法院应当认定为涉外民事关系法律适用法第四条规定的强制性规定：

（一）涉及劳动者权益保护的；

（二）涉及食品或公共卫生安全的；

（三）涉及环境安全的；

（四）涉及外汇管制等金融安全的；

（五）涉及反垄断、反倾销的；

（六）应当认定为强制性规定的其他情形。"

因此，在起草法律选择和适用条款时，应注意避免与法律的强制性规定相冲突。

5. 涉外合同当事人选择适用的法律并非必须与争议的合同具有实际联系

《最高人民法院关于适用〈中华人民共和国涉外民事关系法律适用法〉若干问题的解释（一）》第五条规定："一方当事人以双方协议选择的法律与系争的涉外民事关系没有实际联系为由主张选择无效的，人民法院不予支持。"因此，涉外合同当事人选择适用的法律可以是与合同没有实际联系的法律。

第十八节 权利义务转让条款

合同权利义务转让条款是对合同权利转让，合同债务转移或合同权利、义务整体转让进行约定的条款。

一、权利义务转让条款的示范条款

1. 示范条款 1

未经对方书面同意，任何一方合同当事人不得转让本合同项下的任何权利和义务。

2. 示范条款 2

任何一方合同当事人，在已履行完毕本合同约定的全部义务后，可以将其在本合同中享有的权利转让给第三方，但应提前书面通知另一方合同当事人。

3. 示范条款3

未经对方书面同意，任何一方合同当事人不得转让其在本合同项下的任何义务，但该义务转让符合下列情形之一的除外：

（1）在紧急情况下，为维护对方合同当事人的利益而转让；

（2）_____；

（3）_____。

4. 示范条款4

未经对方书面同意，任何一方合同当事人不得转让本合同项下的权利义务，但该权利义务的概括转让同时满足以下条件的除外：

（1）转让一方合同当事人的全部或主要资产已转让给受让人或为受让人所有；

（2）受让人同意接受本协议所有条款和条件的约束；

（3）受让人履行本合同义务的能力等于或优于转让一方合同当事人的履行能力，并就此提供充足、有效证据；

（4）_____。

二、权利义务转让条款的功能

1. 保障债权自由流通，发挥债权财产价值

债权是权利人请求义务人为或不为一定行为的权利，在本质上债权具有财产性。通过合同权利义务转让条款，约定债权的可转让性，有利于鼓励合同权利转让，加速债权的自由流通，充分发挥债权的财产价值。

2. 为债务人设定退出机制，维持交易秩序稳定

约定债务人在满足一定条件下，可以将义务转让给第三方，可以使符合条件的债务人在特定条件下退出合同，将合同义务转让给更具有履行能力或更有利于合同履行的第三方履行，不仅可以为债务人设定退出机制，还有利于维持

社会经济交易秩序的稳定。

三、起草权利义务转让条款的实务问题

1. 对于某些特定合同，应严格限制权利义务转让

对于提供服务的合同，以及对方当事人信誉、信用、资质和履行能力是签订时重要考虑因素的合同，应严格限制权利义务的转让，尤其是义务的转让，否则，将无法保证合同得到完全的履行。

2. 限制合同权利不得转让是否对第三人具有效力

如果合同当事人在合同中约定，合同债权不得对外转让，但合同债权人仍无视合同约定将合同债权转让给第三方。在这种情况下，合同当事人的约定能否对抗第三人，是否对第三人产生法律效力？要区分不同情况，如果当事人约定非金钱债权不得转让的，如，约定请求交付产品的权利不得对外转让，这种约定不得对抗善意第三人。也就是说，如果第三人不知道或不应当知道合同当事人在合同中对此债权转让进行限制的，这种债权转让仍然有效。如果当事人约定金钱债权不得转让的，如，约定请求支付货款的权利不得转让，这种约定不得对抗第三人。即便该第三人明确知道合同当事人在合同中对此债权转让进行了限制，该债权转让仍然有效。《中华人民共和国民法典》第五百四十五条之所以作出如此规定，是为了增强金钱债权的流通性，更好地发挥金钱债权的财产价值。

3. 对未履行完毕的双务合同项下合同权利的转让，应慎重

合同当事人转让的权利必须是确定的，如果转让的是尚无法确定的合同权利，则受让人实现该转让合同权利时会遇到法律障碍。尤其在双务合同中，如果一方合同当事人在未履行完毕其合同义务的情况下，将其享有的合同权利转让给第三方，该第三方很可能因为该转让合同权利尚无法确定，而无法实现受让的合同权利。

参考案例：受让尚不确定的债权，受让人无权直接向债务人主张权利

万某通公司与四某公司于1996年和1999年分别签订了两份协议，约定万某通公司购买四某公司位于北京市朝阳区小营路5号的"四方大厦"产权（18 050.52平方米），总价款108 303 120元。协议签订后，万某通公司自1997年至1999年期间付给四某公司6 500万元购房款。2001年8月25日四某公司致函万某通公司，声明若万某通公司于2001年8月25日不能履行2001年8月30日前付2 000万元、9月底前付清购房款的承诺，将解除合同，对四方大厦另行出租或出售。2002年4月18日万某通公司回函四某公司，表示于2002年4月25日前付清剩余购房款，否则同意解除合同，四某公司可以将四方大厦整体出租或出售，收益归四某公司所有，已发生的投资费用双方另行协商解决。此后双方就返还购房款事宜未达成一致意见。万某通公司因拖欠交通银行大连经济技术开发区分行（以下简称交通银行大连分行）贷款本息，2004年6月7日交通银行大连分行将上述债权转让给信某公司。2004年10月14日万某通公司签署声明及授权书，将其在北京四方大厦的全部权益转让给信某公司，并授权信某公司对万某通公司在北京四方大厦的所有权益全权处理。后信某公司起诉要求解除房屋买卖合同，并要求四某公司返还已付购房款及利息。在本案中，双方就信某公司是否是"四方大厦"的权益人产生争议。

一审、二审法院经审理均认为，信某公司是基于其受让的交通银行大连分行对万某通公司的债权及万某通公司出具的声明及授权书向四某公司提起本案诉讼的，信某公司的主张如能得到支持，先决条件是万某通公司对四某公司享有明确的债权。根据在案证据能够认定，万某通公司与四某公司约定万某通公司购买四某公司开发的北京四方大厦的价款为108 303 120元，时至今日，万某通公司仍有数千万元未予支付，合同尚未履行完毕。但是，万某通公司与四某公司并未对在合同履行过程中产生的争议做一个最终了结，也没有就导致合同不能履行的原因及各自应该承担的责任进行清理。因此，万某通公司与四某公

司之间的债权债务关系并不明确。在万某通公司债权不明确的情况下，信某公司直接向四某公司主张返还已付购房款，缺乏相应依据，法院驳回了信某公司的请求。后信某公司不服提起上诉。

最高人民法院经审理认为，信某公司认为原审法院始终将万某通公司视为四方大厦的权益人，而没有将信某公司作为该大厦的权益人，属于认定案件基本事实缺乏证据证明的观点不能成立。首先，必须明确万某通公司向信某公司转让的"权益"的内容是什么。根据万某通公司与四方公司1996年和1999年签订的两份协议，万某通公司作为四方大厦的购买人，在交付了部分款项后，没有继续付款，亦未能办理案涉房屋的产权登记。根据四某公司于2001年8月25日致万某通公司的函和万某通公司于2002年4月18日的复函。双方之间就解除房屋买卖合同形成过一致的意思表示，但没有进行清理和结算。而且万某通公司并未将其就购买四方大厦一事与四某公司所签合同的权利义务向信某公司做概括性转让，换句话说，就是只转移合同中的"权益"，而没有转移债务（义务）。信某公司因此认为，其受让的"权益"就是万某通公司已经支付的6 350万元购房款和相应利息的请求权。但在交通银行大连分行向信某公司转让债权后，万某通公司还于2004年10月14日授权信某公司对万某通公司在四方大厦的所有权益全权处理。因此，信达公司受让的仅仅是万某通公司在四方大厦中的"权益"，而非概括性受让万某通公司与四某公司以购买四方大厦为目的签订的合同中的权利义务。万某通公司等于将该合同"权益"转让，而将合同解除后通过结算清理可能产生的义务留给了自己。但该合同既然因万某通公司的违约行为而解除，合同的缔约双方对合同未进行清理结算，四某公司认为万某通公司的违约行为给自己造成了较大的经济损失。信某公司并无替代万某通公司作为购房合同的当事人与四某公司解决购房合同解除后的清理、结算问题的授权，也无意愿替代万某通公司承担可能存在的合同责任。所以在信某公司受让的"权益"是否为6 350万元的购房款及利息尚存在争议的情况下，原审法院认定信某公司受让的"权益"无法确定，并非缺乏证据证明。

——北京市高级人民法院，（2014）高民终字第 2359 号

——最高人民法院，（2015）民一终字第 1100 号

4. 并非所有合同债权都可转让

虽然法律规定，债权人可以将债权的全部或者部分转让给第三人，但是有下列情形之一的除外：（一）根据债权性质不得转让；（二）按照当事人约定不得转让；（三）依照法律规定不得转让。因此，在起草债权转让合同时，一定要注意转让的债权是否属于禁止转让的债权类型。

5. 债权转让未通知债务人的法律后果

债权转让的，债权人应当通知债务人，未通知债务人的，该转让对债务人不发生效力。

需要注意的是，在未通知债务人债权转让的情况下，虽然该债权转让对债务人不发生效力，但债权人和受让人之间的债权转让协议，仍然具有法律效力。

第十九节　完整合同条款

完整合同条款，是约定排除合同订立之前形成的一切口头交流和书面文件对合同可能产生影响的条款。

一、完整合同条款的示范条款

本合同构成各方当事人就本合同所涉事宜之完整而唯一的表述。各方当事人在本合同签订前就本合同所涉事宜达成的口头或书面协议，所作出的陈述、

承诺、解释、说明，以及往来的通信、邮件等一切内容，均已被纳入本合同或已被本合同所取代。除本合同外，在此之前于各方当事人间形成的一切内容，对各方当事人均不具有法律约束力。

本合同各方当事人确认其未依赖于本合同明确表述之外的任何陈述或承诺而签订本合同。

二、完整合同条款的功能

在英美法系的合同法中，有一项重要的口头证据规则（parole evidence rule），口头证据规则是指如果一份合同构成合同当事人之间的完整合同，除完整合同内条款之外的其他口头证据均不得用来证明有关合同补充、变更或与完整合同条款相冲突的事宜。这里的口头证据还包括在本合同签订之前双方在协商、谈判过程中所达成的书面协议。

完整合同条款的主要功能是排除口头证据对本合同可能产生的影响，排除其他可能影响合同内容的因素。通过约定本合同已包含合同当事人有关合同交易所达成的一切内容，包括但不限于协议、说明、承诺、条件，无论是明示还是暗示的，无论是口头的还是书面的，以排除在本合同签订之前或在签订过程中形成的其他口头交流或书面文件对合同内容可能产生的影响。

三、起草完整合同条款的实务问题

1. 完整合同条款在中文合同中的效力

合同当事人经过充分协商、谈判所拟定的完整合同条款，如果本身不存在违反法律、行政法规强制性规定，或存在其他可能影响该条款效力情形时，根据合同自由原则，该完整合同条款的约定应是有效的。

但如果在格式合同中，尤其是在与消费者有关的合同中，包含有完整合同条款，并通过完整合同条款来排除提供格式条款一方员工或其代理人之前所作的口头承诺或陈述的效力时，法院对该条款的效力会进行比较严格的审查，并可能以格式条款违反《中华人民共和国民法典》第四百九十七条的规定，即提供格式条款一方不合理地免除或者减轻其责任、加重对方责任、限制对方主要权利；或提供格式条款一方排除对方主要权利，而认定该条款无效。

比如，在（2020）苏03民终5234号一案中，在购房过程中，销售方的销售人员曾口头向购房一方作出承诺，购买别院赠送两个私家车库。但在双方签订的"商品房买卖合同"补充协议第十七条约定"出卖人通过口头、书面、实物及其他形式（包括但不限于口头讲解、广告、楼书、示范单位、沙盘、模型等）所表达或提供的信息不作为最终交房标准，亦不作为本合同的组成部分，其内容对本合同当事人不具有约束力。双方确认双方的权利义务以本合同及其附件和本补充协议为准。本合同及其附件和本补充协议是明确买卖双方权利义务的唯一依据，取代双方在此之前有关该房屋及其相关设施口头或书面的协议、同意、承诺、允许或说明"。后购房一方起诉销售方要求赔偿承诺的车库价值。但销售方以合同明确约定本合同取代双方在此之前有关该房屋及其相关设施口头或书面的协议、同意、承诺、允许或说明为由进行抗辩。

法院经审理后认为，首先，行为人没有代理权限、超越代理权或者代理权终止后，仍然实施代理行为，相对人有理由相信行为人有代理权限的，代理行为有效。销售方的销售人员所做的口头承诺，构成表见代理。其次，提供条款的一方，对于免除或者限制其责任的内容，在合同订立时应采用足以引起对方注意的文字、符号、字体等特别标识，并按照对方的要求对该条款予以说明。且提供条款的一方对已尽合理提示及说明义务承担举证责任。本案中，双方签订的"商品房买卖合同"补充协议第十七条虽有约定，但销售方并未举证证明其已经尽到合理提示及说明的义务。综上，法院对于销售方关于口头承诺无效的主张不予支持。

因此，如果格式合同中包含有完整合同条款内容时，提供格式条款的一方一定要向合同相对方进行提示及说明，并明确合同相对方是否系依赖于本合同明确表述以外的陈述或承诺而签订本合同，不要企图通过完整合同条款来规避口头欺诈性宣传的法律后果，这往往会适得其反。

2. 应根据具体情况来确定是否设置完整合同条款

并非所有合同都需要设置完整合同条款，一份合同是否需要设置完整合同条款，合同起草人应具体情况具体分析。

如果合同当事人为达成合同交易进行了长期的谈判或协商，在谈判或协商过程中，各方作出了多次口头的陈述、承诺或表态，或在不同的谈判或协商阶段形成了不同的书面文件。当双方最终达成一致意见并签订合同时，双方希望排除合同签订之前所形成的一切文件或内容的效力，以本合同作为唯一依据时，就有必要设置完整合同条款。如果合同双方不希望排除合同签订之间的文件或内容的效力，那么就没必要设置完整合同条款。

第二十节　通知和送达条款

通知和送达条款是约定合同当事人双方相互通知和送达文件地址、方式的条款。通知和送达条款对于合同当事人履行约定的通知和送达义务十分重要，也是合同当事人行使合同权利的重要方式。

一、通知和送达条款的示范条款

知识延伸

示范条款下载

任何一方合同当事人根据本合同向对方发出的通知、信件或数据电文均应采用书面形式。书面形式包括信件、电报、电传、传真等可有形地表现所载内容的形式，以电子数据交换、电子邮件等方式能够有形地表现所载内容，并可以随时调取查用的数据电文，视为书面形式。

双方确认，在本合同首部关于甲方、乙方主体信息中所载明的各方地址、电话、传真、邮箱地址和联系人为各方的有效送达地址和联系人。该有效送达地址和联系人的适用范围包括双方根据本合同向对方发出的通知、信件或数据电文，以及在合同发生纠纷时相关文件和法律文书的送达，还包括在合同争议进入仲裁、民事诉讼程序后的一审、二审、再审和执行程序的送达。

任何一方变更本合同所载明的有效送达地址或联系人时，须在变更前十日以书面形式通知对方。否则，因有效送达地址或联系人变更而导致无法送达或迟延送达的法律后果均由未通知一方承担。

双方按以下约定，根据不同的送达方式，确定送达时间：

（1）当面送达的，受送达人签收时视为送达。若受送达人拒绝签收的，送达人将送达文件留在受送达人的有效送达地址之时，视为送达。

（2）以平信、挂号信、特快专递或快递方式送达的，受送达人签收之时视为送达。若因受送达人自己提供或者确认的送达地址不准确，拒不提供送达地址，送达地址变更未及时告知送达人，受送达人或者受送达人指定的代收人、代理人、受送达人的工作人员拒绝签收，导致通知或文书未能被受送达人实际签收的，通知或文书退回之日视为送达之日。

（3）以传真方式送达的，以发送方打印的传真发送确认单显示的时间为送达时间。

（4）以电子邮件方式送达的，系统发送成功的时间视为送达时间。

二、通知和送达条款的功能

1. 确保送达地址的有效性

现在出于各种原因，很多公司并不在工商机关登记注册的地址办公，变更其登记注册地址或经营地址也未按照法律规定在工商机关进行相应变更登记，通过公司登记注册地址往往无法联系到登记注册的公司。对于自然人的合同主体，虽然身份证上明确载有其户籍地址，但由于工作变动或人员流动，很多自然人根本就不在户籍地工作或居住，而是长期在外工作或生活，通过户籍地址很难联系上该自然人。因此，通过通知和送达条款约定合同当事人的有效送达地址具有十分重要的现实意义。

在通知和送达条款中明确约定合同当事人的有效送达地址，当按照合同约定履行通知、送达义务时，可避免因对方当事人送达地址无效而无法送达，使合同的履行处于不确定状态的法律风险。一旦约定了合同当事人通知和送达的有效地址，如果通过该约定地址无法联系到当事人或一方变更通知和送达地址而未及时通知对方，最终因无法及时通知和送达的法律后果就由该当事人自行承担。

2. 确定推定的送达时间

实践中，通知的方式有很多种。如，当面通知、邮寄通知、电子邮件通知、传真通知等。通知方式不同，确认送达时间的方式也不同。为避免争议，当事人可以在合同通知和送达条款中，根据不同通知方式明确约定确认送达时间的方式。如，邮寄送达的，可以约定在邮寄后几日内视为送达；当面送达的，可以约定为签收或留置在合同约定地址视为送达。避免因对送达时间无法达成一致意见而发生纠纷。

三、起草通知和送达条款的实务问题

1. 约定以电子邮件等电子形式发送通知时，应考虑电子系统的不稳定性

当约定以电子邮件等电子形式发送通知时，合同起草人应考虑到电子邮件等电子系统的不稳定性。如，某些邮件可能会被用户的邮箱自动拒收，或者因为电子邮件系统不稳定导致邮件没有成功发送，再或者因为合同当事人没有注意到收到的邮件，而忽视通知文件。

如果合同当事人双方认为，本合同项下的通知对合同当事人双方权利义务关系的影响十分重大，确保合同当事人知悉通知的内容是首要考虑的问题时，那么合同起草人在起草通知和送达条款时，为避免电子系统不稳定可能导致无法送达的风险，就可以在通知和送达条款中约定，以电子邮件等电子形式发送通知后，通知人应再次以特快专递或快递等方式发送书面通知，以确保受送达

人知悉通知的内容。

2. 有效送达地址的适用范围建议包括诉讼或仲裁等争议解决阶段

目前，在诉讼或仲裁等争议解决阶段送达难仍是比较突出的问题。在很多情况下，由于没有受送达一方合同当事人的有效送达地址，导致法院或仲裁机构根本无法联系上受送达一方当事人，更谈不上送达文书。最终，只能通过公告方式送达，但公告送达时间过长，不利于争议的快速解决。因此，为避免在诉讼或仲裁等争议解决阶段出现法院或仲裁机构无法送达的问题，建议在合同通知和送达条款中，约定本合同中的有效送达地址不仅适用于在发生合同纠纷时相关通知文件的送达，还适用于诉讼或仲裁阶段法律文书的送达。

3. 最好约定两种以上的送达方式

在起草通知和送达条款时，建议至少约定两种以上送达方式，以确保送达的有效性。特别是对于一些重要的通知，如，行使合同解除权的通知，更应确保送达的有效性，否则，可能会出现合同未解除的法律风险。

在合同通知和送达条款中，尽管通常有关于出现某些特殊情况应视为送达的约定，但仅约定单一的送达方式，当通过该送达方式行使重大权利时，对方仍可能会以未实际收到通知、不知悉通知内容为由提出抗辩，法院很有可能会对该通知送达的有效性进行审查。因此，为避免出现类似的风险，建议约定两种以上的送达方式。如，约定以电子邮件或短信等方式进行通知时，同时进行邮寄送达。

第二十一节 生 效 条 款

合同生效条款是约定合同何时生效的条款。合同生效意味着合同当事人可以要求对方按照合同约定履行义务，因此，合同何时生效对于合同当事人来说至关重要。合同生效条款也是非常重要的合同条款。

一、生效条款的示范条款

1．示范条款 1

本合同自双方当事人签字并盖章之日起生效。

2．示范条款 2

本合同自双方当事人签字或盖章之日起生效。

3．示范条款 3

本合同自甲方盖章，乙方签字之日起生效。

4．示范条款 4

本合同自____年__月__日起生效。

二、生效条款的功能

合同生效条款的功能是明确约定合同生效的时间。根据法律规定，承诺生效时合同成立，当事人采用合同书形式订立合同的，自当事人均签名、盖章或者按指印时合同成立，依法成立的合同，自成立时生效。因此，即便合同当事人没有约定合同的生效时间，仍可根据该法律规定来确定合同生效的时间。

如果合同当事人出于各种考虑，希望对合同生效的时间进行特别约定时，就要通过合同生效条款来实现。如，当合同当事人双方均为公司时，合同中往往会约定合同在各方法定代表人或合同签订人员签字并加盖公司印章时才生效。这样一旦合同所加盖的印章存在问题时，如，系未经授权擅自使用印章或盗用印章，则可以直接追溯到具体的签字人员。

另外，合同生效条款也可对合同附生效的期限，如示范条款 4，直接约定合同生效的具体期限。合同生效条款还可对合同附生效的条件，直接约定合同自约定生效条件成就时生效。

三、起草生效条款的实务问题

1. 签字、盖章与合同生效的关系，应明确表述，避免歧义

在表述合同生效条款时，很多合同采用"签字盖章后生效"或"签字、盖章后生效"的表述，这种表述容易引起歧义，引发纠纷。关于这两种表述的具体含义可详见本书中关于签字、盖章有关法律风险部分的内容和案例。

为避免此类歧义，在描述签字、盖章与合同生效的关系时，建议采用更直接、更明确的方式。如果希望签字和盖章同时作为合同生效条件的，应表述为"本合同自甲乙双方签字并盖章后生效"；如果希望签字或盖章之一作为合同生效条件的，应表述为"本合同自甲乙双方签字或盖章后生效"。应避免因在签字盖章之间仅使用顿号表述关系或者在二者之间不添加任何连接词可能引起的歧义。

如果签订合同主体一方是需盖章的公司主体，而另一方是需签字的自然人主体，可以直接在合同中约定各自签署合同的方式作为生效条件。如，约定"本合同自甲方签字并盖章，乙方签字后生效"。

2. 注意审核签字盖章的手续和方式

签字盖章的真实性，可能直接关系到合同是否生效。因此，在签署合同时，一定要注意审核签字盖章的手续和方式，避免因签字盖章存在问题而影响合同的效力。在审核签字盖章手续和方式时，应注意以下几点：

（1）自然人签字盖章的手续

合同当事人为自然人时，在签署合同时，应首先核对身份证等有效身份证明，然后在双方同时在场的情况下当面签字，以确保签字真实性。

如果自然人委托代理人签署合同的，应审核该委托代理人的授权手续是否真实、有效。若不便审核代理人授权手续或审核授权手续确实存在困难时，可以由合同当事人以视频方式进行见证，然后由委托代理人签字，并注意保存见

证视频的证据，或者在该代理人签署合同后，立即与合同当事人进行确认该委托代理人已代为签署合同的事实。

（2）法人或机构签字盖章的手续

合同当事人为法人或其他机构，在签署合同时，应注意具体经办人员是否具有合法、有效的授权，并要求经办人员在合同上签字并加盖公章。原则上，如果法定代表人代表法人在合同上签字，具有与盖章相同的效力。由于法定代表人同时具有两种身份，一种是自然人身份，一种是公司法定代表人身份，法定代表人既可以以自然人的名义签字，也可以以公司法定代表人的名义签字，其签字时代表身份的不同将直接影响合同的效力和合同的主体。因此，如果法定代表人代表公司签字时，应在合同中注明其"法定代表人"身份。如果法定代表人以个人名义签字时，如，法定代表人为公司债务提供保证时，应在合同中注明其系以个人名义为公司债务提供保证，避免因法定代表人签字时的身份混同产生纠纷。

（3）加盖骑缝章

为避免合同内容被修改或被替换，在签署合同时，一定要在合同上加盖骑缝章。骑缝章一定要确保覆盖到合同每一页的内容，没有遗漏。否则，骑缝章就失去应有的功能或意义了。

（4）盖章时，印章与签字或打印文字一定要有交叉重合

实践中，由于某些机构印章管理不规范或印章管理存在漏洞，导致他人在空白纸张上事先加盖公章，事后根据需要在加盖公章的空白纸张上打印文字，伪造双方已经达成协议的文件，然后根据该文件向印章所有人主张权利。当这种情况出现时，如果签字或打印文字与加盖的公章存在交叉重合时，可以通过对朱墨时序进行鉴定，以确定是先打印、签字，还是先盖章，进而确定文件的真实性。如果签字或打印文字与加盖的印章不存在交叉重合，就可能因不具备朱墨时序鉴定的条件而无法对字体和盖章的先后顺序进行鉴定，无法确定文件的真实性，被加盖印章的一方只能自己承担不利的法律后果。因此，在合同上

加盖印章时，一定要与打印文字或签字存在交叉重合。

（5）签订合同印章的选择

一般来说，签订合同时，可以使用的印章主要有两种，一种是法人的公章，另一种是法人的合同专用章。如果使用法人的其他印章签订合同，如使用财务专用章，可能会产生是否具有签订合同权限的争议，进而可能影响合同的效力。

第二十二节　语 言 条 款

合同语言条款在国际交易或涉外合同中比较常见。由于合同当事人处在不同的国家，使用不同的语言，因此，有必要对合同使用的语言进行约定。

一、语言条款的示范条款

本合同以中英文书写，若中文版本和英文版本之间存在内容不一致的，应以中文版本为准。

二、语言条款的功能

合同语言条款的主要功能是约定合同书写的语言，以及多个语言版本之间存在冲突时，应以哪种语言为准。如，约定国际比较普及的英语作为合同语言，或者约定某一当事人所在国的语言作为合同语言，再或者约定合同当事人双方都比较接受的第三国的语言作为合同语言。

另外，在某些国际交易中，由于合同还可能作为文件的一部分需提交给政府机关备案或审批，合同的语言需以该政府机关所在国家的官方语言书写或翻译成该政府机关所在国家的官方语言，进而可能产生不同的合同版本。在这种情况下，也需对不同版本合同的效力作出约定。

三、起草语言条款的实务问题

1. 非涉外合同一般无须约定语言条款

合同语言条款主要适用于可能存在不同语言版本的合同中。对于非涉外合同来说，如果合同当事人签订合同的唯一版本是中文版本，合同的签订和履行完全在中华人民共和国境内，不涉及任何其他涉外因素，那么在合同中就没有必要增加语言条款。单纯为增加语言条款而约定"本合同以中文书写……"之类的表述，完全没有必要。

2. 约定依据本合同发送通知和文件所应使用的语言

如果需要起草合同语言条款，合同起草人在起草语言条款时，应同时约定依据本合同所发送的通知或文件所应使用的语言。如，约定依据本合同约定所应发出的通知和文件必须采用英文，若发出的通知或文件本身非英文的，应提供准确的英文翻译。如果不同版本之间存在内容不一致时，应以英文版本为准。

第二十三节　份数及补充、变更条款

合同份数及合同补充、变更条款的功能主要是明确合同文本的份数及其效力，以及通过何种方式对未尽事宜或需变更事宜进行补充或变更。

一、份数及补充、变更条款的示范条款

本合同一式两份，甲乙双方各执一份，具有同等法律效力。

对本合同中未约定、约定不明或需要变更的内容，双方应协商一致，并签订书面的补充协议或变更协议，补充协议或变更协议与本合同具有同等法律效力。

二、份数及补充、变更条款的功能

合同份数及合同补充、变更条款主要是明确合同文本的份数及其效力，以及通过何种方式对未尽事宜或需变更事宜进行补充或变更。

三、起草份数及补充、变更条款的实务问题

对通过招投标签订的合同进行变更时，需要注意《中华人民共和国招标投标法》的规定，招标人和中标人不得再行订立背离合同实质性内容的其他协议。如果对通过招投标签订的合同内容进行实质性变更，该变更可能是无效的。

第四编

合同审查

合同审查是根据委托人或需求部门的要求及审查人员的专业判断，通过检查、核对、分析等方法，就合同中存在的法律问题和缺陷提出专业意见的活动。合同起草和合同审查具有很多技术上的共通之处，合同审查可以参照合同起草的方法和步骤进行，由于本书上一编已经详细阐述了合同起草的方法、步骤和相关实务问题，在此不重复阐述，本章将重点介绍合同审查的 checklist（清单）审查法。

第十三章

合同审查的基础知识

虽然合同起草和合同审查在技术上有很多共通之处，但二者仍然存在一定的区别，了解二者的细微区别，有利于合同审查人员更好地做好合同审查工作。另外，合同审查人员也有必要充分了解合同中法律条款和商务条款的区别，清楚审查职责的划分，明确合同审查人员的审查范围。

第一节　合同起草和合同审查的区别

合同起草是指合同起草人（多数情况下是律师或内部法务专员）将合同双方当事人达成的交易，根据合同双方当事人的合意，准确地以文字的形式表达出来。

合同审查是指合同审查人员对已经形成的合同草稿，通过核实、分析、检查等方法，提出合同中存在的法律问题及其他问题，并提出修改意见或建议，以供合同当事人决策时参考。

在很多情况下，合同审查和合同起草很难从技术上进行区分，合同审查的同时往往也需要对合同内容进行修改，在某些情况下还需要增加新的条款或对合同原有的条款进行彻底修改，这在一定程度上也属于合同起草的性质。

尽管如此，合同起草和合同审查仍有诸多不同之处。

一、合同起草需要更高的独创性

相对于合同审查来说，合同起草需要更高的独创性。合同起草相当于在一张白纸上画画，而合同审查相当于对纸张上已有的图画进行改正、补充或添补。合同起草人不仅需要充分了解合同当事人的交易意图、交易背景等内容，还需要设计合同的结构和层次，构思合同的内容和条款，考虑如何遣词造句，考虑标点符号的使用等许多方面。

尽管合同的审查也可能会涉及这些方面，但相比合同起草而言，合同审查要求的创造性程度相对较低。举一个比较简单的例子，合同起草相当于造句，合同审查相当于修改病句。

合同起草是一个主动创造的过程，合同审查虽然也有创造的成分，但更多的是被动接受，然后提出意见的过程。在很多情况下，合同审查仍然会受到所审查的合同原有文本的影响，很少有人完全否定所审查的合同，而在审查的过程中创造出一份完全不同的合同。

二、合同起草更能体现专业人员的专业素质和能力

合同起草是一个从无到有的过程，而合同审查是一个从有到更加完美的过程。

俗话说"万事开头难"，起草合同也是如此。合同起草人员不仅需要具有扎实的法律功底，还需要有较强的文字功底和逻辑思维能力，需要具有谋篇布局的能力。否则，合同起草人员就会有脑中思绪万千，却无从下笔之感。

合同起草人员能在不参照范本或先例的情况下，根据合同当事人的意图和交易需求，创造出一份完美的合同，这才是合同业务中的最高境界。因此，合同起草更能体现专业人员的专业素质和能力。

三、合同审查需进行更多的解释和说明工作

合同审查是对他人已经起草完成的合同进行修改。一般来说，合同审查人员需对修改的内容进行标注，并对修改原因进行说明，以便合同双方对修改的内容进行协商和沟通，并最终确定能否进行修改。对个别存在风险的商务性条款或其他无法立即进行修改的条款，合同审查人员一般也会以特殊的方式来提示合同当事人注意风险。

合同起草人员一般不需对合同内容进行过多的解释或说明，而是由委托方或合同相对方直接提出修改意见，除非委托方或合同相对方提出要求对某些起草的条款进行解释或说明。

第二节　法律条款和商务条款的区分及其审查职责划分

在合同审查中，律师或法务部门根据合同条款的内容和性质，往往将合同条款分为法律条款和商务条款。

法律条款是为保证合同履行、约束或限制合同当事人权利义务，并有明确救济方式的条款，主要涉及合同当事人应当做什么、禁止做什么，可以做什么、不可以做什么等。如，保密义务条款、权利义务条款、违约责任条款等。

商务条款是合同当事人就合同交易内容进行商务安排的条款，主要涉及标的的确定、价格的确定、质量标准的确定、技术标准的确定等。如，交易标的、交易价格、质量及验收标准、履行方式、付款时间和付款方式等内容。

在合同审查实践中，律师或法务部门普遍认为，律师或法务部门只负责审查法律条款，不负责审查商务条款，商务条款应由委托人或需求部门负责审查。其实，这种观点并不完全正确。虽然在理论上，合同条款分为法律条款和

商务条款，但在很多情况下，其实很难将合同条款划分清楚。

比如，付款时间和方式，原则上属于商务条款，但付款时间和方式是制约合同相对方履行合同的重要手段。在一份提供服务的长期合同中，购买服务方在合同签订后是一次性付款还是根据提供服务进度按比例付款，直接关系到提供服务一方完全按照合同约定履行义务的积极性和主动性，直接关系到购买服务方对合同履行的控制能力。

再比如，交易价格，原则上属于商务条款，如果律师或法务人员不对价格条款进行审核，而合同当事人约定的交易价格又违反了法律强制性规定，则会导致价格条款无效。

合同审查是为了避免或降低法律风险，在很多时候，法律条款和商务条款往往相互交织，难以区分。因此，相关人员在审查合同时，如果发现理论上的商务条款存在不明确或明显不利于委托人或公司的情形，律师或法务部门也应提醒委托人或公司注意其中的不利因素，最终是否修改，由委托人或公司决定。

第十四章

合同审查的具体方法——checklist （清单）法

鉴于合同起草和合同审查具有技术上的不可分性，因此，关于合同起草的方法和步骤适用于合同审查。由于在合同起草部分中，已经详细阐述了合同起草的方法和步骤，在审查合同时，可以参照合同起草的步骤和方法，并结合本书中关于合同法律风险以及合同主要条款起草实务部分的内容，对合同进行审查。因此，本章对合同审查的具体内容不赘述。

第一节　checklist（清单）法

本节所介绍的 checklist 法，是在合同审查中非常实用的一种方法，checklist 法可以帮助合同审查人员详细审核每一个需要审查的事项和内容，避免挂一漏万，确保合同审查人员能够涵盖到所有需要审查的事项和内容，保证合同审查的全面性。

一份合同需要审查的内容可能涉及方方面面，既需要审查主体的合法性、内容的合法性、条款的实用性、权利义务的明确性，还需要审查结构体系的完整性、条款的完备性、合同的严谨性、表述的准确性以及版面的美观性。

面对如此多的审查内容，如果没有一个好的方法，在审查合同时，合同审查人员很可能会因过于专注某一问题，而忽略了其他问题，无法对合同进行全面审查。

　　checklist 法是作者在美国学习期间，在检查论文是否符合各种要求时，论文指导老师所采用的一种检验方法。当时论文指导老师给每位学生分发了一份名字叫 Self-Grading Checklist for Seminar Paper 的清单，这份清单分为论文的格式和校对、名称和引言、论文的三个部分、结论、脚注以及剽窃检查等模块，在每个模块下面，将该模块需要检查、核对的每一个内容，都通过问句的形式体现，询问学生是否检查、核对了每一项内容，每一位学生需要逐条回答 yes or no，以核实自己是否已经完成了所有需要检查、核对的内容，避免遗漏重要事项。

　　这种 checklist 法非常实用，在检查、核对事项比较多时，更是如此。学生通过对照每一条清单，可以非常直观地了解到，自己论文各个模块的内容和格式是否符合论文写作和指导老师的要求，以便对遗漏事项或未达到要求标准的事项进行修改，使自己的论文更加完善。

　　下面就是指导老师所分发的清单内容。

Professor Moshirnia

Self-Grading Checklist

for Seminar Paper

Directions:

1. Print out a draft of your paper.

2. Complete the Checklist below by marking up your printed paper and checking off the boxes of items you have successfully completed. Do NOT check off a box if you have not completed the item.

3. Go back and complete the item in your document and then check off the box. Repeat for all items.

4. Turn in your Checklist and your marked up printed copy outside Prof. Moshirnia's of-

fice or under his door between 9 a.m. -5 p.m. on April 11.

5. For the copy you upload on TWEN, you should upload a clean, unmarked final version.

1. Paper format and proof reading   **Check**

a. Have you bolded and centered your Title and capitalized the first letter of each word except prepositions and articles 4 letters or less?   [ ]

b. Have you put your name on your work underneath the Title?   [ ]

c. Does the format of your paper follow Florian's paper (TWEN)?   [ ]

d. Is your line spacing 2.0 lines (except for 1.0 line for footnotes, Headings 2 lines or more, and block indented quotes)?   [ ]

e. Are the indents of your Headings based on 5 inch/tab units?   [ ]

f. Are the indents of your Paragraphs based on 5 inch/tab?   [ ]

g. Is the text in 12-point Times New Roman font size?   [ ]

h. Are the page numbers in Times New Roman font?   [ ]

i. Are the footnotes in 10-point Times New Roman font size?   [ ]

j. Have you bolded the heading for Introduction?   [ ]

k. Are the margins at least 1 inch on all sides?   [ ]

l. Did you include page numbers at the bottom center of each page?   [ ]

m. Did you run spell check on Word?   [ ]

n. Did you proofread your paper for typos and other errors?   [ ]

2. Title and Intro

a. Does the Title effectively summarize your paper topic?   [ ]

b. Is your Title interesting?   [ ]

c. Does the 1st paragraph provide a "hook" for lay readers?   [ ]

d. Does your Introduction summarize the problem for the reader to understand it, including some discussion of relevant laws?   [ ]

e. Put a box around your Roadmap Paragraph(s).   [ ]

f. Does your Roadmap Paragraph(s) succinctly summarize Parts I, II, and III of your Paper?   [ ]

g. Underline your Thesis in your Roadmap Paragraph(s).　　　　　[　]

h. Does your Thesis give the reader your paper's overall argument?　　[　]

3. Part I

a. Have you included a short introductory paragraph after the Part I Heading that summarizes the main point of Part I? Put a box around that paragraph.　　[　]

b. Do you have a short introductory paragraph before beginning each section A, B, C, etc.　　[　]

c. Underline the Topic Sentence of each paragraph in Part I.　　[　]

d. Reread only the Topic Sentences in Part I. Do they describe the nature of the legal problem in a logical manner? (E.g., "One part of the problem is… The next part of the problem is…")　　[　]

e. Have you streamlined Part I to include only what is necessary to understand the nature of the problem you are addressing?　　[　]

4. Part II

a. Have you started Part II with a short introductory paragraph that summarizes the main point of Part II and ends with a thesis sentence stating your proposal in 1 sentence?　　[　]

b. Have you included the text of your proposal as your first section following your introductory Paragraph?　　[　]

c. Have you included sections with reasons to adopt the proposal?　　[　]

d. Underline the Topic Sentence of each paragraph in Part II.　　[　]

e. Reread only the Topic Sentences in Part II. Do they describe the describe the your proposal and reasons to adopt it in a logical manner (would the reader understand your proposal reading these)?　　[　]

f. Have you clearly tied your reasons for adopting the proposal to problems laid out in Part I?　　[　]

5. Part III

a. Have you included a short introductory paragraph that summarizes the main point of Part III? Draw a box around the paragraph.　　[　]

b. Underline the topic sentence of each paragraph in Part III. [ ]

c. Reread only the topic sentences in Part III. Do they focus on concerns with your proposal and your responses to the concerns in a logical manner? [ ]

d. Do you start each subsection with a discussion of the criticism? [ ]

e. Is your response to each criticism convincing? [ ]

6. Conclusion

a. Is your Conclusion no more than 1 paragraph? [ ]

b. Does your Conclusion restate your Thesis? [ ]

c. Does your Conclusion succinctly summarize the problem and your solution? [ ]

7. Footnotes

a. Have you provided citations to authorities to support all factual and legal assertions that are not common knowledge? [ ]

b. Have you attempted your best to put the citations in proper BlueBook format, including short form citations (such as *Id.*)? [ ]

8. Plagiarism check

a. Reread the Syllabus statement on the Code of Conduct related to plagiarism, and review the class notes on avoiding plagiarism. [ ]

b. Reread your paper to ensure that you have properly quoted and cited other people's words and ideas, and that your writing does not copy someone else's words or ideas without proper quotation and citation. [ ]

c. Have you ensured that your paper is free of plagiarism? [ ]

Plagiarism Oath

Sign your name below if you have ensured that you have not committed plagiarism in your paper:

I attest that I have not committed plagiarism in the draft I have turned in. I understand that committing plagiarism is a serious offense that will subject me to disciplinary proceedings before Chicago-Kent and may result in my failure of the course and bar from graduating or earning an LLM degree.

Sign here

　　这种 checklist 法同样适用于合同审查。

　　要成就一份完美的合同，就需要对合同进行全面的审查，无论是内容，还是形式，不能遗漏审查内容。但人的记忆力毕竟是有限的，某些时候难免会遗忘或忽略某些内容，在从事高强度、高度集中的合同审查工作时更是如此。合同审查人员很可能因为过于集中对某一法律问题的调查研究，如，研究审查的合同是否违反法律的强制性规定，使自己深陷于大量的法律、法规或政策之中，而忽略合同审查的其他内容，如，忽略权利义务条款的实用性。

　　checklist 法就可以避免这种问题。checklist 法应用在合同审查中，实际上就是把合同审查可能涉及的各个法律问题列成清单，以便合同审查人员逐条比对，了解自己是否已经完成了所有需要审查的合同内容。这份清单可以包括：合同目的是否符合当事人要求，合同签订方式是否合法，合同主体是否合法，合同效力是否存在瑕疵，意思表示是否真实等内容。在每个内容下面设计若干的检查选项，以确认合同审查人员是否已经审查完所有需要审查的内容，审查完的内容是否已经达到了既定的标准。另外，合同审查人员可以在每一项审查内容后面附上相应的法律依据和法律条款，以便进行查阅核对。总之，制定的审查清单越详细、越具体，合同审查的有效性就越强。

　　无论是律师、法务，还是管理人员都可以采用 checklist 法来审查合同。合同审查人员可以根据审查不同合同类型的频率，针对自己经常审查的合同类型，制作详细具体的合同审查清单，将有关合同的审查清单制作成标准化的文件，在进行合同审查时，可以对照合同审查清单，逐条查验、核实，这不仅可以提高合同审查的效率，还能保证合同审查的效果，确保合同审查的全面性，避免遗漏重要事项而产生法律风险。

第二节 checklist 法在合同审查中的应用

前面已经介绍了 checklist 法，那么在合同审查中，如何具体应用 check-list 法？本书以买卖合同为基础，结合各类合同中可能涉及的通用条款，制作了一份标准化的合同审查清单，包含了从合同目的一直到合同的格式和排版的内容，以供合同审查人员参考。鉴于合同类型不同，审查内容也不尽相同，因此，合同审查人员应根据不同的合同类型和内容，制作不同的合同审查清单。

合同审查 checklist（清单）

注：阅读以下合同审查清单内容时，可与本书中有关合同法律风险和合同主要条款起草实务内容相结合，以便随时查阅与审查事项相关的法律风险、案例，以及合同示范条款。本合同审查 checklist 并未穷尽所有合同审查的事项，合同审查人员可以根据自身需求，增加合同审查事项或者增加合同审查事项对应的法律条款和依据，以作为常用审查手册使用。

合同实质内容的审查	
审查事项	审查要点
审合同背景资料和信息	（1）是否了解所涉合同交易的可行性报告，决策、批准文件，招投标等文件 （2）是否了解合同所涉行业的性质、特点和行业政策，以及其对合同签订和履行可能产生的影响 （3）是否了解合同各方当事人在交易链条所处的位置，以及当事人所处位置对合同签订和履行可能产生的影响 （4）是否了解合同各方当事人在交易谈判中所处地位，以及该地位是否会导致合同权利义务条款的失衡 （5）是否了解合同交易标的内容和性质

续表

审查事项	审查要点
审合同背景资料和信息	（6）是否了解合同交易的主要步骤或流程，及主要的风险点 （7）是否了解双方之前有无类似交易，是否存在类似交易的合同文本或范本 （8）是否了解双方的谈判资料和会议纪要 （9）是否了解双方的合作性质，是一次性合作，还是长期持续合作 （10）是否了解审查合同文本由哪一方起草或提供 （11）是否与合同审查委托人或需求部门通过会议、电话或电子邮件等方式进行了沟通，充分了解合同背景信息 （12）合同审查委托人或需求部门是否书面或口头列举了合同所涉的关键点和风险点 （13）是否在合同委托人、需求部门、业务部门以及采购部门提供信息的基础上，在必要时，通过网络搜索、电话咨询、专家咨询、向政府部门咨询等多种方法，了解、核实与本合同交易有关的基础资料和背景信息
审合同目的	（1）是否了解合同当事人签订合同的真实动机和目的 （2）是否了解合同当事人通过签订合同具体希望得到什么或实现什么 （3）合同交易框架和内容能否实现合同当事人的交易目的 （4）合同条款能否实现合同当事人的合同目的，是否满足合同当事人的交易需求
审合同主体	（1）是否审查合同主体的营业执照或统一社会信用代码证书，并留存与原件一致的复印件 （2）是否核实合同主体的经营期限和经营范围，合同主体是否在登记的经营范围内签订合同，是否存在超越经营范围订立合同并可能违反国家强制性规定的情形 （3）是否通过国家企业信用公示系统、事业单位在线、中国社会组织公共服务平台、天眼查、企查查及各国家机关官网等网站，查询合同主体的登记信息，是否验证其合法登记并依法存续 （4）合同主体是否已经不存在或被注销，是否已不具有签订合同的主体资格 （5）合同主体是否已被撤销或吊销，影响其签订合同的能力

续表

审查事项	审查要点
审合同主体	（6）是否通过查阅负面市场清单和政府机构权力清单，核实合同主体是否需要相应的资质、资格或许可。如，食品经营许可，建筑企业资质等 （7）是否审查合同主体的资质、资格或许可证书合法、有效，是否在相关行业协会或国家机关网站查验合同主体的资质、资格或许可 （8）合同主体为各级国家机关、事业单位和团体组织时，是否审查签订的合同是否属于法律禁止签订的类型。如，机关法人、以公益为目的的非营利法人、非法人组织原则上不能作为保证人签订保证合同 （9）是否通过中国裁判文书网、中国执行信息公开网等网站查询合同主体涉案和执行的情况，合同主体是否被列为异常名录或失信被执行人，是否其履行合同的能力已受到影响 （10）合同主体为法人分支机构时，其是否在核准登记的范围内签订合同，是否获得法人的授权 （11）合同主体为自然人时，是否查验其身份证明，并核实其是否为无民事行为能力人或限制行为能力人，是否具有签订合同的相应民事行为能力 （12）是否审查合同主体对合同标的享有完全处分权的权利证明，是否获得其他共有人的授权
审合同签订方式	（1）是否审查合同签订方式合法与否 （2）是否属于需以招投标方式签订的合同 　　比如，在中华人民共和国境内进行下列工程建设项目包括项目的勘察、设计、施工、监理以及与工程建设有关的重要设备、材料等的采购，必须进行招标：（一）大型基础设施、公用事业等关系社会公共利益、公众安全的项目；（二）全部或者部分使用国有资金投资或者国家融资的项目，包括①使用预算资金200万元人民币以上，并且该资金占投资额10%以上的项目；②使用国有企业事业单位资金，并且该资金占控股或者主导地位的项目；（三）使用国际组织或者外国政府贷款、援助资金的项目，包括①使用世界银行、亚洲开发银行等国际组织贷款、援助资金的项目；②使用外国政府及其机构贷款、援助资金的项目 　　属于上述三个范围内的工程项目，其勘察、设计、施工、监理以及与工程建设有关的重要设备、材料等的采购达到下列标准之一的，必须招标：

知识延伸

相关知识下载

续表

审查事项	审查要点
审合同签订方式	①施工单项合同估算价在 400 万元人民币以上；②重要设备、材料等货物的采购，单项合同估算价在 200 万元人民币以上；③勘察、设计、监理等服务的采购，单项合同估算价在 100 万元人民币以上 （3）涉及城市供水、供气、供热、公共交通、污水处理、垃圾处理等实施特许经营行业的合同，是否采用招投标方式签订 （4）是否属于需以特殊方式签订的政府采购合同 政府采购可以采用以下方式：①公开招标；②邀请招标；③竞争性谈判；④单一来源采购；⑤询价；⑥国务院政府采购监督管理部门认定的其他采购方式。公开招标应作为政府的主要采购方式 （5）是否属于需以评估、拍卖方式签订的合同。如，涉及国有资产转让的合同 （6）通过招投标方式签订的合同是否对招投标文件的内容进行了实质性变更 招标人和中标人另行签订改变工期、工程价款、工程项目性质等影响中标结果实质性内容的协议，导致合同双方当事人就实质性内容享有的权利义务发生较大变化的，应认定为变更中标合同实质性内容 但建设工程开工后，发包方与承包方因设计变更、建设工程规划指标调整等原因，通过补充协议、会谈纪要、往来函件、签证等形式变更工期、工程价款、工程项目性质的，不应认定为变更中标合同的实质性内容
审意思表示	（1）合同当事人的意思表示是否真实 （2）合同是否系因对行为的性质、对方当事人、标的物的品种、质量、规格和数量等产生重大误解而签订 （3）合同是否系因一方当事人的欺诈行为而签订 （4）合同是否系因第三人实施欺诈行为，使合同一方在违背真实意思的情况下签订，而合同相对方知道或者应当知道该欺诈行为 （5）合同是否系因一方或第三人的胁迫行为而签订 （6）合同是否因利用对方处于危困状态、缺乏判断能力等情形而签订，并导致显失公平

续表

审查事项	审查要点
审合同效力	（1）合同或合同条款是否存在无效情形 （2）合同是否违反法律、行政法规的强制性规定，该强制性规定属于效力性强制性规定还是管理性强制性规定 （3）合同是否违反公序良俗 （4）合同是否属于恶意串通，损害他人合法权益 （5）合同是否属于以虚假意思表示掩盖真实目的 （6）合同条款是否约定免除了造成对方人身伤害，以及因故意或重大过失造成财产损失的责任 （7）合同是否属于格式合同，格式合同的条款是否存在提供格式条款一方不合理地免除或者减轻其责任、加重对方责任、限制对方主要权利，或排除对方主要权利的情形
审合同审批、登记或备案手续	（1）合同是否需要办理批准手续才生效，是否已经办理批准手续 　　比如，采矿权、探矿权转让合同；国有上市公司股权转让属于《上市公司国有股权监督管理办法》规定需要审批的情形；中外合资经营企业合同和中华人民共和国中外合作经营企业合同需要经过国务院对外经济贸易主管部门或者国务院授权的部门和地方政府的审批等 （2）合同是否需要办理登记手续，是否已经办理登记手续，登记手续是否影响合同的效力，登记手续是否影响合同履行及物权行为的实现 　　比如，不动产抵押合同，需要办理抵押登记才能产生抵押权设定的法律后果，但抵押合同并不因未办理抵押登记而无效。当事人之间订立有关设立、变更、转让和消灭不动产物权的合同，除法律另有规定或者当事人另有约定外，自合同成立时生效；未办理物权登记的，不影响合同效力，但会影响物权的设定 （3）合同是否需要办理备案手续，是否已经办理备案手续，备案手续是否影响合同的效力 　　比如，房屋租赁合同需向房产管理部门登记备案；商品房预售合同需报县级以上人民政府房产管理部门和土地管理部门登记备案；进出口属于自由进出口技术的合同，应当向国务院对外贸易主管部门或者其委托的机构办理合同备案登记；政府采购合同需报同级政府采购监督管理部门和有关部门备案；注册商标使用许可合同应当将其商标使用许可报商标局备案等 　　除非法律特殊规定或当事人另有约定外，一般来说，合同是否办理备案手续并不影响合同效力，但需要承担未备案的行政责任

续表

审查事项	审查要点
审代理和授权	（1）签订合同的人员或机构是否具有相应的代理权限 （2）代理人或受托人的授权委托书是否在有效的期限、范围和权限内，授权是否合法有效 （3）代理人或受托人是否存在没有代理权、超越代理权或者代理权终止后签订合同的情形 （4）是否查验授权委托书或其他委托手续，并与委托人或被代理人确认 （5）是否通过制造商或销售商网站查询，核实代理商资质和权限 （6）法人对其工作人员或法定代表人对外签订合同是否进行了权利限制 （7）法人或其他机构对外签订合同时，是否获得了其内部权力机构的批准或授权
审合同名称和性质	（1）合同名称是否与合同性质相符 （2）合同名称是否与合同当事人权利义务关系的内容相符 （3）属于有名合同时，合同名称是否与有名合同名称保持一致 （4）属于无名合同时，合同名称能否准确体现合同的特点和交易标的 （5）合同是预约合同还是本约合同，属于预约合同时，是否在预约合同中明确表述了未来签订本约合同的意思表示
审鉴于条款	（1）陈述的事实是否系与合同背景或合同目的有关的事实 （2）陈述的事实是否系双方当事人无争议的客观事实。若需当事人保证的事实，是否放在陈述和保证条款 （3）是否涉及当事人的具体权利义务。涉及权利义务的内容，是否放在权利义务条款或合同可操作性条款 （4）是否针对鉴于条款的内容，约定其对合同当事人的效力以及违反鉴于条款的违约责任
审定义条款	（1）是否需要对相关术语进行定义。需要定义的术语一般是：①在合同中多次出现，内容过长不便多次引用；②术语一词多义，需要明确含义；③需要赋予术语区别于一般意义的特殊含义；④对术语进行扩大或限缩解释；⑤属于专门术语或专业性的技术术语

续表

审查事项	审查要点
审定义条款	(2) 是否将有关定义的内容都放在定义条款部分 (3) 定义的顺序是否合理，是否符合逻辑，是否易于阅读 (4) 是否存在过度定义 (5) 定义是否简练、具体、明确，无歧义 (6) 定义是否涉及具体权利义务的内容
审合同标的	(1) 合同标的是否合法 (2) 关于合同标的物的描述是否具体、明确、准确 (3) 交易内容是否具体、明确，具有可识别性 (4) 合同标的物的物理、化学或生物性质是否表述准确、具体 (5) 采用表格形式描述标的物时，标的物的名称、规格、型号、商标或品牌、生产厂家或产地、数量和计量单位、单价等表述是否具体、准确，无遗漏 (6) 合同标的物的权利是否存在瑕疵，是否存在权利受限的情况。如，有无共有权人，有无设定抵押、质押等担保物权等
审质量条款	(1) 是否明确约定了质量标准或服务标准。如，国家标准、行业标准、地方标准或其他标准 (2) 是否需要对标的物或服务的质量或标准进行特殊约定，是否明确特殊的质量要求 (3) 是否约定了质量检验期限 (4) 是否针对质量不合格的情形约定了违约责任 (5) 是否约定质保期，是否约定保修内容及费用承担
审价格、支付和发票条款	(1) 合同价格约定是否具体、明确，表述无误 (2) 关于支付方式和期限的约定是否存在不利于控制合同履行的法律风险 (3) 是否约定合同价款的性质，是固定总价、固定单价，还是单价和总价均不固定 (4) 是否约定合同价款包含的费用明细 (5) 合同价款的表述是否采用阿拉伯数字和汉语两种表述方式，两种表述是否一致 (6) 合同为固定总价时，是否明确约定了总价包含的内容和单价，发生退款时是否便于进行计算

审查事项	审查要点
审价格、支付和发票条款	(7) 是否约定了价款支付的币种、不同币种之间的转换汇率及方式 (8) 是否约定了价款支付的方式，如，支票、转账或现金支付 (9) 是否约定了价款支付的时间，一次性支付，还是分期支付 (10) 是否约定了发票的具体内容 (11) 是否对付款和开具发票的先后顺序进行了约定，未开具发票是否影响付款义务的履行 (12) 是否约定了明确的付款账号
审税费分担条款	(1) 是否明确约定了与合同有关的税费如何承担 (2) 是否明确约定国家税费政策变化时如何处理
审时间、期限和地点	(1) 合同中关于时间和期限的表述，起止时间是否具体、明确，表述是否规范，相互之间是否衔接一致，是否存在冲突 (2) 合同中关于时间和期限的表述是否与法定期限保持一致 (3) 合同中关于地点的表述，是否具体、明确，具有可识别性，无歧义
审陈述和保证条款	(1) 是否就重要事实和内容由合同当事人进行了陈述和说明 (2) 陈述和保证条款是否包含有与合同目的和背景相关的内容，如果有，是否放在鉴于条款中 (3) 是否根据需要就陈述和保证的内容进行了限制，如，约定以当事人知晓为前提 (4) 是否约定了陈述和保证条款对当事人的效力，是否就违反陈述和保证条款约定了违约责任

续表

审查事项	审查要点
审权利义务条款	（1）权利和义务的约定是否具体、明确，具有可操作性 （2）是否针对合同交易的每一步骤和流程，设定了具体的权利和义务，以保证合同的顺利履行 （3）权利义务的约定是否公平合理，是否过度失衡，是否存在只有义务、没有权利，或者义务多、权利少的情形 （4）合同审查委托人的重要权利是否被遗漏，主要权利是否被排除，义务是否被加重 （5）对方当事人的主要责任是否被免除，主要义务是否被遗漏，免责事由是否合理 （6）关于权利的约定是否过于抽象，是否具有可执行性 （7）是否针对义务设定了具体的履行时间和期限限制 （8）是否针对每一权利和每一义务设定相应的违约责任或救济方式
审知识产权条款	（1）是否对知识产权的含义和范围进行了界定 （2）是否约定了知识产权的归属 （3）是否约定了知识产权的使用范围和方式 （4）是否就免予因知识产权侵权承担责任进行了约定 （5）是否约定了知识产权侵权纠纷的责任承担和费用分担 （6）是否为知识产权条款设定了相应的违约责任
审保密条款	（1）是否对保密信息的含义和范围进行了界定 （2）保密信息范围的约定是否过广，是否明显与法律规定相冲突 （3）是否约定了保密信息的使用范围和方式 （4）是否约定了具体、明确的保密义务 （5）是否约定了保密义务的期限 （6）是否约定了合同解除、终止以后保密信息的处理 （7）是否就保密义务约定了相应的违约责任
审合同解除条款	（1）是否约定了合同解除权，为合同当事人设定了退出机制 （2）合同解除权是否单独成款，是否存在与权利义务条款混合的情形 （3）合同解除权的约定是否合理；是否与违约程度、违约行为对合同目的影响程度相适应；是否存在关于任意合同解除权的约定，是否存在过度失

审查事项	审查要点
审合同解除条款	衡，存在可能不被法院支持的情形 （4）是否根据合同主要义务，针对违反主要义务的行为和不同情形，约定了具体的合同解除权 （5）是否约定了合同解除权行使的期限，避免不确定性 （6）是否约定合同解除后，违约责任的内容和承担方式
审违约责任条款	（1）是否约定了违约责任，违约责任的约定是否适当 （2）是否根据合同义务，为每一合同义务设定了相应的违约责任，是否存在由于假设不足而对某些应约定的违约而未约定的情形 （3）违约责任是否单独成款，是否存在与权利义务条款混合的情形 （4）是否明确约定了违约金的数额或违约损失的计算方式 （5）设定的违约责任是否符合合同法可预见性的要求，对超出一般合理预期的间接损失是否已在合同中进行了约定或说明 （6）是否选择了适当的违约责任承担方式。如，是要求修理、重作、更换、退货、减少价款或者报酬，还是要求继续履行或者解除合同，并赔偿损失 （7）违约责任的约定是否具有概括性，是否能够涵盖所有的违约行为 （8）是否针对迟延履行（履行义务迟延、给付价款或报酬迟延）、瑕疵履行（履行义务不完全、不符合约定）、不履行（预期违约或履行不能），设定具有针对性的具体违约责任。如，根据逾期付款的时间，为逾期付款行为设定具体违约责任 （9）是否约定了因主张违约责任所产生的费用如何承担，如，是否约定律师费、诉讼费、仲裁费、公证费等由违约方或败诉方承担 （10）是否约定违约金或其他费用可以直接从合同价款或应付款项中直接扣除
审不可抗力条款	（1）是否约定了不可抗力的范围 （2）是否将影响合同履行的政府行为作为不可抗力进行约定 （3）是否约定在不可抗力持续期间，合同当事人无法协商一致时的合同解除权 （4）是否明确不可抗力发生后，遭受不可抗力一方的通知义务，以及通知的时间和内容 （5）是否存在混淆不可抗力和情势变更的约定

续表

审查事项	审查要点
审仲裁或诉讼管辖条款	（1）是否根据仲裁和诉讼各自的优缺点，以及当事人的需求，约定了合适的争议解决方式 （2）约定的仲裁机构或管辖法院，己方是否熟悉，是否便于己方仲裁或诉讼 （3）争议的法律关系性质是否属于商事仲裁的范围，约定的仲裁条款是否有效 （4）约定的仲裁机构和管辖法院是否具体、明确，具有可识别性 （5）选择合同履行地、合同签订地作为管辖地时，是否在合同中明确约定合同的履行地点或合同签订地点
审法律选择和适用条款	（1）合同是否具有涉外因素，设定法律选择和适用条款是否有必要 （2）是否为涉外合同设定了法律选择和适用条款 （3）法律选择和适用条款是否违反法律的强制性规定，法律选择和适用条款是否合法有效 （4）己方是否熟悉所选择适用的法律，是否便于提供选择适用法律的文本 （5）选择适用的法律是否系冲突法或程序法
审合同权利义务转让条款	（1）合同当事人是否允许合同权利义务转让，是否就此进行了约定 （2）是否就法律禁止转让或根据性质不得转让的权利义务约定了转让内容 （3）是否对提供服务的合同或依赖于对方信誉、资格或履行能力的合同约定了限制权利义务转让的内容 （4）双务合同是否将转让方履行完毕义务作为权利转让的条件 （5）限制合同权利转让的约定，是否具有对抗第三人的法律效力
审完整合同条款	（1）当事人是否希望签订的合同完全排除在谈判、协商过程以及合同签订之前形成的口头或书面文件。若是，是否约定了完整合同条款 （2）约定的完整合同条款是否合法 （3）完整合同条款属于格式合同的内容时，是否就该条款进行了提示和说明 （4）完整合同条款排除的口头或书面协议，是否可能存在表见代理的情形

续表

审查事项	审查要点
审通知和送达条款	（1）是否约定了通知和送达条款 （2）是否约定了通知和送达的方式 （3）是否约定了有效送达地址 （4）是否约定了有效送达地址变更的通知义务，以及未通知的法律后果 （5）是否根据不同送达方式，约定了确定送达时间的方法 （6）是否约定有效送达地址适用于诉讼或仲裁等争议解决程序 （7）是否约定了各方的联系人或接收人
审合同生效条款	（1）是否约定了合同生效日期及有效期限 （2）是否为合同生效附有条件或期限，所附的条件或期限是否符合法律的规定 （3）合同所附条件，必须是当事人约定的、将来发生的、不确定的事实，是否将法律规定的条件约定为合同所附条件 （4）合同约定义务不能成为所附条件，是否将合同约定义务约定为合同所附条件 （5）以签字或盖章作为合同生效条件时，是否对签字和盖章的关系进行了明确、无歧义的表述
审合同条款实用性	（1）是否根据合同交易所涉行业性质、合同标的特点，以及合同相对方的具体情况，设定了避免合同争议和明确权利义务的实用性条款 （2）是否根据合同交易特有的风险明确各方的法律责任 （3）是否根据合同相对方的信誉、履行能力等具体情况，设定了针对性的合同条款 （4）是否针对合同交易违约行为的特点，约定了针对性的违约责任
审合同条款完备性	（1）合同条款是否完备，是否假设了所有可能发生的情形 （2）是否缺失影响合同履行的关键合同条款 （3）是否缺少明确某些权利和义务的合同条款 （4）各个合同模块以及各个模块的内容是否完全，是否遗漏应当考虑而未考虑的模块和内容

续表

审查事项	审查要点
审合同内容一致性	（1）合同内容是否已全部准确地用文字表述出来 （2）合同内容是否与当事人的意图、合意相一致，是否与所商谈的实际情况相一致 （3）合同内容前后是否一致，合同用词前后是否一致，语法和标点符号前后是否一致，不同条款之间是否一致，交叉引用的内容是否一致，合同正文引用附件内容与合同附件是否一致 （4）合同中不相关的内容或信息是否已经删除
审合同语言	（1）合同语言表述是否具体、准确，无歧义 （2）法律术语和专业词汇的使用是否准确、规范 （3）对容易产生误解和歧义的词语是否进行了定义或解释 （4）对合同中使用的专业性或技术性的术语或概念是否进行了定义或解释 （5）是否删除"严重""重大""及时""合理""最大努力"等无法量化或无法定性的词语，或对其进行量化性的表述 （6）合同语言是否系书面语言，是否过于口语化 （7）是否尽可能将被动语态表述为主动语态，使句子表述更加清晰、明确 （8）句子过长，不易分清主语时，是否对长句进行了拆分，变为多个简洁短句 （9）是否使用了过多不必要的法律术语或专业词汇，导致合同当事人或阅读者不易理解合同的内容 （10）法律常用词语的使用是否规范，是否注意到不同词语之间的细微差别。如，和，以及，或者；应当，必须；不得，禁止；但是，但；除……外，除……以外；依照，按照，参照；制定，规定；会同，商；缴纳，交纳；抵销，抵消；账，帐；以上，以下，以内，不满，超过；日，工作日；作出，做出；公布，发布，公告；违法，非法；批准，注销，吊销，撤销；根据，依据；谋取，牟取；等等 （11）合同使用的语言是否不礼貌、不尊重或过于强硬 知识延伸 立法技术规范

续表

合同格式的审查	
审查事项	**审查要点**
审合同结构	（1）合同首部、内容、结尾是否完整 （2）合同首部内容是否完整，是否包括标题、合同编号、各方当事人名称等基本情况 （3）合同内容部分是否完整 （4）合同尾部是否包括了合同当事人盖章、合同当事人授权代表签字、签约时间和签约地点等内容 （5）合同所涉附件，是否均以附件形式在合同中列明
审合同编排和层次	（1）合同章、节、条、款、项或阿拉伯序号排列布局形式是否美观，是否合理 （2）合同结构层次序号的编排和设置是否合理，是否与合同内容的繁简程度相符 （3）不同合同模块的划分是否合理，是否将相同或相似的合同条款集中放在同一合同模块，同一合同模块的层次设置是否合理 （4）是否为每一合同模块，每一合同章节设置了简短、醒目的标题，易于阅读 （5）不同合同模块之间，以及合同章、节、条、款、项之间是否条理清晰，具有明确的逻辑性。是否按照交易的顺序或内容的重要程度，确定其在合同中的合适位置
审标点符号	标点符号的使用是否符合《标点符号用法》的国家标准　　 **知识延伸** 标点符号用法
审合同排版	（1）是否根据合同繁简程度和需要，设置了封面或目录 （2）使用的字体大小和型号前后是否一致 （3）是否设置了页码 （4）行与行之间的间距设置是否合理，前后是否一致 （5）每段的首行是否进行了缩进，前后是否一致 （6）需进行加粗提示的文字是否进行了加粗处理 （7）页边距的设置是否合理 （8）多余的空格和符号是否进行了删除

附：

典型合同范本（扫码赠送）

保证合同示范文本

借款合同示范文本

前期物业服务合同示范文本

房屋建筑面积测绘合同示范文本

合伙协议示范文本

婚礼庆典服务合同示范文本

技术转让(专利实施许可)合同示范文本

建设工程勘察合同示范文本

建设工程造价咨询合同示范文本

建设工程设计合同示范文本
（专业建设工程）

建设工程施工合同示范文本

建设工程施工劳务分包合同示范文本

业主临时公约示范文本

养老机构服务合同示范文本

赠与合同示范文本

中外合作公司合同示范文本

自费出国留学中介服务合同示范文本

中小学生校外培训服务合同示范文本

国内保理合同示范文本

北京市保管合同示范文本

北京市仓储合同示范文本

北京市承揽合同示范文本

北京市存量房屋买卖合同示范文本

北京市电话通信业务入网服务
合同示范文本

北京市电梯日常维护保养合同示范文本

北京市二手机动车买卖合同示范文本

北京市房屋承租居间合同示范文本

北京市房屋建筑和市政基础设施工程
劳务分包合同示范文本

北京市房屋租赁合同（自行成交版）示范文本

北京市工业品买卖合同示范文本

北京市计算机信息系统集成服务
合同示范文本

北京市家具买卖合同示范文本

北京市家庭居室装饰装修工程施工
合同示范文本

北京市居间合同示范文本

北京市买卖行纪合同示范文本

北京市汽车买卖合同示范文本

北京市汽车维修合同示范文本

北京市汽车租赁合同示范文本

北京市商品代销合同示范文本

北京市商品房认购书示范文本

北京市商品购销合同示范文本

北京市食品买卖合同示范文本

北京市网络平台交易服务合同示范文本

北京市物业服务合同示范文本

北京市展会知识产权保护合同示范文本

北京市委托合同示范文本

上海市产权交易委托合同示范文本

上海市境内旅游合同示范文本

上海市出境旅游合同示范文本

上海市党政机关食堂餐饮管理服务合同示范文本

上海市党政机关物业管理服务合同示范文本

上海市家政服务合同示范文本

上海市商业特许经营合同示范文本

上海市视频制作合同示范文本

上海市体育健身行业会员服务合同示范文本

上海市小型餐饮商铺租赁合同示范文本

上海市园林绿化养护合同示范文本

广州市茶叶买卖合同示范文本

广州市水产品买卖合同示范文本

广州市展销会参展合同示范文本

广州市商品房买卖合同（现售）
示范文本

广州市商品房买卖合同（预售）
示范文本

深圳市平面设计作品委托合同示范文本

杭州市教育培训合同示范文本

杭州市职业技能培训合同示范文本

江苏省美容美发健身行业预付费式消费
合同示范文本

长三角区域电商平台服务合同示范文本

声　明

　　本书内容仅代表作者个人关于合同起草和审查的观点和意见,不应被认为代表作者所属单位或所属协会的观点和意见。

　　本书内容,包括但不限于作者关于合同起草和审查的观点和意见、引用的案例、列举的例子和提供的合同示范文本,均不应视为作者针对具体案例提供的正式法律意见。读者有义务从其聘请的律师、其法务部门或其他法律专业人士处获得针对具体案例的法律意见,并应根据该法律意见做出最终决定。本书内容仅为学习和研究合同起草和审查目的使用。

　　本书所提供的合同示范文本,仅供读者参考。读者在实际使用本书所提供的合同示范文本时,应根据具体涉及的合同和法律修改、修订、更新及废止情况,依据使用时生效的法律,对合同示范文本内容进行针对性的修订,以确保合同示范文本的时效性、有效性和合法性。